表演藝術教材教法

作者◎廖順約

作者簡介

廖順約

學歷：國立藝術學院戲劇研究所碩士
台北市立師院初教系畢

現職：台北市立教育大學附設實驗國民小學教師
牛古演劇團團長

曾任：台北市立師院幼教系兼任講師
國立台北師院師培中心兼任講師

前言

九年一貫課程改革為學校的教學帶來急遽的改變，課程觀念的改變不僅牽動教師舊有的工作模式、思考方法，另一方面也帶進一些新的學習內涵。就如同藝術與人文學習領域將藝術的範圍擴大了！涵蓋音樂、表演藝術、視覺藝術在藝術教學的範疇之內，這是社會多元化之後，為滿足社會各種不同生活需求必然的發展。

在國民中小學階段，戲劇一直都屬於語文的附屬課程或社團活動，從未被正視與對待。自從九年一貫課程實施後，表演藝術雖然還是處於教材資源、師資都相當缺乏的困境中，但因為已經成為正式課程的一部分，終於受到多一點的關注——表演藝術相關的研習增加了，各兒童劇團、戲劇學校的戲劇教學研究更積極了，而筆者也在國民小學教學現場找到了舞台，從基礎實務教學慢慢地耕耘。看著學生享受表演藝術，浸淫在表演的氛圍之中，筆者逐漸了解表演藝術對於學習本質的影響與貢獻。在教學中，也不斷吸收學生的經驗，發掘自我教學盲點，改善教學方法，並不斷敦促自己更積極吸收藝術教學的相關理論。

這本書是集結在九年一貫課程改革推動之後，筆者從事兒童戲劇的創作、製作和演出，參與藝術與人文教科書的編寫，在國民小學實際操作表演藝術教學，以及近幾年辦理表演藝術教師研習的所有經驗。雖然名為「表演藝術教材教法」，實際上是一本表演藝術教學理論與實務對話的經驗分享。

因為，筆者覺得藝術是無法用教的，但開闢讓學生能享受藝術的空間是學習的目的，讓孩子從小浸淫濡染藝術的氣氛，藝術才能進入他的生活之中。筆者就是以這樣的心情，把自己對表演藝術的教學心得，以及近幾年來對藝術和教學的經驗，透過這本書與有心於表演藝術教學的老師共同分享。

本書共有八章，第一章是筆者在教學不斷掏空自己之後，對於審美教育的哲學基礎產生需求和興趣，整理、節錄和九年一貫教育理念比較相關的審美教育哲學理論，以及對戲劇教學相關理論的簡單介紹，希望藉由哲學的審美教育和戲劇教育的基礎理論，為表演藝術教學提供更扎實的理論根基。

第二章介紹戲劇教學的概念和特質，因為九年一貫課程中表演藝術的主要教學內容是戲劇的部分，因此將戲劇教學的範疇和國內借用最多的戲劇教學理論、戲劇要素、當代劇場發展觀念與教學要素做最清楚的整理。

第三章是依照第二章介紹的戲劇要素與當代劇場發展觀念的兩個方向，從教學的觀點來加以分析，以戲劇元素、劇場、文化元素為主，可以發展出的表演藝術教學方向和內容。

第四章著重於教師教學態度和教學技巧的運用。教師對表演藝術的態度會影響表演藝術教學的進行，因此教學的關鍵首重教師態度的建立，再來才是如何運用戲劇教學技巧，將戲劇教學運用於表演藝術或一般領域的教學活動之中。

第五章是引導教師如何進行表演藝術教學計畫的撰寫與執行。過去在標準課程時代，老師只有教學進度，沒有教學計畫。很多教師對於撰寫教學計畫有很大的困難。本章是透過一個學年的教學計畫，引導教師了解撰寫教學計畫的想法和作法，同時也提出部分單元教學的實施方法。

第六章是實際教學活動的分享，筆者把在教學現場實施過的教學活動，以單一活動、單元活動的方式來呈現，希望透過各種教學面向來呈現教學實際的樣貌。本章的教學實例都是參考其他戲劇教學書籍、自己參加演員訓練，或在劇場訓練演員的方法等經驗，加上自己教學實踐後所整理的內容，是經過台灣學生驗證的教學實務分析。

第七章是收錄表演藝術單元教學的實際案例，在第六章是偏向以單一戲劇元素發展的教學活動，本章是針對九年一貫表演藝術課程實施的實際案例。在主題教學中，如何搭配主題，選擇不同的戲劇活動，來完成一系列的主題活動。

第八章是對九年一貫課程實施後，從政策到學校行政的態度以及教學現場的實踐狀況等各方面所做的觀察與想法，試圖將理想面與現實面做一對照。作為一個身處其中的教師，筆者在這過程中看到許多問題與矛盾，因此提出一些迫切需要調整的問題，希望能讓政策決策者、行政執行者和實務教學者都對這樣的一項重大改革「再省思」。

附錄部分是未來想完成的課程規畫案。表演藝術教學是一條不斷開創的教學之路，筆者願意繼續耕耘和開拓，且相信只要對藝術有所期許，對於表演藝術教學就要有相同的期許，我們的藝術教育才有更值得期待的未來。

目次

第一章　表演藝術教育功能與目標 1

第一節　審美教育的功能與目標 2

第二節　戲劇教育的功能與目標 11

第三節　九年一貫課程之表演藝術教育的功能與目標 ... 19

第二章　表演藝術教學概念與特質 39

第一節　表演藝術教學活動的範疇 39

第二節　戲劇表演藝術課程簡介 43

第三節　戲劇活動的課程特質 46

第四節　表演藝術的教學要素 50

第三章　表演藝術教學的方向與內容 59

第一節　表演藝術教學的方向 59

第二節　從戲劇與劇場元素開始 62

第三節　從後現代思維的劇場觀念發展 70

第四章　表演藝術教學方法......................81

第一節　表演藝術教師的基本態度 82

第二節　表演藝術教學方法 87

第三節　表演藝術的教學技巧與應用……90

第五章　表演藝術教學規畫與實施……103

第一節　如何訂定教學目標……105
第二節　如何編寫教學計畫……114
第三節　表演藝術教學實踐……125
第四節　表演藝術課程規畫與教學反思……132

第六章　表演藝術教材教法（一）……139

第一節　從遊戲開始……141
第二節　傳統遊戲中的戲劇元素（追逐、模仿、嬉戲…）145
第三節　從戲劇元素中提煉出來的遊戲（身體、聲音、語言、文學）……166

第七章　表演藝術教材教法（二）……223

一、我們全家都是雞……225
二、動物大遊行……226
三、春天……227
四、大家去捕魚……229
五、好玩的遊戲……232
六、我的身體最美麗……236
七、動物大集合……241
八、詩的表演……244
九、讀劇練習……250
十、我所看到的職業……253

十一、手機事件 256
十二、統整教學案例：音樂劇《彼得與狼》教學實例 258
十三、「探索與表現」主題教學計畫 260
十四、「實踐與應用」主題教學計畫 267

第八章　九年一貫課程改革和表演藝術教學反思 277

第一節　九年一貫的美麗願景 278
第二節　九年一貫課程的批判 284
第三節　表演藝術教學的困境與反思 300

參考書目 311

後記 315

附錄

附錄一：藝術教育人才培訓課程設計 317
附錄二：國民小學九年一貫藝術與人文學習領域課程設計實例 323

本書附有補充資料，請上心理出版社網站下載
http://www.psy.com.tw/psy_download.php
解壓縮密碼：9789577028877

第一章
表演藝術教育功能與目標

藝術的發展起初絕對不是為了教育，但藝術卻因為源於和人類的生活息息相關的五覺感官能力和美感經驗，而自然發展成教育的一環。因此我們所熟悉的美術、音樂，長久以來就是現代教育的傳統學習項目。

由於教育理論的不斷發展，對於「學習藝術」和「藝術教育」的觀念逐漸產生分野。藝術教育逐漸成為國民教育的基礎元素，藝術文化素養也成為完整教養的重要指標。可見得藝術除了培養審美情操之外，對於創意的培養和人格形塑的確有其特殊的貢獻。

由於藝術教育的發展除了傳統的藝術學習科目之外，不同的藝術種類也會容納到藝術教育的範疇中。戲劇本身是很古老的一種藝術形態，但一直都不是國民教育中藝術教育的主流學習項目。不過，由於戲劇藝術活潑動態的特質，對於愈來愈強調統整活化的後現代教育觀念不謀而合，所以戲劇藝術如今已成為教育學中相當重要的藝術教育，因此，我國在九年一貫課程中會有表演藝術學習科目的出現。

筆者從事表演藝術教學的過程中，起初也如同大多數人般著重於教學活動、教學內容的探討與設計，然而，在反覆的教學過程不斷掏空自己後，又無法得到明顯的回饋時，總會懷疑藝術教育的價值何在？所以，筆者又回頭去尋找審美教育的哲學根源與戲劇教育的理論基礎，從這些理論中，筆者找到更扎實的根基和更深層的意義，同時也重新拾回教學上的信心。

對於美的定義歷來就相當分歧，同樣的對審美教育的看法也有歧異，再加上審美教育絕不僅止於藝術教育，但論述審美教育時又無法越過藝術教育。種種因素下，要論述表演藝術的功能與目標，必須從審美教育的角度來觀照，以審美教育理論提供的哲學根源，再到戲劇表演藝術所提供的教育功能和目標，來對照九年一貫藝術與人文領域所提出的課程目標和能力指標，才能比較全面地來探討表演藝術課程所能提供的審美教育功能。

討論藝術與審美相關功能，相信就不只是一個章節所能涵納。所以本章僅是整理一些與九年一貫藝術與人文教育觀念比較接近、重要的審美教育目的與功能，以及以戲劇藝術為主的表演藝術教育的功能和目標，並以這些基礎來論述和評析九年一貫中藝術與人文領域的課程目標和能力指標，希望能作為教師認識及踏入表演藝術教育的基礎。

第一節　審美教育的功能與目標

一七九三年，當詩人席勒（Friedrich Schiller, 1759－1805）在《審美教育書信集》一書中，有系統的提倡「審美教育」觀念，正是開啟了教育學界對於審美教育學的探索。不過，在席勒提出之前，審美教育早就已經是哲學家相當重視的一種教育，可見得審美教育的重要性。

歷來在審美教育學上著墨的學者甚多，如哲學家康德（Immanuel Kant, 1724－1804）、教育學家洪保特（Wilhelm von Humboldt, 1767－1835）、哲學家黑格爾（Georg Wilhelm Friedrich Hegel, 1770－1831）、教育學家赫爾巴特（Johann Friedrich Herbart, 1776－1841）、哲學家叔本華（Arthur Schopenhauer, 1788－1860）、教育學家狄爾泰（Wilhelm Dilthey, 1833－1911）、哲學家尼采（Friedrich Nietzsche, 1844－1900）、教育學家諾爾（Herman Nohl, 1879－1960）、教育學家斯普朗格（Eduard Spranger, 1882－1963）、教育學家韓第希（Hartmut von Hentig, 1925－）、教育學家奧圖（Gunter Otto, 1927－1999）、教育學家瑞希特（Hans-Gunther Richter, 1933－）、教育學家馬克思（Karl Marx, 1818－1883）、哲學家馬庫色（Herbert Marcuse, 1898－1979）、教育學家阿多諾（Theodor W. Adorno, 1903－1969）、教育學家莫連豪爾（Klaus Mollenhauer, 1929－1998）、教育學家柯柏斯（Diethart Kerbs, 1941－）、教育學家基福弘（Hans Giffhorn, 1937－）等，這些重要思想家都對審美教育提出相當重要的主張。

洪保特認為，審美教育的目的是希望經由審美教育提高國民素質，使國家達到富強的境界。在審美教育的功能上，主張審美教育能夠經由藝術引起自我活動，陶冶人類性情，抒發個人的感情，激發人類的想像力，促進人類理性與感性的和諧發展。

黑格爾則認為，藝術是認識「絕對」的第一個形態，「感性直觀」的形式是藝術的特徵，因為藝術是用感性形象化的方式把真實呈現於意識。強調理性與感性的統一也是形式與內容的統一，內容就是理性，形式就是感性。藝術是普遍理念與個別感性形象，即內容與形式，由衝突對立而統一的精神活動。**他從來不**

把文藝中的人物當作孤立的個人看待，總是把他看作社會歷史環境的產品。在審美教育的教學上，強調藝術作品的創作、分析、詮釋、欣賞、批判，以培養個人審美能力。

赫爾巴特認為教學在教育理論中具有重要的地位，他主張教學是教育的重要工具，如果沒有教學活動，教育的目標根本無法達成。教學有四個步驟：⑴明瞭；⑵聯合；⑶系統；⑷方法。並將教材分為三類：⑴符號：如語言是一種符號，它本身沒有興趣可言，只有成為描述的媒介才有意義。⑵形式：形式是一種抽象的事物，無法直接引起吾人興趣，必須與實際的事物結合，才能成為興趣的對象。⑶事物：包含自然和藝術的產物，它能喚起直接的興趣。**認為美的事物不存在事物的量中，而存在於事物的關係中。強調審美最初產生於留意的觀察中，當他們看夠這一切，並處在躍躍欲試的心理狀態時，就可以嘗試讓他們去探討美了**。在審美教育的教學上，主張運用觀察、描述、分析、綜合的方法，來進行審美教育活動。

狄爾泰認為**心理學不像數學和自然科學那樣是建構性的**，所有規範化的心理過程都是受制於必須的心理氛圍，這種氛圍構成我們過去的經驗，我們對實在的評價和我們關於藝術的情致的基礎。在審美教育目的上，主張培養一個具有倫理性格的人。在審美教育的功能上，**認為審美教育可以培養個人的想像力**，涵養我們的情感，使個人性格具有統一性。

諾爾認為教育與生活有密切關係，它的目的在於精神生活的喚醒，只有經由統一的精神生活，教育的目的才能達到。教育的意義在於協助下一代返回主體，使其獲得自由獨立的能力，以改善其生活。**其教育學的基礎分為三方面：第一是「實際的——世**

俗的」基礎、第二是「社會的」基礎、第三是「人文的」基礎。**要解決文化壓抑的問題，新的審美教育必須發現自然韻律，以解放人類所有被壓抑的力量，也就是將人再度教育成為一個人**，使人的感性和理性得到均衡的發展。在審美教育的目的上，希望經由審美教育培養理性與感性和諧的人。在審美教育的功能上，相信審美教育能夠提高人性，改變個人氣質，使個人道德完美。

斯普朗格認為，教育的功能在保存文化、傳遞文化和創造文化。**主張想像力在教育歷程中具有重要地位**，想像力是一種可以幫我們重建實際的能力。**教育活動的推展需要一種「教育理想」，但是理想的產生沒有「先前圖像的想像力」是不可能的。**教師必須增強學生想像力，想像力不僅屬於最親近的心理歷程，而且外在環境存在著許多教育不願出現的想像力刺激。想像力對於藝術具有內在的必要性，能夠解除所有的法則限制，促進藝術活動的發展。

韓第希在《歡樂、啟發、解放》一書中，提出四項審美教育的重要條件：一是哲學，以說明審美教育的功能。二是在社會中占有優勢地位的審美經驗和我們生活中的審美狀態，以建構我們的審美對象。三是學校中的審美教育，以說明審美教育的對象、媒介、過程、活動空間、教學和教師。四是審美背後的教育理論、基本原則、組織結構以指導審美教育進行。**主張藝術是一種可能性的探索，可以從其作用來測定**。其認為審美教育的目的有：⑴培養視覺和觸覺的溝通能力；⑵培養資訊獲得和資訊傳達的能力；⑶培養實現、想像、計畫和自我決定的能力；⑷培養檢查和批判資訊的能力；⑸培養分析、抽象和綜合的能力；⑹培養挫折容忍和增強自信等補償能力。他肯定藝術的教育功能，採用實證主義的觀點分析教育問題，強調反省批判能力的培養，以改革社會弊端，達到真正的解放。

奧圖在《審美教育教學理論》一書中，**為藝術教學提出一種整合模式。偏重社會重要性觀點的審美教育，將審美日常生活的事物當作對象，以便與批判能力的教育相連結**。審美教育不在於提供藝術，而在於提供所有人的知覺一種認識的機會，以便獲得一種感官認識的機會。審美教育具有下列幾項功能：⑴批判的功能：培養個體反思能力，以批判藝術作品中的意識形態。⑵烏托邦功能：提供一個藝術想像世界，擺脫現實世界的束縛。⑶享樂功能：提供個體各種藝術創作、詮釋和鑑賞的機會。⑷實用功能：培養個人非語言溝通能力，學習運用材料和科技產品能力。

瑞希特主張審美教育具有「美的傳達」的可能性，因為藝術是一種符號或圖形的語言，能夠由感官來進行溝通，達到傳達各種觀念的目的。審美教育注重全人格的培養，**在教育方法上應以內在的啟發為主，與強調技能的「謬斯教育」（Musische Bildung）的概念應該區分開來**。教育和藝術的關係可以從三方面區分：⑴在自由方面，教育在追求個體自由，藝術在追求個體自由表現，經由藝術可以促使教育達成個體以追求自由的理想。⑵在團體方面，**教育主要採用語言進行團體的溝通，藝術則借助非語文的方向進行理念傳達**。⑶在理念與事實方面，教育活動中理論與實際存在著若干差距，藝術作品理念與事實則結合在一起。其主張審美教育具有下列功能：⑴健全個體人格發展；⑵促進社會和諧團結；⑶開展審美溝通的能力；⑷**培養批判反省的能力**；⑸**激發想像創造能力**。瑞希特認為審美教育不僅能夠改變人類的氣質，培養個體想像力，增進人類創造力，而且可以調和理性與感性，適當地抒發人類的情緒，以美化情感世界。

馬庫色認為當前的資本主義和以往社會上偉大的高等文化作品比較，不單少了創意，更欠缺一種時代覺醒和社會批判。他提出批判理論的藝術或美學理論的中心思想，強調藝術不是唯美的，藝術最重要的意義在於展示、反省和批判既定的現實。**認為藝術是「意識的最高產物」，是以感性和理性、形象與邏輯多種意識形態進行的意識活動**。在藝術中，主體與客體、現實與潛能、感性活動和理性活動等方面都達到高度的統一。**藝術開啟了其他經驗不能達到的層面，這個層面使得人類、自然和事物不再受到實在法則的控制**。在審美教育目的上，反對當時的單向度科技理性，主張培養一個具有審美維度的人。在審美教育功能上，相信審美教育能夠培養個人審美判斷能力，跳脫各種意識形態和現實生活的限制，得到真正的自由解放。

阿多諾提倡殘缺教育理論，認為只有從殘缺教育的過程中，排除傳統教育的肯定性，經由自我反省批判，才能使人類從意識形態中解放出來，建立自由理性的社會，以促使個體成為一個理性的人。**他的「美學理論」並不是要在當代找到一個位置，而是將藝術最根本的東西還給藝術，給藝術以生存的權利。他注意到「美學概念」本身的老化問題，就如同哲學談論「體系」和「道德」一樣**。認為通過伊狄帕斯（Oedipus）戀母情結來解釋藝術作品，教給我們的是精神病的知識，而不是一部作品的審美價值。在審美教育目的上，主張培養一個感性與理性和諧的人，以達到改革社會弊端，建立一個理性社會的理想。在審美教育的功能上，相信能夠培養個人的反思能力，批判各種意識形態，使個人達到自由解放的目標。

莫連豪爾**強調教育歷程是一種互動歷程，希望教育科學能夠將互動論的典範納入**。指出傳統教育偏重以語言作為溝通工具的缺失，他主張教育是成人與兒童對立，教育將成人的生活形式以特定的秩序或結構呈現給兒童，在呈現的過程中主要採用語言的方式，經由語句來傳達特定的概念和意義的內涵。但語言不是教育唯一的工具，教育家應該重視非語言材料的使用，拓展人類想像思維空間，培養審美批判能力。**主張教育學應該注重「陶冶」的研究，而非「教育」的影響**。「教育」是一種計畫性「目的—手段」導向的教育行動，而這種導向是不會成功的。因為**兒童教育的成功不是來自行動導向，而是來自於社會環境生活形式的探討**。主張培養一個具有審美判斷能力的人，以批判各種意識形態的控制，達到自我解放的理想。在審美教育功能上，相信審美教育可以培養個人**想像力**，並且增進人類反思批判能力。**在審美教育的教學上，強調審美教育的教學採用對話、溝通和互動方式來進行**。

柯柏斯主張教育學具有改變社會和世界的功能，美學能夠掩飾權力的關係，也具有揭露權力關係的能力。**認為遊戲可以讓人類得到物質的需求和感官的驅力**。**在其所撰的〈遊戲與禮儀〉一文中，主張「禮儀」是一種介於許多人之間，按照確定法則進行，可以重複和演出的事件，對於參與者具有整合和行為規範的功能。「遊戲」也是一種介於許多人之間，按照確定法則進行，可以重複和演出的事件。但目的不同，「禮儀」注重連結、清除和義務。「遊戲」注重放鬆、解放和拯救**。

基福弘強調藝術要作為教學對象，必須從下列幾方面進行：⑴從教育和社會方面建立藝術成為學校普通教育必修學科內容；

⑵經由藝術培養學生良好的品格和審美判斷力；⑶通過圖畫藝術使學生理解真理，並且經由藝術家的接觸來掌握實在；⑷透過藝術進行教育，培養學生創造力；⑸經由藝術的教育提供學生理解享受的泉源，並且提升自我實現的機會。主張「品味」傳遞價值標準，這些價值標準是「審美價值判斷」的依據。**「審美價值判斷」是指我們對於美、醜、舒適、不舒適等知覺，自己予以評價的過程。主張「藝術即教育價值」；意即藝術自身相當重要，具有深刻的教育價值，所以教師必須引導學生與藝術關聯。**「藝術即知識的工具」、「藝術即解放的協助」、「藝術即享受的泉源」。

他指出因為藝術教育學放任情緒主宰審美教育的活動，同時過度迷信科學的力量，審美教學理論中充斥著獨斷的教條主義，阻礙藝術教育學的進步。

在眾多的審美教育理論家之中又以康德、叔本華、馬克思等人的理論最具原創性與影響力。

康德首創以哲學的角度分析並探討「美」。「美」是一種抽象的概念，而「審美」的過程也似乎是主觀意志大過客觀意志，因此，什麼是「美」似乎無從定見。康德以哲學方式剖析，在著作《判斷力批判》一書中，他首先提出「審美判斷的定義」、「審美判斷的普遍性」、「自然美」、「依存美」、「藝術創作以『知』為基礎」等論點，強調審美教育的目的在於培養一個理性、知性、感性均衡完整的人，同時他相信審美教育可以有效培養個人的想像力，審美的遊戲可以讓人獲得真正的自由。

這些非常具有原創性的美學思想，雖然是以哲學的角度出發，但是卻是最根本觸及人的心理層面，因此往後有關美學及審美教育學的研究都以此為基礎發展。

至於第一個將意志無限上綱的意志哲學創始人叔本華，在他的意志哲學中，更強調藝術是意志的表象，而其中又以音樂作為美學的靈魂。

叔本華的美學理論包含藝術形上學、藝術理論與悲劇理論三部分。其中與戲劇表演藝術明確相關的是在「文藝」部分的理論，他相信直接以文字表達的藝術類型，例如詩歌、戲劇、長篇小說等，能藉由文字讓讀者發揮想像力，因此在刻畫人物形象和性格上比其他藝術優越。至於悲劇理論中重視的是悲劇的啟發，他認為人應該藉由悲劇，看清世界的本質和人生的真諦，從而自覺的放棄與否定生命的意志。叔本華認為，現實悲慘的人生會一直束縛著心靈，因此，唯有審美教育才能救贖個人於痛苦之中，而審美教育更能彌補理性教育的不足，培養個人直觀的能力。

不過，在美學教育發展史上真正讓人認清美育價值與地位者當屬馬克思。以唯物主義、辯證法來探討美學的本質，並提出嶄新的美學原則與教育理論。馬克思認為美學教育受到社會生產力及物質條件的制約（生產力、物質條件愈高，則審美教育的內容與方法也隨之豐富多元），此外社會的政治、文化也有巨大的影響力。因此，馬克思的審美教育強調美學的實踐性，所以他認為美學教育是人類認識世界、改造自身的重要手段。

即使康德、叔本華、馬克思的立論基礎看起來是相對的兩個端點，但是他們都相信，審美教育的重視與強調，將有助於培養個人的想像力，在激發個人創造力的同時，也鍛鍊個人的心靈意志，使個人能確實擁有自由意志，成為有自律能力的獨立個體。另一方面審美教育也能使個人抒發情感，因此不僅可以訓練表達思想的能力，同時也引導個人在感性與理性中追尋和諧，塑造出健全的人格，更進一步可以促使社會和諧與團結。審美鑑賞中所需要的耐心觀察，也可培養個體堅忍不拔的意志力。

總而言之，有鑑於傳統教育強調語言文字與邏輯思考下，學習者對於自我的認知發展不足，因此審美教育正可以填補這方面的缺漏，期望個體在身、心、靈都能有健全均衡的發展，塑造一個和諧的社會環境。這樣的需求自始至今未曾停歇，顯然審美教育的理論是藝術教學不可揚棄的基礎。

第二節　戲劇教育的功能與目標

戲劇教學最重要的目的，在於刺激學生解決問題的創意能力以及個人挑戰對所處世界的感知能力。戲劇提供學生一扇表達情緒、思想和夢想的窗口。學生透過戲劇的角色扮演成為另一個人，在角色中解決問題、表達不同的情緒經驗、表現自己的想法，甚至完成個人的夢想，也可從另一個人的文化或歷史觀點來經歷世界。最重要的是，在這個過程中是安全的。

戲劇以最實際的方式進行溝通的學習；劇本編寫必須透過文字書寫的方式表達、角色必須透過公開演說的方式來呈現，這些活動能夠讓學生進行實際的溝通行為，進而促使學生鍛鍊出更積極、自信的自我形象；戲劇的表演中需要相當多的自我控制與訓練的過程，這些過程也提供學生對於自我節制的觀念；戲劇活動是透過集體共同合作來完成，每個人都可表達自己的觀點，也要接受他人的想法，每個人在團體中都盡力提供並表現自己的能力來完成作品，因此戲劇活動可以說是比其他藝術都更要求集體合作協調的一種藝術活動。

此外，戲劇還能當成其他課程的學習工具，增進其他學習領域的學習效果。戲劇表演要能夠溝通進入角色的情緒，就必須了解角色的歷史、事件發生的經過等，因此必須了解不同的文化與歷史背景，這個過程和語文、歷史及社會課程發生關係，如文學的故事學習、歷史事件都是戲劇故事的來源。另外戲劇的肢體和韻律活動也都能讓學習變得更活潑、生動。

以上都是透過戲劇的學習過程，所能見到的戲劇教學的教育功能展現在活動之中。雖然我們可以歸納出戲劇教學的一些共同功能，然而各家學者所持的教學理論甚至引導方式還是各有特色，因此將部分重要的理論羅列於下，提供教師探討戲劇教學功能的參考依據。

一、薇妮佛・瓦德（Winifred Ward）

（一）戲劇活動的主要目標如下

1. 培養完整的人格。
2. 了解自己。
3. 透過兒童經驗，讓兒童協助規畫學習內容。
4. 建立兒童自信與自足感。
5. 培養正確的態度重於技能與智能的學習。
6. 學生可以進行創造性思考，解決問題。
7. 學習民主、發展責任感、尊重別人的權力。

（二）戲劇活動對個人的價值（教育目的）

1. 提供控制下的情緒宣洩管道。
2. 提供孩子在藝術領域中自我表達的管道。
3. 發展創造力和想像力。

4. 讓小孩了解社會，學習與人合作。

5. 給予獨立思考，勇於表達意見的機會。

二、露絲・李斯與吉若丁・斯克（Ruth Lease & Geraldine Brain Siks）

（一）戲劇活動對個人的價值（教育目的）

1. 刺激社會方面的發展。

2. 發展創造性與自我表達。

3. 健全情感發展。

4. 發展良善的行為。

5. 發展自我內在安全感。

三、吉若丁・斯克

（一）戲劇教育的功能（創意戲劇的價值）

1. 學習自我了解。

2. 學習民主。

3. 學習生活。

4. 增進認知能力。

（二）戲劇活動對個人的價值（教育目的）

1. 發展自信和創造性表達。

2. 發展合宜的社會態度，增進人際關係。

3. 發展情感的穩定度。

4. 發展身體協調性。

5. 增進對生活的思考。

四、奈麗・麥凱瑟琳（Nellie McCaslin）

（一）戲劇教育的功能（創意戲劇的價值）

1. 發展創造力和審美觀。

2. 培養批判性思考。

3. 社會成長以及與人合作的能力。

4. 增進溝通技巧。

（二）戲劇活動對個人的價值（教育目的）

1. 發展想像的機會。

2. 獨立思考的機會。

3. 團體可以藉此發表意見。

4. 合作的機會。

5. 可建立社會自覺。

6. 情感得以健全抒發。

7. 學習合適的語言表達。

8. 可接觸優美的文學。

9. 接觸戲劇藝術的機會。

10.創造的機會。

11.提供特殊兒童另一個學習方法。

五、吉若丁・斯克與當寧敦・布恩（Dunnington Hazel Brain）

（一）戲劇活動對個人的價值（教育目的）

1. 啟發創造力。

2. 穩定感情。

3. 學習合作。

4. 建立道德觀。

5. 維持身體均衡。

6. 增進溝通技巧。

7. 學會欣賞戲劇藝術。

六、茱蒂・凱斯—波西尼（Judith Kase-Polisini）

（一）戲劇活動對個人的價值（教育目的）

1. 學習劇場藝術。
2. 幫助個體發展。
3. 增進知識。
4. 培養創意思考。
5. 增進溝通技巧。
6. 幫助肢體發展。
7. 幫助情感發展。

七、雷諾・凱能（Lenore Blank Kelner）

（一）戲劇教育的功能（創意戲劇的價值）

1. 刺激想像力、增進創意思考。
2. 發展批判性思考。
3. 刺激語言發展。
4. 增進有效的聆聽技巧。
5. 加強認知和學習能力。
6. 增進同理心及對他人的關注。
7. 增加對同儕的尊敬和群體合作關係。
8. 增加對自我的正面評價。
9. 提供教師們新的教學認知。

八、伊蓮諾・約克（E.C. York）

指出「創造性戲劇是一種非正式的戲劇，主要在於為扮演帶來歡樂與利益，經過三十多年的推廣，教育學者獲致的結論是它具有下列價值：⑴創作性；⑵敏銳性；⑶流暢性；⑷變通性；⑸原創性；⑹情緒穩定性；⑺道德態度；⑻肢體平衡；⑼溝通技巧；⑽欣賞戲劇」（York, 1974, pp. 124－131）。

九、韓第希

（一）在〈論戲劇〉一文中主張戲劇教育的功能

1. 戲劇能夠使某些事物確定，並且可以當下加以經驗，戲劇可以帶來意義，使一種思想能夠被經驗。在教育過程中，經由戲劇欣賞可以幫助我們拓展生活經驗範圍，增進學習效果。
2. 戲劇可以使某些事物確定，這些事物是我們自身無法看見的，這種戲劇的特性能夠幫助我們，經由戲劇的欣賞洞察許多事物的真相。
3. 戲劇能夠運用詩化、簡化和縮影等方式確定事物的意義，教學活動可以運用戲劇的方式，探索事物背後隱藏的意義。
4. 戲劇是一種遊戲，具有自由的特性，能夠創造遊戲空間，有助於人格教育。
5. 戲劇欣賞是一種審美活動，促進人類理性和感性的均衡發展。
6. 戲劇具有娛樂功能，可以調劑我們的身心，適當地運用在教育過程中，能夠提高學習的效果，增進生活的樂趣。

十、美國加州為視覺藝術和表演藝術設定五項內容標準

1. 藝術認知。
2. 創意表達。
3. 歷史與文化背景。
4. 美感判斷。
5. 關聯、關係的運用。

十一、英國教育與科學部於一九八九年設定幼稚園至高中戲劇教育的目標

1. 了解戲劇的教育、文化與社會目的。
2. 學習觀察戲劇慣例。
3. 使用不同的戲劇形式表達想法與感覺。
4. 以流暢、生動與歡樂的方式實踐戲劇表達。
5. 選擇並塑造素材以達成最基本的戲劇影響。
6. 欣賞戲劇演出，實際參與演出或當觀眾。

十二、英國學者建議戲劇課程的新目標

1. 發展學生的批評能力。
2. 促使學生了解作品的社會意涵。
3. 增進學生接觸戲劇的文化表現。
4. 提供學生機會了解戲劇藝術。

另外強調「教育戲劇（drama in education）是一種學習模式，學生主動扮演戲劇中想像的角色與情境，可以學習探討議題、事件與關係」。

十三、張曉華教授在《教育戲劇理論與發展》一書提出以下的教育戲劇教學功能

1. 活潑愉快有學習意義的教學。
2. 增進溝通與表達的技能。
3. 促進個人行為與人際關係。
4. 培養想像力，建立自我概念。
5. 建立社會認知、培養合群的美德。
6. 增進語言學習與表達能力。
7. 提供獨立思考判斷與自我制約的學習。

8. 促進邏輯概念的發展能力。
9. 舒緩情緒，促進心理健康。
10.學習與欣賞戲劇藝術。
11.促進同儕與師生之間的了解與情誼。
12.積極樂觀建立新的學習認知。（張曉華，2004，pp. 26－31）

綜合上述的戲劇教育功能或目標，筆者試著從以下三個方向，來歸納戲劇教育的目標或功能的幾個共同點，提供教學的參考：

1. 對於學習的個體
⑴發展想像力、創造力、獨立思考、自我表達的能力。
⑵幫助肢體發展、增進溝通技巧、健全情感發展。
⑶增強自信、培養批判性思考、建立審美觀。
2. 對於個人與社會的互動
⑴讓小孩了解社會，增進人際關係，學習民主，發展責任感。
⑵學習與人合作，增進同理心及對他人的關注，及對同儕的尊敬。
⑶學習了解作品的社會意涵。
3. 在戲劇藝術學習方面
⑴提供孩子在藝術領域中自我表達的管道，接觸戲劇藝術的機會。
⑵選擇並塑造素材，使用不同的戲劇形式，以流暢、生動與歡樂的方式表達自己的想法與感覺。
⑶增進學生接觸戲劇的文化表現，提供學生機會了解戲劇

藝術。

第三節 九年一貫課程之表演藝術教育的功能與目標

在第一節中提到審美教育能夠經由藝術引起自我活動，陶冶人類性情，抒發個人感情，激發人類想像力，促進人類理性與感性的和諧發展。也能培養個人的反思能力，批判各種意識形態，使個人達到自由解放的目標。顯見審美教育具有激發並鍛鍊心靈意志的強大力量，它不僅可以引導個人發揮創造力、涵養情感、塑造人格，同時也可以提高人性，改變個人氣質，使個人道德完美，讓人獲得心靈真正的自由，樂觀面對人生，積極開創美好的未來。在人文的基礎上，則要解決文化壓抑的問題，發現自然韻律，以解放人類所有被壓抑的力量，也就是將人再度教育成為一個人，使人的感性和理性得到均衡發展。開啟其他經驗不能達到的層面，這個層面使得人類、自然和事物不再受制於實在法則的控制，跳脫各種意識形態和現實生活的限制，得到真正的自由解放。表演藝術教育更加強了以肢體表達的能力，透過團體合作的過程更能學習人我關係及社會責任感。這些功能都顯示出表演藝術成為學習科目的重要性，因此，才會將表演藝術列入學習科目之中。

一、九年一貫藝術與人文領域課程目標的審美價值

九年一貫課程中的表演藝術是存在於藝術與人文領域之中，與視覺藝術、音樂統整為一個學習領域。在藝術學習上，雖然個

別藝術的內容相差甚遠，如果從審美教育的角度審視，三者間還是有可以依循的共同目標。首先來分析九年一貫藝術與人文領域課程目標的審美價值：

（一）基本理念

「藝術與人文」即為「藝術學習與人文素養，是經由藝術陶冶、涵育人文素養的藝術學習課程」。

本學習領域包含視覺藝術、音樂、表演藝術等方面的學習，以培養學生藝術知能，鼓勵其積極參與藝文活動，提升藝術鑑賞能力，陶冶生活情趣，並以啟發藝術潛能與人格健全發展為目的。

藝術是人類文化的結晶，更是生活的重心之一和完整教育的根本。藝術以其專門術語，傳達無可言喻的訊息，提供非語文的溝通形式，進而提升人們的直覺、推理、聯想與想像的創意思考能力，使人們分享源自生活的思想與情感，並從中獲得知識，建立價值觀。所有的人都需要機會學習藝術的語言，以領會經驗和了解世界。

透過廣泛而全面的藝術教育，使兒童和青少年在參與音樂、舞蹈、戲劇演出、視覺藝術等活動中，學習創作和表達其觀念與情感，分析、了解、批評、反省其作品所涵蓋的感受與經驗所象徵的意義，進而認識藝術作品的文化背景與意涵。並使藝術學習能夠促進、聯結與整合其他領域的學習。現今的藝術教育已逐漸脫離技術本位及精緻藝術所主導的教學模式與限制，而邁入以更自主、開放、彈性的全方位人文素養為內容的藝術學習。

藝術源於生活，也融入生活，生活是一切文化滋長的泉源，因此藝術教育應該提供學生機會探索生活環境中的人事與景物；觀賞與談論環境中各類藝術品、器物及自然景物；運用感官、知覺和情感，辨識藝術的特質，建構意義；訪問藝術工作者；了解時代、文化、社會、生活與藝術的關係；也要提供學生親身參與探究各類藝術的表現技巧，鼓勵他們依據個人經驗及想像，發展創作靈感，再加以推敲和練習，學習創作發表，豐富生活與心靈。

跨世紀教育改革的精神，在於重視人的生命自身，並以生活為中心，建立人我之間與環境之諧和發展，此正是均衡科技文明與藝術人文的全面、多元及統整的肇始。「藝術與人文」學習領域，能建立學生基本藝文素養，傳承與創新藝術，培養文明且有素養的國民，重視並發展值得尊敬的文明。

讓原文重現是因為過去九年一貫課程的推動，出現許多斷章取義的解讀方式。眾多專家從不同的角度解讀，各自建構一套詮釋。當專家學者以官方支持的角色進行推廣時，以傳播的角度而言，這就是一種強勢媒體。如果不同的強勢力量互相刺激和制衡，或許可以激盪出更多元的教學模式和思維價值。但因為國內同一領域的研究學者尚少，而且師承關係複雜綿密，表面上感覺好像思想多元並呈，但核心思維還是相當一元化。為了避免筆者個人的偏見，直接閱讀原文能讓讀者有真正檢驗的空間。

此外，目前多數討論都集中在課程目標和能力指標，極少從基本理念來分析解讀九年一貫課程的藝術與人文領域。然而筆者認為，以基本理念來解讀，對於教學實務教師可以從更寬廣的視野來進行教學，更可以擺脫枝節的教學目標、行為目標、具體目標等的糾纏，直接切入藝術教育的核心。

「藝術與人文」即為「藝術學習與人文素養，是經由藝術陶冶、涵育人文素養的藝術學習課程」。開宗明義就表示九年一貫藝術與人文領域是以審美的高度來觀照藝術教育的。只有藝術學習不是完整的審美教育，以涵育人文素養為標的，就已經提高了藝術教育的審美價值。

透過廣泛而全面的藝術教育，使兒童和青少年在參與音樂、舞蹈、戲劇演出、視覺藝術等活動中，學習創作和表達其觀念與情感，分析、了解、批評、反省其作品……。審美是透過不同的藝術活動，兒童都能學習創作、表達觀念情感、分析、了解、批評、反省自己的作品。教師以自己的藝術專長教學，以審美觀念的統整，而不是教學內容的混合。教師了解其他藝術類型是必要的素養，但絕非要求由一位老師擔任三項藝術的教學。過去因為課程統整的觀念和領域學習的要求，藝術與人文領域老師對於三種藝術教學是合科還是分科的糾纏，在這裡已經闡述得相當清楚了。

現今的藝術教育已逐漸脫離技術本位及精緻藝術所主導的教學模式與限制，而邁入以更自主、開放、彈性的全方位人文素養為內容的藝術學習。藝術學習不是技術學習，教師與學生都按部就班的教與學，然後完成作品的學習過程，但藝術學習需要從感覺出發，引導學生有所感，才能開始創作，創作的形式也是相當開放的。教學標準更高，教師的專業要求也更高，如何讓學生有自主、開放、彈性的空間，教師能夠適時提供最佳的指導方案，這些是缺乏藝術素養和教育能力的教師所無法達成的。

經常聽到教師在抱怨：「內容那麼簡單，學生學不到什麼東西。學到什麼的標準，是技術的完成還是以精緻藝術為標準？」教師的確很怕學生學不到東西，但如果學生的學習反應是：「老師我好喜歡藝術。」這種成就是不是很重要呢？教和學的關係在這裡是否可以找到答案？

觀賞與談論環境中各類藝術品、器物及自然景物；運用感

官、知覺和情感，辨識藝術的特質，建構意義；訪問藝術工作者；了解時代、文化、社會、生活與藝術的關係；也要提供學生親身參與探究各類藝術的表現技巧，鼓勵他們依據個人經驗及想像，發展創作靈感……。相關的藝術與人文領域學習內容，都涵括在這一段的描述中，教學如果只著重在教會某種技術，其實只在探索各類藝術的表現技巧，教學內容是相當局限的。感官、知覺、情感是藝術創作的基本動力，如何策動這些基本動力，帶領學生了解生活、社會、文化，訪問藝術家都是方法。藝術學習的價值是全人的關照學習，這就是它的審美價值。

（二）課程目標

1. 探索與表現：使每位學生能自我探索，覺知環境與個人的關係，運用媒材與形式，從事藝術表現，以豐富生活與心靈。
2. 審美與理解：使每位學生能透過審美及文化活動，體認各種藝術價值、風格及其文化脈絡，珍視藝術文物與作品，並熱忱參與多元文化的藝術活動。
3. 實踐與應用：使每位學生能了解藝術與生活的關聯，透過藝術活動增強對環境的知覺；認識藝術行業，擴展藝術的視野，尊重與了解藝術創作，並能身體力行，實踐於生活中。

從三項課程目標中可以發現，課程目標是以藝術學習、藝術文化、藝術生活等三個方向為主軸，而在人格培養、批判思考、自由解放等方面都未著墨。筆者不從文字表面意義來辯說，或許是因為藝術學習本身就存在批判思考和自由解放的意義，而人格培養的目標是教育整體必須達成的目標，在藝術與人文領域課程目標不必特別強調。

從課程目標中，筆者發現是從「做」的角度出發，事實上藝術學習必須實際的去做：去探索、去創作、去欣賞、去了解、去實踐。這是必要過程，在體驗中得到的經驗才最有價值，這也是藝術課程在整體教育中最主要的目的。如果藝術學習只是紙上談兵，它將毫無意義，所以課程目標確認了藝術必須動手做的意義，做的範圍當然不是只有創作一個作品，而是探索、理解、欣賞、實踐等行動。

課程目標的另一個重點是「生活」，這是對過去教育反思的結果，因為過去教學的內容都朝向精緻藝術一方傾斜，為藝術而藝術的學習，使得藝術學習和生活毫無關聯。早期許多美術教師受到家長的質疑：「畫圖能當飯吃嗎？」因為藝術與生活毫無關聯，所以教育與生活的連結變成九年一貫課程改革的重點。如何加強藝術與人文、生活的關係，的確是教育必須重視的方向。

藝術與生活如何連結？從這些年來的實踐，筆者發現強調與生活連結的課程推展之後，學生的生活史、居家地理環境圖、家庭的旅遊誌、各種傳統節日的慶祝活動等與生活相關的事件，的確在教育中不斷地被重視。黃崑嚴教授在談教養時，特別強調我們的文化與生活沒有連結，但連結不只是生活細節的連結，而是去找到生活中的議題，找到思考的路。奧圖在《審美教育教學理論》一書中，**為藝術教學提出一種整合模式。偏重社會重要性觀點的審美教育，將審美日常生活的事物當作對象，以便與批判能力的教育相連結**。從這個角度思考，教育改革的確改變了教育與生活不連結的表層問題，卻未深入核心關鍵，那就是發現生活的議題與思考解決的方式，這其實就是公民意識的建立，如何找到生活周邊的議題並加以關注和思考解決的方式。

思考生活的議題就是批判思考的能力，也應是課程目標之一，所以本領域課程目標對於批判思考顯然有所不足。其實在最早的《九年一貫暫行綱要》中的課程目標是：「探索與創作、文化與理解、審美與思辨」。對於思辨問題曾特別提出以成為課程目標，但因為缺乏生活實踐的目標，後來改為和審美與理解結合，加入實踐與應用，於是思辨的目標就此不見。

筆者曾參與暫行綱要的修改工作，在會中生活實踐被提出來討論，也覺得相當有道理，有列入目標的必要。後來以審美教育的角度來觀察，才釐清生活其實是對待藝術素材的一種態度，當個人的態度改變時，對於藝術素材的對待和選擇的方向也會改變，屬於較低階的審美能力；而批判思考的思辨能力是一種生活的價值，屬於比較高層次的能力，目標則應界定在較高層次能力為主。所以筆者認為，批判思考是本課程目標缺少的審美價值。

（三）能力指標

階段	主題	能力指標
第一階段	探索與表現	1-1-1　嘗試各種媒體，喚起豐富的想像力，以從事視覺、聽覺、動覺的藝術活動，感受創作的喜樂與滿足。
		1-1-2　運用視覺、聽覺、動覺的藝術創作形式，表達自己的感受和想法。
		1-1-3　使用媒體與藝術形式的結合，進行藝術創作活動。
		1-1-4　正確、安全、有效的使用工具或道具，從事藝術創作及展演活動。
	審美與理解	2-1-5　接觸各種自然物、人造物與藝術作品，建立初步的審美經驗。
		2-1-6　體驗各種色彩、圖像、聲音、旋律、姿態、表情動作的美感，並表達出自己的感受。
		2-1-7　參與社區藝術活動，認識自己生活環境的藝術文化，體會藝術與生活的關係。
		2-1-8　欣賞生活周遭與不同族群之藝術創作，感受多樣文化的特質，並尊重藝術創作者的表達方式。

（接下頁）

階段	主軸	能力指標
第一階段	實踐與應用	3-1-9 透過藝術創作，感覺自己與別人、自己與自然及環境間的相互關聯。 3-1-10 養成觀賞藝術活動或展演時應有的秩序與態度。 3-1-11 運用藝術創作形式或作品，增加生活趣味，美化自己或與自己有關的生活空間。
第二階段	探索與表現	1-2-1 探索各種媒體、技法與形式，了解不同創作要素的效果與差異，以方便進行藝術創作活動。 1-2-2 嘗試以視覺、聽覺及動覺的藝術創作形式，表達豐富的想像與創作力。 1-2-3 參與藝術創作活動，能用自己的符號記錄所獲得的知識、技法的特性及心中的感受。 1-2-4 運用視覺、聽覺、動覺的創作要素，從事展演活動，呈現個人感受與想法。 1-2-5 嘗試與同學分工、規劃、合作，從事藝術創作活動。
	審美與理解	2-2-6 欣賞並分辨自然物、人造物的特質與藝術品之美。 2-2-7 相互欣賞同儕間視覺、聽覺、動覺的藝術作品，並能描述個人感受及對他人創作的見解。 2-2-8 經由參與地方性藝文活動，了解自己社區、家鄉內的藝術文化內涵。 2-2-9 蒐集有關生活周遭鄉土文物或傳統藝術、生活藝術等藝文資料，並嘗試解釋其特色及背景。
	實踐與應用	3-2-10 認識社區內的生活藝術，並選擇自己喜愛的方式，在生活中實行。 3-2-11 運用藝術創作活動及作品，美化生活環境和個人心靈。 3-2-12 透過觀賞與討論，認識本國藝術，尊重先人所締造的各種藝術成果。 3-2-13 觀賞藝術展演活動時，能表現應有的禮貌與態度，並透過欣賞轉化個人情感。

（接下頁）

階段	主軸	能力指標
第三階段	探索與表現	1-3-1 探索各種不同的藝術創作方式，表現創作的想像力。 1-3-2 構思藝術創作的主題與內容，選擇適當的媒體、技法，完成有規劃、有感情及思想的創作。 1-3-3 嘗試以藝術創作的技法、形式，表現個人的想法和情感。 1-3-4 透過集體創作方式，完成與他人合作的藝術作品。 1-3-5 結合科技，開發新的創作經驗與方向。
	審美與理解	2-3-6 透過分析、描述、討論等方式，辨認自然物、人造物與藝術品的特徵及要素。 2-3-7 認識環境與生活的關係，反思環境對藝術表現的影響。 2-3-8 使用適當的視覺、聽覺、動覺藝術用語，說明自己和他人作品的特徵和價值。 2-3-9 透過討論、分析、判斷等方式，表達自己對藝術創作的審美經驗與見解。 2-3-10 參與藝文活動，記錄、比較不同文化所呈現的特色及文化背景。
	實踐與應用	3-3-11 以正確的觀念和態度，欣賞各類型的藝術展演活動。 3-3-12 運用科技及各種方式蒐集、分類不同之藝文資訊，並養成習慣。 3-3-13 運用學習累積的藝術知能，設計、規劃並進行美化或改造生活空間。 3-3-14 選擇主題，探求並收藏一、二種生活環境中喜愛的藝術小品：如純藝術、商業藝術、生活藝術、民俗藝術、傳統藝術等作為日常生活的愛好。
第四階段	探索與表現	1-4-1 了解藝術創作與社會文化的關係，表現獨立的思考能力，嘗試多元的藝術創作。 1-4-2 體察人群間各種情感的特質，設計關懷社會及自然環境的主題，運用適當的媒體與技法，傳達個人或團體情感與價值觀，發展獨特的表現。 1-4-3 嘗試各種藝術媒體，探求傳統與非傳統藝術風格的差異。 1-4-4 結合藝術與科技媒體，設計製作生活應用及傳達訊息的作品。

（接下頁）

第四階段	審美與理解	2-4-5 鑑賞各種自然物、人造物與藝術作品，分析其美感與文化特質。 2-4-6 辨識及描述各種藝術品內容、形式與媒體的特性。 2-4-7 感受及識別古典藝術與當代藝術、精緻藝術與大眾藝術風格的差異，體會不同時代、社會的藝術生活與價值觀。 2-4-8 運用資訊科技，蒐集中外藝術資料，了解當代藝術生活趨勢，增廣對藝術文化的認知範圍。
	實踐與應用	3-4-9 養成日常生活中藝術表現與鑑賞的興趣與習慣。 3-4-10 透過有計劃的集體創作與展演活動，表現自動、合作、尊重、秩序、溝通、協調的團隊精神與態度。 3-4-11 選擇適合自己的性向、興趣與能力的藝術活動，繼續學習。

在《九年一貫課程綱要》中，藝術與人文領域的課程目標，一直都是統括視覺藝術、音樂、表演藝術三者，至於能力指標也由第一版分科羅列整合為目前融合三者的內容。視覺藝術、音樂、表演藝術，若按其共同的美學原理、單一的藝術目的，或可加以統整（黃壬來，2001）。前面已經論及從審美教育與人文的涵養的藝術學習有別於過去的藝能科學習，學科的分界可以模糊化，無論是視覺藝術、音樂、表演藝術或其他藝術，從審美的觀點都有同樣的價值，在這個角度統整的可能性較高，且教學上可以不受藝術形式的限制，而是以審美觀點為最高價值。

所以，筆者認為不同的藝術形式，在學習上具有統整的可能，也有互補的作用。傳統藝術教育科目的音樂和美勞，的確比較偏重視覺和聽覺的感官能力培養，表演藝術不但涵蓋了視覺、聽覺的感官能力表現，還包含動覺和語言能力的培養。細讀能力指標 1-1-1 **嘗試各種媒體，喚起豐富的想像力，以從事視覺、聽覺、動覺的藝術活動，感受創作的喜樂與滿足**。在第一學習階段以視覺、聽覺和動覺來描述細項能力，除了表現在低年級以感官遊戲為主要的藝術活動外，從藝術的審美思考出發，就是奧圖在《審美教育教學理論》一書中所說的，培養個人非語言溝通能力。而視覺、聽覺、動覺正是屬於藝術的能力，並非藝術的學科。

不過，能力容易分野，但素養如何以階段能力來表現，則是能力指標一直無法清楚表達的盲點。對於能力指標，筆者相信其中不乏具有高度啟發性的條文，擁有高度的指標作用，筆者也理解制訂能力指標的專家學者不願意再以國家標準課程模式來指導教學，而希望從比較寬鬆的角度來訂定能力指標的用意，讓教學呈現豐富多元的面向，這些正向的思考都是值得肯定的努力方向。但筆者在此不厭其煩的再將第一節的審美教育理論部分學者的說法重述：

赫爾巴特認為美的事物不存在事物的量中，而存在於事物的關係中。強調審美最初產生於留意的觀察中，當他們看夠這一切，並處在躍躍欲試的心理狀態時，就可以嘗試讓他們去探討美了。

瑞希特主張審美教育具有「美的傳達」的可能性，因為藝術是一種符號或圖形的語言，能夠由感官來進行溝通，達到傳達各種觀念的目的。教育主要採用語言進行團體的溝通，藝術則借助非語文的方向進行理念傳達。

基福弘在「審美領域教育的新目的」主張「藝術即教育價值」；意即藝術自身相當重要，具有深刻的藝術價值，所以教師必須引導學生與藝術關聯。

以審美的角度而言，藝術教育是一種心理狀態、體驗的過程，只要它發生在學生學習之中，自然就會產生審美價值，任何外在強加的指標能力，都是行為主義的教育哲學思考。筆者認為，藝術教育應從經驗主義的生活體驗哲學，教學是一種建立情境過程，讓學習者在情境中自然產生意義。

所以，以能力指標作為提升人文素養或藝術素養的學習標的，從九年一貫課程所揭櫫的理想而言，顯然造成了教育哲學上思考的混亂。藝術教學要以能力指標來指導或評量學習的效果，似乎還存在著某種弔詭的爭辯，在審美價值上似乎也有斟酌和討論的空間。

二、九年一貫課程之表演藝術教育的目標與功能

有關視覺藝術、音樂、表演藝術三科是否應該成為一個領域教學一直都有爭議，這個問題的實務面容後於第八章再整體性的探討。然姑且不論學科本質，如果單從審美教育的角度而言，藝術與人文領域課程目標中所列的「使每位學生能自我探索，覺知環境與個人的關係，運用媒材與形式，從事藝術表現，以豐富生活與心靈。體認各種藝術價值、風格及其文化脈絡，珍視藝術文物與作品，並熱忱參與多元文化的藝術活動。能了解藝術與生活的關聯，透過藝術活動增強對環境的知覺；認識藝術行業，擴展藝術的視野，尊重與了解藝術創作，並能身體力行，實踐於生活中」。這些目標在任何藝術教學活動中都是正確而重要的，至於是否充分包含審美價值與人文價值則可以再檢視，讀者可以參照第一節所提列的專家說法加以評斷。

目前九年一貫課程中的表演藝術純粹將戲劇視為一項表演學習科目，單就戲劇課程的內容來檢視。但筆者認為，表演藝術的功能不應只局限於學習，它應更加寬廣的運用於教學中，將戲劇當成教學工具，以戲劇教學技巧帶入其他學科教學，活化教學過

程，讓戲劇的探索更具廣度，將藝術學習與其他學科統整教學，絕對是表演藝術不同於其他學科更強大的功能。

以下是筆者依據部頒的課程目標和能力指標，純粹從戲劇的角度來思考，以表演藝術為主軸來進行教學思考和教學內容分析，並整理出表演藝術比較具體的教學功能與目標：

（一）探索與表現

以戲劇表演的基礎要素、元素、材料和媒體結合等方向進行探索，並以實際操作發現表現方法及學習表演藝術創作的能力。其包含下列內容：

1. 探索表演藝術的形式和技巧，進行表演創作活動。

⑴認識自我的肢體能力、探索和發展肢體的可能性、探索肢體與空間的關係，肢體律動練習，表現肢體的造型和組合。

⑵認識自己的感官（視覺、聽覺、味覺、嗅覺、觸覺）、探索五覺感官的敏銳度、表現五覺感官的能力。

⑶認識自己的聲音、探索聲音變化的可能性、運用聲音的節奏和韻律、表現聲音的多樣性。

⑷認識自己的口語能力、探索發音的方法、探索呼吸和語言的關係，表現語言和情緒，發展語言的表現方式。

2. 嘗試表演藝術創作形式，從事戲劇展演活動。

⑴主題、人物或角色、場景、事件、對話、結構、情境等戲劇要素的探索、建構與表現方法。

⑵戲劇焦點、戲劇張力、戲劇對比、戲劇象徵等劇場元素的探索、建構與表現方法。

⑶戲劇即興創作的技巧和表現方法。

3. 構思表演藝術創作的主題與內容，完成有規畫、有感情及思想的表演藝術創作與展演。
   ⑴劇本的題材、形式，劇本的結構、寫作的歷程和呈現的方法。
   ⑵導演的構思、基本技巧、舞台調度、基本情境等創作的技巧。
   ⑶演員的訓練、排練的方法。
4. 結合科技探索各種不同藝術創作方式，表現創作的想像力。
   ⑴偶的材料探索、製作方法，偶的表演和聲音的結合。
   ⑵廣播、電視、電影、多媒體電腦與戲劇表現的結合方法。
   ⑶傳統戲曲的表演程式和表演技巧。
   ⑷舞台設計、服裝與音樂等不同藝術形式的結合與呈現。

（二）審美與理解

能夠參與、體驗、描述、欣賞、分析、判斷、辨識、感受戲劇表演的歷程、思想、方法、技巧及創意，並建立戲劇審美能力和了解文化意涵，包含要項如下：

1. 體驗戲劇活動歷程
   ⑴體驗表演藝術活動的旋律、姿態、表情動作的美感。
   ⑵理解戲劇表演肢體、感官、聲音、語言等為主要構成要素。
   ⑶辨識及描述表演藝術的內容和形式的特性，表達自己的感受，建立審美經驗。
2. 參與社區與地方性藝文活動
   ⑴認識自己生活環境的藝術文化，了解自己社區、家鄉的藝術文化內涵，體會藝術與生活的關係。
   ⑵欣賞生活周遭與不同族群之表演藝術形式和創作，尊重

創作者的表達方式。

⑶感受多樣文化的特質，記錄、比較不同文化所呈現的特色及文化背景。

3. 欣賞戲劇表演活動

⑴相互欣賞同儕間的表演藝術作品，並能描述個人感受及對他人創作的見解。

⑵描述戲劇藝術主要元素，欣賞、評斷創作者所運用的思想、技巧和方法。

⑶使用表演藝術用語，透過討論、分析、判斷等方式，表達自己對藝術創作的審美經驗與見解，說明自己和他人作品的特徵和價值。

⑷感受及識別古典與當代表演藝術、精緻化與大眾化風格的差異，體會不同時代、社會的表演藝術的價值觀。

⑸了解當代表演藝術趨勢，增廣對藝術文化的認知範圍。

4. 蒐集相關資訊

⑴認識環境與生活的關係，反思環境對表演藝術表現的影響。

⑵蒐集生活周遭傳統表演藝術資料，並嘗試解釋其特色及背景。

⑶運用資訊科技，蒐集中外表演藝術資料，了解當代表演趨勢，增廣對藝術文化的認知範圍。

（三）實踐與應用

從表演藝術創作過程，理解自己、社會和自然的關係，能養成觀賞表演藝術活動，增加生活樂趣，及從規畫執行表演藝術活動的過程，培養合作尊重的團隊能力。主要項目如下：

1. 透過表演藝術創作

⑴感覺自己與別人、自己與自然及環境間的相互關聯。

⑵增加生活趣味，美化自己或與自己有關的生活素質。

⑶增長個人心靈空間，對人的處境有深刻的認識。

2. 透過觀賞表演藝術活動

⑴培養應有的秩序感，表現應有的禮貌與態度。

⑵欣賞各類型的藝術展演活動，轉化個人情感，建立開放的觀念和態度。

⑶認識本國藝術，尊重先人所締造的各種藝術成果。

⑷運用科技及各種方式蒐集、分類不同之藝文資訊，並養成習慣。

3. 參與表演藝術活動

⑴認識社區內的生活藝術，並選擇自己喜愛的方式，在生活中實踐。

⑵養成日常生活中對表演藝術的表現與鑑賞的興趣與習慣。

⑶有計畫的集體創作與展演活動，表現自動、合作、尊重、秩序、溝通、協調的團隊精神與態度。

⑷選擇適合自己的性向、興趣與能力繼續學習。

從以上的分析我們可以發現，學習過程都是經由體驗、參與和欣賞的過程發展出來。三項目標中，探索與表現是較具體的藝術技巧學習，至於審美與理解、實踐與應用都是比較強調人文思考的內容，屬於不具體卻是很重要的目標，對於學習的成果前者容易顯現，但後兩者卻是更重要的目標。

三、從戲劇目標與功能評析戲劇教學的審美價值

在台灣，表演藝術忽然受到大家重視，成為國民教育的基本

學科之一，即使師資培育不及也依然實施。筆者一直在思考，目前出現的表演藝術課程目標，是否足以當作學生學習過程的「標準」呢？

筆者因為參與教科書編寫，因此也相當了解，在編定《九年一貫課程綱要》的委員口中，「課程綱要」僅是作為教師設定課程目標參考之用，並無須完全遵照能力指標訂定的目標去編寫或檢視課程內容。然而，落實到現實的教學環境及各學年的教學計畫時，筆者相信，所有教師都遇到要依照教育部頒訂的《九年一貫課程綱要》中的能力指標進行檢視，如果有缺漏或過多，都會被要求修正。顯然能力指標不是委員口中的參照標準，而是一個不可更動的標準。最近更因為有許多教師反映能力指標過於模糊，於是教育部召集專家對每條指標進行說明與註解，以幫助教師在量化評量上可以更加明確。

然而，這種標準化作業對於正在萌芽的表演藝術教育是幫助抑或是毒害？

當我們思考藝術教育的內容時，不妨多聽一點小朋友的想法，或許更能貼近他們的需求。

一個有趣的經驗正是如此。某次帶著兩個女兒在同一天欣賞兩齣不同的兒童戲劇。第一齣筆者呵欠連連，第二齣則讓筆者相當驚豔。以戲劇的價值和美感而言，不管是表演形式、文本內容、社會意涵或戲劇美感，後者都比前者強太多，兩齣戲的藝術價值以大人的觀點來看簡直是天壤之別。但兩個女兒的觀點和筆者完全相反，她們喜歡前者勝過後者。筆者的兩個女兒都是在劇場長大的，欣賞戲劇的經驗也相當豐富，她們的反應讓筆者驚覺大人的意義和小朋友的意義完全不同。筆者也向女兒解釋第二齣的優點，希望她們和筆者能有一致的觀點，但她們堅持抗議。

這個經驗告訴我們，大人的審美價值和小朋友的審美價值有相當的差距，而我們常常是以大人認為有意義的角度來進行教學思考，認為小朋友沒有足夠了解美的能力，因此必須遵從我們的欣賞觀點，才能達到審美意義。由此可知，我們必須更謹慎地對待小朋友，雖然帶他們欣賞戲劇活動是有意義的，但他們本身自覺的意義才是最重要的。

讓他們說出自己的想法，大人唯一的工作就是接納、維持興趣、再刺激思考。因為小孩子的標準與我們不同，讓他用他的眼光、以他對世界的理解來解讀訊息是相當重要的。同樣的道理也在教學之中，教師提供小朋友經歷藝術的經驗是必要的過程，但過程中，教師扮演的角色應該是一個專業輔助者，不斷刺激他們擁有自己的思考，採取創作的觀點，當他們來求救時，可以適時提供解決的參考意見的一個專業輔助者而已。任何一個以大人角度出發的指導動作，都可能會扭曲學生原本的想法，甚至扼殺創意的萌發。

正因為藝術的特殊性，所以更應該選擇一種先進的教學觀點來處理藝術教學的問題，尤其是表演藝術。雖然英、美國家已經有相當多的經驗可以提供我們作為借鏡，但一個屬於國民教育新開始的藝術領域，何妨跳脫傳統課程理論的窠臼，以最新的教學觀念來對待表演藝術的教學過程。況且目前實施《九年一貫課程綱要》所產生的眾聲喧嘩課程現象，及跳脫現代工具理性方法羈絆的現象充分顯現課程改革精神的後現代教育取向。美國創造戲劇教學的定義是：**「一種即興、不以供觀賞為目的、重視過程的戲劇形式；其參與者在一名引導者的帶領下，從事想像、創作，**

並反照人類經驗，此團體透過戲劇創作的方式探索、發展、表達並溝通其意念、概念和感覺。在創造性戲劇活動中，團體成員針對所開發的內容即興做出適合的動作和對話，運用戲劇元素給予這段經歷形式和實質上的意義」（楊璧菁，1997）。這樣的教學觀念，正是以學生為本位，以創造議題和體驗過程為主的教學。

在筆者多年的表演藝術教學中，相信藝術是在創作過程中逐漸成形的。無論是觀念和形式確定後再進行內容的豐富，或是擁有內容後再進行形式的探索，這期間的成長才是藝術最核心的精神。即使表演過程需要技巧和程序，但技巧和程序在創作過程中的比重卻微乎其微，可笑的是，在教學上，最容易量化檢驗的竟是技巧等部分，至於自信、敏銳、專注、具有想像力和創造力、培養戲劇的欣賞能力與批判能力、能夠與人合作等重要的目標，幾乎是無法以量化方式呈現，而且校方與家長都不願意看到這種目標，因為它無法直接表現學生進度的多寡。

當時代已經走到二十一世紀，後現代教育提出的課程觀點已經不斷刺激教育者再次思考，因為它不會再固守傳統的一種或幾種模式，而是非常多樣化的（張文軍，1998，p. 90）。唯有以多樣化的呈現，才能解釋表演藝術的課程與教學。尤其是影響後現代課程的批判理論、過程哲學（建構的後現代主義）、多元文化主義等等，都是為了拓寬在課程和教學方面的思考（張文軍，1998，p. 90）。

後現代教育的批判精神提供我們反思傳統教育的途徑，表演藝術教學在這樣的基礎上進入國民教育領域，以筆者教學現場的經驗，堅信後現代課程的觀點，能提供戲劇表演藝術堅實的教育哲學後盾。

第二章
表演藝術教學概念與特質

各學門的概念與範疇隨著時代的思潮不斷的改變和進化，教學的觀念也不斷在演進。九年一貫雖然試圖打破學科的界線，強調領域學習，但任何一個學門的學習仍舊無法離開它學科的本質，及學科發展的脈絡。本章以戲劇為主體來介紹表演藝術教學，從探討戲劇的本質、範疇開始，希望從戲劇的基本概念來具體呈現戲劇本身所擁有的教育特質。並從教學的角度來發現戲劇和教育之間的共同特質和互補關係。最後回到屬於學科本位戲劇的傳統概念和劇場的元素的介紹。

第一節　表演藝術教學活動的範疇

一、戲劇的本質

自從人類走進數位時代，「虛擬」成為非常流行的名詞。在虛擬的世界中，人可以將自己的想像透過數位技術，形成一種擬真的狀態，進而體驗各種不同的經歷。不過，「虛擬」由來已久，事實上，「虛擬」甚至是戲劇最初形成的主因。人類從真實的所見、所思轉化到虛構的人物，又以虛構的人物來表達真實的世界，一種以人來虛擬真實或想像世界的過程，這就是戲劇最早的起源。

最早的戲劇形式大概與祭典脫離不了關係。原始的世界對於無法解釋的現象一向視為具有不知名的力量，神鬼於是產生。神鬼一方面是人類最深沉的心靈依賴，另一方面也是恐懼的源頭。所以，透過某種儀式將神鬼形象化的過程，就變成祭典及表演。最古老的形式，是以人身裝扮或以偶替代，虛擬出想像中的形體。神鬼世界本就源自想像，而用「虛擬」的方法，表現出想像的世界，正是表演的原始形式，之後才逐漸發展出表現人類現實的生活景象。因此，我們可以說，「虛擬」正是戲劇的本質。

簡單地說，戲劇就是透過虛擬的方式，來表現人類真實到虛擬之間的所有生活狀態（圖2.1）。從最初表現神、君王、英雄人物，最後出現以生活周遭平凡人物為主，但無論為何，其表現的主體都是「人」。

圖2.1　戲劇的本質簡示

二、戲劇的範疇

李察・修頓爾（Richard Southern）教授將西方戲劇發展分為七個時期。首五個時期的戲劇表現風格是反幻覺真實（anti-illusionistic），第六時期的風格是追求幻覺真實（illusionistic），而第七時期，亦即是現在的階段，則又再度回到反幻覺真實的路線上。西方戲劇發展是介於幻覺真實和反幻覺真實表現技巧中，至於中國傳統戲曲歷來均是重非幻覺真實的表現技巧（non-illusory）和劇場的表現主義（presentationalism）（陸潤棠，1998，p. 57）。因此，簡單地說戲劇的兩大系統：一是西方的寫實表演系統；另一則是東方的寫意表演系統。

寫實表演追求戲劇趨近真實的生活，如何讓舞台上的表演更接近眼見的真實是寫實表演所關心的，最極致的表現形式就是自然主義，將生活片段搬上舞台，讓觀眾親見真實的人的生活。但這種真實無法讓一般觀眾接受，所以也僅是一種觀念的嘗試。戲劇表演追求的真實，是經過篩選的真實，是利用舞台的設計、裝置和演員的表演，企圖在觀眾和演員之間建立一種幻覺，讓觀眾產生「舞台上就是真實」的感覺。

寫意表演是在追求意境的表達，舞台的表演是透過一些表演的程式與觀眾建立一種默契。觀眾對於演員歌唱、念白、動作或打鬥等一些特定的表演程式有相當的熟悉度，非常清楚欣賞的是一種虛擬的過程。舞台裝置方面並不要求要讓觀眾誤以為真的真實情境，而是透過一些代表性的象徵物，例如一桌二椅的基本形態，進行多樣的舞台變化。

當然這兩種表演系統並非截然劃分，兩者的基礎都還是在表現人的生活狀態，只是朝不同的方向思考。當然，雙方在接軌之後，兩種表演方式彼此影響和觀念的交換，透過藝術家不斷進行各種創意的融合，套用光譜學的說法，寫實和寫意就是戲劇表現在光譜的兩個端點，中間各種形式不斷在進行多面向的互動與連結。

簡單歸納，戲劇就是介於寫實和寫意的兩個端點之間，以人的生活狀態為基礎的真實和虛擬之間的一切（圖2.2）。

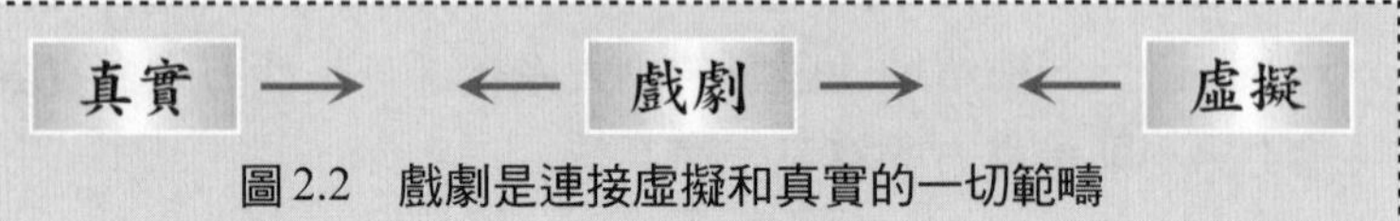

圖 2.2　戲劇是連接虛擬和真實的一切範疇

三、教育戲劇的範疇

英國埃克塞特大學（University of Exeter）音樂戲劇學院戲劇系教授薩默斯（John William Somers）將教育戲劇定位為「遊戲和劇場之間的一大塊領域」（圖 2.3）。

遊戲 ⟶ ⟵ 教育戲劇 ⟶ ⟵ 劇場

圖 2.3　薩默斯的教育戲劇定位圖示

檢視目前國內最借重的創造性戲劇、教育戲劇和教育劇場的內容，在教育與戲劇接軌之初，大都以戲劇遊戲為主要內容。透過遊戲引導學生進入劇場藝術的領域，的確是一個非常切合學生學習心理的方法。將藝術的起點建立在能引起學生注意和投入的遊戲上，然後逐步利用戲劇元素讓學生在快樂的活動與遊戲之間，反覆進行學習，如此一來能維持學生在活動中的學習樂趣，讓學習不再只是單調乏味的聽講過程，而是一連串參與與創造的過程。

當教師在進行戲劇表演藝術教學時，經常會問道：「戲劇教學到底有沒有完整的教學系統？」組織化和系統化的確是學習的必要歷程，教師們長期以來在師資培育機構所接受的課程觀念，總是強調課程組織嚴密、教學順序的邏輯關係，結構化、系統化和螺旋式上升的課程思考。對於戲劇教學自然而然會考慮它的課程結構、系統組織和學習的階段性。如果以嚴謹周密的課程結構來檢示戲劇教學，的確可能發生嚴重的觀念落差。尤其是對於戲劇教學總是強調以遊戲開始，徹底顛覆課程嚴肅的屬性，自然會引起是否具有嚴謹的課程理論和階段分明的學習歷程的疑義。初接觸戲劇教學的老師們，在接受戲劇活動中總是會產生這樣的質疑：「戲劇教學就是遊戲，就是活動，那之後呢？」由圖2.3我們自然了解，遊戲之後當然就是劇場表演的部分。

所以，戲劇教學的系統，是「以遊戲開始，以劇場為終點」的一系列活動。這樣的發展概念也正是一齣戲劇發展的過程，從「遊戲→想像的基本元素→動作／肢體→感官的覺察、認知→角色→對話→戲劇形式→劇場演出」的歷程，都是以遊戲形式在課程中慢慢地讓學生體驗成形。

第二節　戲劇表演藝術課程簡介

戲劇教學雖然不完全涵蓋九年一貫的表演藝術教學，但它是表演藝術教學的主要內容則沒有爭議。前一節筆者試圖從戲劇和教學的面向來討論彼此的關係和界線，我們發現戲劇和教學的本質都是「人」的探索。戲劇是理解人的方式，教育則是引導人的方法。在戲劇教學上教學者必須更為細膩地引導學生來了解人，必須從教育的觀點來了解戲劇看待人的方式和人性發展的脈絡，才能更為宏觀地對待表演藝術教學的審美教育本質。

依筆者觀察，目前戲劇教學的教材及相關資料研究，除了少部分教學者仍以戲劇的演出技巧為教學重點，將劇場演出所需的相關訓練和技巧列為教學重要內容，以演員訓練的方法來當作教學的方法。大多數的教材都參考英、美「創造性戲劇」（creative drama）、「教育戲劇」（drama in education）、「教育劇場」（theatre in education）、「課程中的戲劇」（drama in the curriculum）等的經驗和觀念。以下為主要的戲劇教育表演藝術教學簡介：

一、創造性戲劇

一九八七年美國兒童劇場聯盟（Children's Theatre Association）將創造性戲劇的定義修訂為：「一種即興、不以供觀賞為目的、重視過程的戲劇形式；其參與者在一名引導者的帶領下，從事想像、創作，並反照人類經驗，此團體透過戲劇創作的方式探索、發展、表達並溝通其意念、概念和感覺。在創造性戲劇活動中，團體成員針對所開發的內容即興演出適合的動作和對話，運用戲劇元素給予這段經歷形式和實質上的意義。」（楊璧菁，1997）

二、教育戲劇

常以戲劇發展的架構和程序為教學的主軸。引導者（老師）帶領參與者（學生）進入以教學內容或設定的議題所塑造的戲劇情境中，循序漸進發展戲劇的情節，進行互動的發展性學習。引導者與參與者都是「劇中人」，也是「一般的討論者」。學生經歷角色參與、體驗角色、發展情節，直到戲劇結束。然後所有人就戲劇發展過程，引發更深入的討論，這也是以學習者為中心的課程模式。

三、教育劇場

是將課程內容或議題，透過具有表演能力的專業演教員（actor-teacher），運用戲劇的形式，進行相關議題的教學。演教員必須了解探討議題的背景和爭議點，演出中運用各種技巧，引發觀眾（學生）參與戲劇的過程，他們可能被引導進入戲劇情境，或代替演出的角色，進行問題的討論或尋求解決的方法，演出後並有延伸課程，針對議題進行總結活動。這種方式比較接近演出，但在演出當中，演教員除了要適時掌握情節的推進，還要能引發討論並掌握節奏，因此，由教師操作的困難度較高，通常比較適合與專業團體合作運用。「教育劇場」雖然以演出為主軸，但過程仍是以學生為主體，引導學生進入戲劇情境中，深刻體驗與感受學習內容，並激發學生提出自己的見解。

四、課程中的戲劇

薩默斯教授所提出的概念與實踐方法，以課程統整的觀念，將戲劇教學的技巧和方法視為課程統整的手段。將戲劇定位不只在教學的層面，而是從課程的角度來探索戲劇在課程中所能發揮的統整能力。運用戲劇的特質和教學的技巧，從統整的角度，讓學生以實作的方法來體驗其他學科的知識。也就是目前九年一貫一直在強調的融入課程的概念，強調戲劇是強化學科的橋梁，「表演」是課程的催化和聚焦的最高點。以鄭和下西洋的航海故事為例，在戲劇的表演中，須配合相關的歷史、地理知識、語言的使用能力，尤其當時對於海洋和航海的知識與術語，都是在這個主題下必須實際去探索和研究的。學生在表演的前提下，對於相關領域的學習是在教師的引導下自發的學習，統整成個人的知識系統。因此，戲劇在課程中不只是表演而已，而是能力的具體表現。

薩默斯教授的戲劇教學概念與九年一貫課程的統整概念非常貼近。這樣的戲劇教學概念幾乎運用在各個領域的教學，所以薩默斯教授近幾年來多次受邀來台帶領戲劇教育工作坊，把戲劇統整教學的方法帶給劇場工作者和教學現場的教師。他所運用相關的戲劇教學技巧，也在表演藝術教學中被廣為運用。他最重要的影響是在於戲劇教學觀念的開拓、引領戲劇從課程的高度來觀照各學科的教學。

綜觀相關的課程理念或教學內容，可以歸納出兩個主軸，一是將戲劇教學定位為一個教學學科的學習（learning in drama-theatre），另一則是運用戲劇的元素、技巧或表現方式的學習（learning through drama-theatre）。所以一個表演藝術老師不只應該了解戲劇學科的內容，也必須了解教育場域的操作，運用戲劇多元活潑的特質，帶給學生在學習歷程中更多快樂和體驗藝術的機會。

第三節　戲劇活動的課程特質

一、劇場活動的內容

戲劇活動在國內雖然一直扮演著工具性的角色，但不能否認，它具有所有課程的特色。本世紀初開始，在美國有些學者和小學老師，進行不同角度的教學方法探索和理論的研究，從而發展出一套從簡單到繁複的創意戲劇教學活動。雖然各家看法有些許的不同，但大都從下列幾個方向進行：

1. 想像力（imagination）的激發。
2. 肢體動作（movement）和韻律（rhythms）。
3. 感官遊戲。
4. 扮演遊戲（dramatic play）。
5. 肢體劇（pantomime）的運用。
6. 即興創作（improvisation）。
7. 角色扮演（role play）。
8. 戲劇發展。
9. 劇場表演。

這樣的發展概念其實是一個戲劇創作到演出的發展過程，從「想像的基本元素→動作／肢體→感官認知→角色→對話→戲劇演出形式」。每個學者發展的重點不同，有強調基本元素的探索，也有強調以演出為主體。從人的基本感官情緒發展到進行一個正式戲劇的演出過程，都是戲劇教學的內容。

在多元智能教學中，戲劇和舞蹈是動覺學習的主軸，戲劇則包含「正式劇場」（formal theatre）、「角色扮演」（role-playing）、「創意戲劇」（creative drama）和「模仿」（simulation）等內容。強調的也是劇場的演出和戲劇相關元素的探索為教學的主要內容。

所以，我們可以回到戲劇最通俗的定義：一部戲劇，是設計由演員在舞台上，當著觀眾表演一個故事（姚一葦，1992，p. 15）。從定義中可以歸納出戲劇表演的四個最主要元素：表演者、表演內容、場地、觀眾。從這些元素中也可以找到戲劇教學的內容。戲劇演出是劇作家創作了戲劇文本，導演、演員和各部門藝術家依據戲劇文本創造了表演文本，呈現在舞台上。觀眾在劇場內同時接受戲劇文本和表演文本的訊息，感知和回應所有在劇場中展演的歷程（圖2.4）。

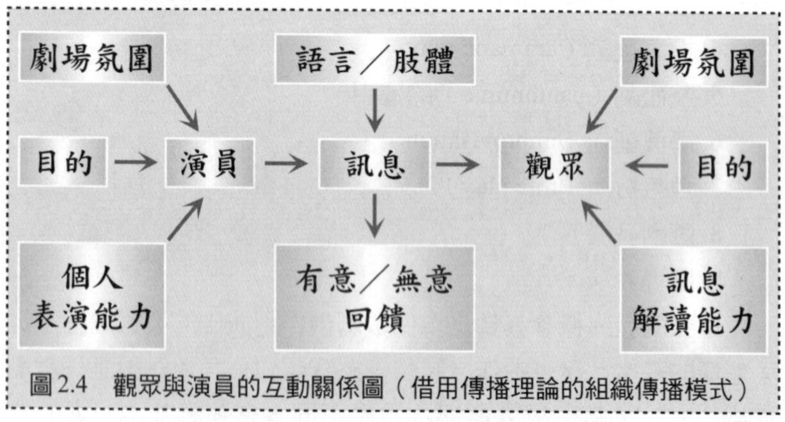

圖2.4　觀眾與演員的互動關係圖（借用傳播理論的組織傳播模式）

因此，戲劇表演包含創作、展演和回應三個部分。如果從展演的角度來設計教學，則應包含創作／展演／回應。

1. 引導學生使用他們的想像力、身體、聲音去創造角色、說故事、發展劇情。
2. 利用布景、服裝傳達地點與氣氛。
3. 領導團體計畫、演出故事，即興表演與腳本演出。
4. 引導學生反思自己及他人作品。

先前提過戲劇活動課程最主要的目的不是展演，而是整個實施的過程，是利用戲劇形式刺激學童當下的反應，觀眾就是在上課時其他同學的回應，這一部分在教學中絕對不可忽略，觀眾的回應是表演教學最實際的學習回饋。在場地方面，雖然戲劇的定義強調是在舞台上，不過在教學活動中，只要是一個可以表演的空間，都可以視為舞台。因為戲劇課程大都在班級教室或表演教室實施，不必刻意強調舞台，而是充分運用每一個空間。如果教學需要在操場，那操場就是戲劇活動的舞台。教學引導者在空間處理方面必須把握的原則是安全，與能夠刺激思考的情境。

戲劇的四個元素在創意戲劇活動裡最強調的是表演者和表演內容兩部分。強調並不是意味要將所有表演或創作訓練加諸學童的課程之中，而是將這兩部分的重點，以適合學童身心發展的方式，來進行戲劇教育活動。展演對於學生而言的確是比較複雜的活動，在教學之中也比較不易達成，但學生對於擁有展演的機會都非常珍惜。所以在教學中戲劇元素的探索與發展之後，將表演元素整理成一個簡單的展演活動，在教室中實施練習，也可以是教學的一部分。

二、戲劇活動的課程特質

在《創造性戲劇對小學三年級學生表達能力之影響》的論文中（楊璧菁，1997），將創造性戲劇活動的特點歸納為：

1. 重視過程勝於演出：活動的重點在於學生當下的反應，即在過程中所表現的能力，而不是去製作一個演出。
2. 引導式教學：老師是一個引導者，引導著團體成員分享概念和感覺，可以選擇介入或從旁指導，而不是主導者。
3. 團體即興創作：創作是透過群體方式完成的。
4. 採用戲劇形式：運用戲劇元素，包括肢體、聲音、韻律、美術、對話、角色、情節等。

從這個特點觀察表演藝術課程，會發現戲劇活動的特質在學生方面是重視過程、自我發展與成長的，學習上是屬於以兒童為主體的，教師不是指導者和掌控教學者，而是一個引導學習者。

根據理查・謝許納（Richard Schechner, 1977, p. 18）所歸納的表演藝術的特質轉化為表演藝術教學的特質為（張曉華，2004）：

1. 過程（process）：某些事件發生在這裡與現在（here and now）。
2. 有結果的（consequential）、無法治療的（irremediable）及不能取消的動作過程、互換或情況。
3. 競爭（contest），以某物作為懸賞給表演者及觀眾。
4. 創始（initiation），使參與者改變身分。
5. 具體與有組織地使用空間（space）。

以上這些特點正符合目前教育改革推動的理念，學習是自發的，透過學生的經驗，將新的素材和舊有的經驗結合，然後變成一種新的學習內容，而教師只是一個引導者，把學生的能力適時的引導出來，讓學生能夠去探索舊經驗，發展出新東西。

第四節　表演藝術的教學要素

表演藝術教學包含了戲劇和劇場的所有概念，所以探討表演藝術教學，必須從戲劇和劇場的元素開始。

戲劇和劇場這兩個概念是有區別的。戲劇是以劇本為主的表演，基本上它是屬於文學的部分，眾所皆知的莎士比亞（W. Shakespeare）是一位劇作家，當時他也是製作人、演員和導演，但流傳後世最有價值的是他的劇本。因為戲劇演出會隨著時間消逝，較早遠的戲劇演出形式，如今都只能依靠隻字片語的史料來拼湊。劇本因為以文字形式被保存下來，所以在很長的一段期間，戲劇的觀念一直是依附於文學的。至於劇場，一直是劇作家或演員的劇場。因此，劇本是戲劇最重要的成品，劇本的探討自然成為戲劇探討和評價的主要內容。

十九世紀中期，導演的觀念漸被重視，戲劇演出的相關部門，如燈光、服裝、舞台設計等元素和演員的動作都被精密的規畫，因而確立了導演的觀念，劇場的元素和戲劇表演的關係也愈來愈密切。華格納（R. Wagner）在十九世紀提出總體劇場的概念，對於劇場概念的確立有相當重要的影響。戲劇演出不僅僅是劇本的寫實演繹，更是劇場各部門的總體表現。他認為藝術大師要能完全控制場景、服裝、燈光以及其他的劇場要素（胡耀恆譯，1991）。所以他容納了詩歌、舞蹈、歌曲等元素，使戲劇表演的概念，從戲劇擴展到劇場的一種綜合性藝術形式。

劇場的探討是形式與內容並進的，探索的重點在於作品演出時整體性的評價，也就是戲劇內容和形式使用所傳達的意義。

後現代主義的戲劇概念，在不斷顛覆既有的戲劇規範，非線性、無中心、不平衡的作法，強調自我參照的強化突出，作品結構的重建，以及通俗文化（反對高雅藝術是唯一值得進行研究的藝術）。戲劇被定位為非線性、非文學、非寫實主義、非推論和非封閉的演出（曹路生，2002，p. 13）。

劇場是從發生開始，對於表演者、導演、劇場環境、戲劇的目的等，在戲劇起心動念之初，就已經在探索它和人的處境關係，探索的重點回到戲劇本身所傳達的意義，過程、形式、內容、參與者、時間、空間都是探索的要素。

一、戲劇的基本元素（胡耀恆譯，1991）

1. 人物（角色）：戲劇的主人。戲劇中事件的發展大都要經由戲劇人物的言語行動來表現。可以從人物的外型、社會層面、心理層面和道德層面來分析。
2. 情節（故事←→衝突）：戲劇的肉體。它的全盤構造，包含故事內容、構成意義類型因素的總結。情節雖然複雜，但總括三個部分：⑴開始：引發事件。⑵中段：一連串錯綜（complication）的過程，包含發現（discovery）和危機（crisis）。⑶結尾：劇本的最後部分，通常叫作結尾或收場。
3. 主題（最感人的地方）：touch moment，戲劇的靈魂。包含劇本的主題、論點、總體意思和戲劇行動的意義。
4. 對話（最重要的工具）：戲劇的媒體。對話是劇作家表達的主要工具，其作用包括：⑴提供消息資料；⑵透露人物性格；⑶導向觀眾注意力；⑷透露劇本主題和基本意念；⑸幫助設立劇本語調；⑹幫助設立劇本速度與節律。

劇場的演出是整體的表現。導演、演員、舞台、服裝、燈光、音樂等缺一不可。

以上四個要素是劇本構成的主要內容，所以戲劇（drama）的元素屬於文學的部分居多。當然戲劇也有景觀的問題，但比起以劇本為主的結構要素，就顯得很藐小而幾乎被忽略了。所以，如果僅從戲劇的要素來討論表演藝術的教學，範圍是相當受限的，戲劇僅是教學要素的一部分。

二、劇場的基本元素

1. 導演：製作人負責財務，導演負責藝術方面工作。導演必須詮釋劇本，把各種戲劇藝術人員的努力結合成一個整體。其功能如下：⑴決定詮釋劇本方式；⑵挑選演員；⑶與劇作家、設計家、技術人員磋商，以計畫演出；⑷領導排演；⑸結合各因素以便在舞台上演出。
2. 演員：是戲劇工作人員當中，對外最具體的代表人，因為觀眾所能看到的只有演員。演員利用身體和聲音來表現劇中人物，他一方面是角色的創作人，一方面是劇中人物的化身，所以進出角色是演員必備的修養；他以身體和聲音為表達工具，以角色和舞台環境來和觀眾溝通。
3. 舞台設計：導演和演員所運用的舞台環境，必須依賴舞台設計來呈現。舞台設計最主要的目的是把劇本的情調、氣氛、主題、風格、年代、地點和社會經濟背景，以視覺的方式表達出來。最主要的目的是幫助觀眾了解戲劇中時代背景和地點，並表達藝術的特質。
4. 服裝設計：舞台設計是關注在舞台的環境，服裝設計是表現演員的造型和扮相，服裝設計的目的和舞台設計相同，也是為了幫助觀眾了解劇中的時代意義、解釋劇本和表達藝術特質。在視覺呈現上，服裝和舞台設計的配合，更能表達戲劇的風格。

5. 燈光設計：燈光設計在舞台上最容易看到，卻最不容易發覺，因為沒有燈光舞台將一片黑暗，但燈光沒有實體不佔舞台空間，所以最不容發現。它的功能也是協助觀眾理解，表達劇本價值。目前專業舞台在戲劇氛圍的創造上，燈光因素占相當重要的位置。
6. 音樂和音響：音樂是獨立的藝術，但現代戲劇的表演幾乎無法排除音樂的因素，甚至已經被認為是戲劇的要素之一。戲劇中的音樂可分為附帶音樂和戲劇音樂，附帶音樂就是配合戲劇演出的音樂，主要的作用是製造氛圍、強調或提高情緒、聯合場景，也有要表露情緒的歌曲或製造娛樂效果的音樂，還有一些配合舞蹈的音樂等。戲劇音樂則是戲劇不可或缺的部分，歌劇和歌舞劇都大量運用戲劇音樂，是為了戲劇情節的特殊需要，關乎全劇的演出效果。
7. 舞蹈：舞蹈和戲劇都源自於儀式或祭典，在最早的表演中，戲劇和舞蹈都是主要形式，後來因為戲劇慢慢偏向以語言為主，舞蹈才漸漸失去了重要性，但它也發展成一門獨立的藝術。舞蹈和音樂一樣主要的作用是製造氛圍、強調或提高情緒、聯合場景。舞蹈有附帶舞蹈和戲劇舞蹈之分，附帶舞蹈並非劇中不可或缺的因素，而是穿插在劇中以增加生氣、製造氛圍而不影響情節，或存在於兩幕之間的娛樂。戲劇舞蹈則是用來推展故事，表現人物個性和塑造氣氛與風格等。

三、後現代戲劇和表演藝術教學相互關聯的劇場要素

德國柏林藝術學院教授尤根・霍夫曼（Jurgen Hofmann）提

出後現代戲劇的特徵是：⑴非線性劇作；⑵戲劇解構；⑶反文法表演。他解釋，非線性劇作既無線性故事，又無以對話形式交流的確定人物，文本不表現戲劇確定性，又不予角色相關，事件不再受時空限制，它們既無開端又無結尾，更不遵循任何敘述脈落，幾乎顛覆了戲劇大部分元素，但它的劇場性仍然存在。不過，劇場的觀念也被顛覆了——表演不必在舞台上，也不局限在演員發生的關係上，藝術家開始利用空間，環境就被創造出來，觀眾就在其間遨遊。把劇場的觀念擴大到任一個創造出來的空間（曹路生，2002，p. 14）。後現代主義戲劇對於表演藝術觀念，是以解放和批判的角度來審視戲劇，的確對表演開啟了更大的視野。

因為後現代戲劇家很多，筆者覺得對於表演藝術教學較具有積極意義的後現代戲劇家有謝許納的「環境劇場」，和奧古斯都・波瓦（Augusto Boal）的「被壓迫者劇場」。

謝許納主要的研究領域，是戲劇作為人的藝術活動，在人類生活及人類其他藝術活動中的地位。他提出應該把人類學戲劇理論的視野拓展到人類的一切表演活動及其相關活動中。他又指出，戲劇與儀典同為表演，但前者重娛樂，強調與觀眾隔離，後者重功效，強調參與。他認為：⑴戲劇事件是一整套的相關事物，所有在其間的人、物、空間和時間；⑵所有空間都為表演所用；⑶戲劇事件可以發現空間；⑷焦點是靈活的，可變的；⑸製作的每一部分都在敘說自己的語言；⑹文本不是演出的起點也不是終點（曹路生，2002，p. 53）。環境劇場強調空間的充實，空間可以無窮盡的改變、連接、賦予生命，並強調觀眾參與。所以表演藝術是表演者（performers）、文本或動作（text / action）、導演（director）、時間（time）、空間（space）及觀眾（audience）等六項相互關聯的劇場要素，謝許納認為此劇場要素並沒有層次上的優先順序，所有的要素都須經過排演，排演可使各種要素產生激烈的變化或完全改變，而其中突如其來的轉變事件也可能改變其他事件（張曉華，2004，p. 258）。

因此，我們發現表演藝術教學可以是一種體驗的過程，任何一個事件、過程都有它的意義存在，又因為它沒結構，強調參與和空間運用，對於學習者是一種開啟的活動，學習者在環境中自我思考和滿足，是一種以學習者為中心的觀念，引導者或教師是幫助學習者找到自我在空間中的意義。

波瓦則認為劇場原本是狂歡的酒神歌舞祭——人們自由自在地高歌於戶外——像嘉年華會、歡樂的慶典，後來統治階級掌控劇場並築起高牆。首先，他們區隔人們，將演員與觀眾分開，歡樂的慶典於是消失。其次他們在演員中將主角從眾人抽離，壓制性的馴化於是誕生。因此，波瓦認為被壓迫者必須解放自己，重新創造自己的劇場，首先觀眾又開始表演了：透過隱形劇場（invisible theatre）、論壇劇場（forum theatre）、形象劇場（image theatre）等。其次，必須用不同的個別演員來打破角色人物被據為私有，才能讓觀眾從目擊者轉變為主角。

人的身體是聲音和動作的來源，所以是劇場的第一語彙，波瓦認為人們必須先掌握自己的身體、了解身體，才能使它變得更具有表達力，才能夠操作各種劇場，透過表演讓自己從原來觀眾的處境中解放出來。人的身體不再是客體，而是主體。轉化觀眾成為演員的方法如下：⑴了解身體（knowing the body）：認識自己身體的局限性和可能性；⑵讓身體具有表達性（making the body expressive）：透過劇場遊戲，人們開始以身體來表達自己；⑶劇場作為語言（the theatre as language）：劇場是一種活的語言，不是展示舊時景象的已完成作品；(4)劇場作為論述（the theatre as discourse）：觀眾依照自己的主題來表演。

一個身體畫面就可表達一段故事。讓身體具有表達性是表演藝術教學的目的。

波瓦的劇場觀念一開始使用在秘魯民眾的識字計畫，所以整體觀念充滿教育意涵。他的演員轉化過程大致上與推動表演藝術教育的歷程雷同。其重點不在學習者能成為演員，而是在過程中，幫助他了解自己，讓自己更有表達力，願意以身體表達，能夠以身體表達，用身體實際來傳達人們處境的意義與反思。

第三章
表演藝術教學的方向與內容

我們常說教學是一種藝術，如此藝術教學便是藝術中的藝術。但藝術經常給人的感覺是只可意會不可言傳，然而教學的特質是既要意會、又能言傳。如何能夠達到表演藝術教學讓人能看又能懂得的目標。筆者以戲劇和劇場元素及後現代文化觀照的兩個面向，提出對於表演藝術教學的思索方向及思考課程內容的方法，是希望隨時引導著自己教學的變化，但不至於偏離不變的教學目標。另一方面以不同的面向和主軸來思考表演藝術教學，則是保持自己思維的靈活性不至於單一化、固化僵化而不知變通。雖然在此提供給老師們參考的教學方向，但筆者對於表演藝術教學要求，仍是充滿挑戰、刺激與改變的過程，在教學中不斷地尋求改變的方式，找到不同的導入點，進行更靈活多變的教學活動。希望老師也能從中找到個人教學方向和參考內容。

第一節　表演藝術教學的方向

前面我們提到戲劇教學的兩個主軸是 learning in drama 和 learning through drama。同樣的我們也可以將表演藝術教學分為兩個方向，一是將它視為一門學科（learning in performance），讓學生學習戲劇、舞蹈及劇場藝術；另一是利用表演的方式，幫助其他學科學習（learning through performance）。如果將表演藝術教學往學科這個極端推進，就會產生表演藝術教學是以戲劇或舞蹈為主的爭辯。以學科的觀念來推動表演藝術的概念又會產生「表演是純藝術教學」或「表演是教學工具」的爭辯。不過，本章並不準備討論這個議題，如果教學重點只在戲劇舞蹈元素與劇場元素的探討，基本上已經是傾向以表演藝術作為一個學科教學為基礎。

事實上，後現代主義的戲劇概念早已打破「戲劇就是劇場本身」的概念。無論是謝許納的「戲劇人類學」或波瓦的「壓迫者劇場」，劇場只是人類在社會處境中的一環，不管是戲劇的藝術構成或以戲劇為工具，都是建立在「人」的基礎上。為表演藝術教學帶來的觀念是，表演藝術可以運用戲劇和舞蹈的特性，無論內容或技巧，表現的對象都是「人」，是從人出發的虛擬世界：人的處境、在環境中以身體來感受（情緒與思想的變化），並在情境中探索人的意義。

後現代的課程哲學不再是追求永恆真理的學科，不再是體系化、後設敘述的哲學，而是一種促成公正、同情、自我探索、批判性思維、提供力量、並且對生態環境進行維護的機制的哲學……，**這種哲學強調感受性、歷史背景、在情境中的意義以及自由的實踐**（張文軍，1998，p. 90）。如果從這樣的哲學觀點來看，爭辯學科或是工具是毫無價值的。其實，在後現代主義劇場概念的實踐過程中，已經融合戲劇本身是學科與工具的價值。

因此，筆者認為表演藝術教學設計方向，應是：「**透過遊戲的方式，讓學生體驗表演的形式，以了解學習內容或議題的意涵，提出個人看法與思考解決方式，並從扮演的過程中體會人與**

人之間說話、行為和動機的關聯性，期能更理解人與人、環境、社會之間的關係。」

教學模式是透過從情境的塑造與運用，提升個人內在知能，來展現個人表達與反思批判的能力。其中，「情境的塑造和運用」是一種綜合的能力，所有教育理論都非常重視教學情境的建立，期望學生能在學習情境中引發主動學習的意願，而表演藝術的虛擬特質正是建立學習情境極有效的方法。

所以，表演藝術教學應該既是教學方法也是教學內容。表演藝術教學可以提升個人內在對於戲劇舞蹈學科的知能，這就是學科學習的內涵，戲劇舞蹈的學科基本能力是學習不可或缺的內容；劇場元素的教學是提升個人對情境的塑造和運用的能力。運用這些戲劇知能的學習內涵，展現個人表達與反思批判能力，提升個人身體表現力和表達能力，解放個人思維，促進反思批判能力，最後必須更關注人在社會中的處境以及人與環境的共存關係。

所以，表演藝術學習內容，從戲劇和劇場相關元素學習的學科方向出發是一個端點，過程是從後現代的多元價值思考、強調感受性和情境中學習，能夠思考人在情境中的意義和實踐自由的精神是另一個端點。因此，筆者將分別從這兩個端點規畫出一些表演藝術的教學內容。第二節先以戲劇和劇場元素這個方向來探討教學的內容。第三節則著重後現代思維的劇場觀念來探討教學內容。

第二節　從戲劇與劇場元素開始

從戲劇、劇場的方向思考，比較重視的是角色扮演的概念。主要的基礎觀念係建立在「表演是人去扮演一個角色」開始。所以，從個人的專注、感官、肢體動作、聲音表達、情緒表達到思想表達，這一系列的表演歷程都是教學的內容。本節先從基本元素開始介紹，然後提出教學建議，然而，它並不是一個緊密的結構體，是不同元素並列在一起的，結構也不是逐步螺旋而上，而是每個元素都可以設計不同的活動來體驗，體驗之後並不是學習的完成，而是增強學生更敏銳的生活感受習慣，慢慢增長這些必要的能力。當一個表演活動完成，教師針對學生表演中所欠缺的能力，再一次設計不同形式的活動來讓學生體驗這些不同表演元素，更能引導學生敏銳感受到學習的能力。

一、戲劇與劇場元素為主的表演藝術課程內容概要

（一）從個別的戲劇或劇場元素

1. 個人的
   (1)聲音的表達：對白、模仿、聲音。
   (2)肢體的表達：律動、模仿、身體的知覺、空間的敏感度。
   (3)感官的表達：觀察力、注意力、記憶力與靈敏度。
   (4)情緒的表達：快樂、生氣、哀傷、恐懼。
   (5)思想的表達：創造力、想像力、對人、社會與自然的看法。
2. 情境的

⑴外在的：音樂的感覺、布景的感覺、人際的感覺（情節）。

⑵內在的：面對自己的感覺、角色的揣摩。

3. 團隊的：與人互動、角色扮演、短劇排練、戲劇排練、戲劇演出。

（二）從戲劇故事的構成

1. 即興表演：創造一個主題，由現場參與人員依據主題發展表演情境、情節、人物、對話等，變成表演故事。
2. 說故事接龍：創造一個主題，由現場參與人員依據主題進行故事的發展，參與者必須掌握故事的開始、發展、結束等過程。
3. 既有的故事：從繪本、童話故事、青少年故事、詩、神話傳說等既有的故事，由學習者發展成一個戲劇故事，發現戲劇故事的特性。
4. 創作故事：從個人生活的遭遇，學校課程引發的思考，對社會的觀察、大自然神奇的探索等。凡具有衝突性形式的素材，都是戲劇故事的題材。

（三）從劇場演出的形式

1. 即興表演：以一個主題，教師帶領學生現場發展表演情境、情節、人物、對話等，並進行表演。
2. 戲劇教學：教師以戲劇進行，引領學生進入一個戲劇情境中，以達成對教學論題的闡明、深入或理解。
3. 戲劇演出：教師帶領學生進行戲劇，從劇本發展、排練到演出的過程。
4. 教育劇場：教師針對一個論題，以劇場的形式，引導學生

耳熟能詳的童話故事（美人魚）是表演藝術教學適用的素材。

發展戲劇情節，帶領學生進入情境，以情境中的角色探索現實的問題。

（四）不同表演形式的學習

學習默劇、各種戲曲、偶戲、電視、電影、廣播的表演和表現方式。

這些學習內容是偏向學科本質的學習。基本能力的增強絕對是藝術教育不可或缺的必要環節。目前在藝術與人文領域的課程中，仍存在學科本質的爭議，導致學科彼此間針鋒相對的情形層出不窮，因此，筆者認為太過偏重以戲劇技巧為主體的表演教學，尤其是強調排練與演出的過程，絕對不是值得推崇的方向。但如果這些內容能以遊戲的方式來思考，教學一定會呈現出另一種風貌。

筆者試著從戲劇學科的方向規畫以下課程設計方向，希望能提供教師在設計課程時，一些教學活動內容的參考。

二、各學習階段的內容建議與安排

第一學習階段	第二學習階段	第三學習階段	第四學習階段
・動作 ・律動 ・戲劇性扮演遊戲 ・偶劇 ・說故事 ・感覺想像 ・模仿 ・面具 ・感官遊戲 ・故事化戲劇	・動作 ・模仿 ・戲劇性扮演遊戲 ・偶劇 ・說故事 ・專注力訓練 ・感覺想像 ・感官遊戲 ・故事化戲劇 ・角色扮演 ・即興創作：教學主題結合人物、故事、語言進行的即興角色扮演 ・說故事劇場	・專注力訓練 ・感覺想像 ・回溯感覺與情緒經驗 ・感官覺察 ・偶劇 ・說故事劇場 ・角色扮演 ・即興創作：教學主題結合人物、故事、語言進行的即興角色扮演 ・發展出一齣戲劇	・感覺想像 ・回溯感覺與情緒經驗 ・偶劇 ・朗讀劇場 ・教學主題結合戲劇形式來探討生活或社會問題 ・發展出一齣戲劇 ・劇場形式 ・劇本編寫 ・導演概念 ・戲劇舞蹈簡史

（一）第一學習階段（共八十節，每節四十分鐘）

學習主題或概念	教學內容與方法	教學實際設計案例
團體遊戲	以傳統的團體遊戲來達到暖身或增加肢體能動的效果。	
感官遊戲	以視覺、聽覺、觸覺、味覺、嗅覺等身體感官進行感官刺激遊戲。	
專注力遊戲	以視覺、聽覺、觸覺或肢體動覺等方式引導學生學習專注的遊戲活動。	
想像力遊戲	利用視覺、聽覺、觸覺或肢體動覺的作品或片段來刺激學生進行不同方式的想像遊戲活動，以及運用傳統遊戲來引發學生進行平行的擴散思考。	
肢體發展遊戲	運用音樂或遊戲來誘導進行身體動作的探索活動。	
肢體造型遊戲	從觀察生活中的物品造型來誘導學生進行簡單的身體造型遊戲。	
動物模仿遊戲	從觀察和想像動物的形態，進而利用身體和聲音模仿動物的動作、聲音和形態。	
裝扮遊戲	利用現有的物品如布、頭飾、繩索、色紙等來進行裝扮遊戲。	
語言遊戲	創造簡單情境，誘發學生在情境中運用適當的語言。	
玩偶遊戲	以現成偶來引導學生進行偶戲的表演遊戲。	
說故事	以說故事方式，讓學生進行動作表演和簡單對話。	

（二）第二學習階段（共八十節，每節四十分鐘）

學習主題或概念	教學內容與方法	教學實際設計案例
團體遊戲	以傳統的團體遊戲來達到暖身活動的效果。	
感官敏感度訓練	以視覺、聽覺、觸覺、味覺、嗅覺等身體感官進行敏感度的訓練活動。	
專注力訓練	以視覺、聽覺、觸覺或肢體動覺等方式引導學生學習專注於內在感覺的活動。	
想像力訓練	利用不同的方法或物品來刺激學生進行平行的擴散思考。	
肢體開發	以各種情境來引發學生進行身體空間、時間和能量的表現方法。	
肢體造型遊戲與表現	以身體造型來表現不同的戲劇畫面。	
動物模仿遊戲與表現	以動物模仿來進行一個短故事的表演。	
偶的製作與表演	隨意偶、手套偶的製作和表演、不同形式偶的介紹。	
角色創造	從生活周邊的人物觀察，來創造簡單的戲劇人物，並能透過團體討論的方法，來創造戲劇角色。	
即興創作	創造簡單情境，誘發學生在情境中能夠即興地延伸戲劇情節和簡單的表演。	
簡單舞台區位處理	上下場和演出的簡單區位安排。	
說故事劇場	以繪本故事來進行改編表演的活動。	

（三）第三學習階段（共八十節，每節四十分鐘）

學習主題或概念	教學內容與方法	教學實際設計案例
團體遊戲	以傳統的團體遊戲來達到暖身活動的效果。	
感官表現	以生活的動作來進行身體感官敏感度的訓練。	
想像力與創意表現	以音樂或生活物品來引導學生進行不同的聯想與表現。	
肢體動作與表現	以身體動作來表現簡單的戲劇故事。	
模仿與表現	以模仿動物的動作來進行一個短故事的表演。	
偶的製作與表演	光影偶戲的製作與表演。	
角色創造	從簡單傳統故事來創造戲劇人物，並能透過團體討論的方法，來創造戲劇角色。	
即興創作	創造情境誘發學生在情境中能夠即興地延伸戲劇情節和簡單的表演。	
戲劇演出形式	各種不同的演出形式的介紹。	
簡單的劇本創作	劇本創作的方法。	
排演和簡單的演出	選一個短劇本從角色安排到排練到演出。	
戲劇簡史	中國劇場的發展簡史。	

（四）第四學習階段（共一百二十節，每節四十五分鐘）

學習主題或概念	教學內容與方法	教學實際設計案例
團體遊戲	以傳統的團體遊戲來達到暖身活動的效果。	
肢體開發	以生活的動作來進行身體感官敏感度的訓練。	
肢體造型表現	以音樂或生活物品來引導學生進行不同的聯想與表現。	
模仿表現	以模仿不同人物的動作來進行一個短故事的表演。	
偶的製作與表演	大型偶的製作偶表演。	
角色創造	從簡單傳統故事來創造戲劇人物，並能透過團體討論的方法，來創造戲劇角色。	
即興創作	創造情境誘發學生在情境中能夠即興地延伸戲劇情節和簡單的表演。	
劇本創作	劇本創作的方法。	
戲劇演出形式	各種不同的演出形式的介紹。	
排演和簡單的演出	選一個約三十分鐘的劇本從角色安排到排練到演出。	
戲劇簡史	中國劇場簡史。 西洋劇場簡史。	

第三節　從後現代思維的劇場觀念發展

相對於戲劇、劇場的思考角度，後現代思維的方向比較不重視角色扮演的內容，而是強調個人感受性、歷史背景和文化的觀察，並能進行批判性思維及人在情境中的意義與實踐自由的理想，所以較偏重生活的面向。表演本身已經不是重點，而是強調對生活產生何種意義。因為它的教學涉及領域更為寬廣，所以想要涵蓋它的內容相當困難。我們知道，在後現代的概念下，一旦下定義之後就違反了後現代的概念，但是作為一本表演藝術教材教法的參考書籍，筆者無法完全失控地說所有生活中的活動都是教學素材，因此也只能以戒慎恐懼的心態來提出一些個人認為可以思考的教學內容。

一、後現代思維戲劇觀念發展的表演藝術教學內容

這個方向的學習內容，無可避免的還是要從劇場的元素開始思考。不過在後現代的思維下，劇場觀念更加模糊，範圍也更大。例如跨領域的舞蹈劇場，就是戲劇元素無法涵蓋的；環境劇場的概念，則是將劇場的觀念大加擴展，將流行藝術與文化接軌，藝術學習也更貼近生活；被壓迫者劇場則是闡述觀眾表演的概念，將戲劇表演和議題轉變為同儕學習的遊戲，在扮演不同角色時，進行更深入的議題探討，達到更了解人的處境之目的。在這樣的觀念下，藝術教育的範圍和視野的拓展，就如同謝許納將儀式的內容涵括在表演之內，儀式是人類文化的資產，他認為在西方戲劇史上，當儀典性與戲劇性達到平衡的時候，就出現戲劇

的偉大時代，其中包含的就是人對文化的思考，如果不局限在表演本身，就能開拓更寬廣的視野，創造更偉大的文化。因此，我們可以試著將劇場的基本元素從七個部分進行分析。

（一）身體的動作元素和技巧

1. 時間、空間、能量。
2. 身體的組合和造型。
3. 音樂節拍動作。
4. 裝扮遊戲。

（二）表演的原則過程和結構

1. 創作順序（開始、中間、結束）。
2. 即興創作。
3. 表演語彙（時間、空間、能量的變化）。
4. 劇本撰寫。
5. 角色創造（模仿、引導、跟隨、反映）。
6. 在教室表演。

（三）了解表演是一種創造和傳達意義的方式

1. 表達人的生活和動作。
2. 視覺設計和環境編排。
3. 表演訊息（人、事件、時間、地點）。
4. 表演計畫。
5. 解釋與反應和意義的討論。

（四）透過表演展現批判和創造性思考

1. 問題探索。
2. 發現和多元解答。
3. 身體和聲音表達的相似與差異。

4. 同一主題的多種變化。
5. 人生議題的探索。

（五）展現和了解各種不同的文化和歷史時期的戲劇及舞蹈表演

1. 民族舞蹈和戲劇特色。
2. 社區文化描述和歷史背景。
3. 特殊文化的特殊表演。

（六）表演和生活的關係

1. 表演如何表現生活的現實。
2. 其他戲劇性媒體的比較和連接其他藝術形式（電視、影片、電子媒體）。

（七）表演連結其他學科

1. 把表演當成一種教學技巧。
2. 以表演的方式顯示從其他學科得來的一種觀念或思想。
3. 能用其他的藝術形式來反應表演（用繪畫、詩歌）。

二、表演藝術教學內容規畫與安排

（一）身體的動作元素和技巧

學習項目	藝術元素	表演技巧	具體學習內容
時間、 空間、 能量	・高低 ・大小 ・快慢 ・強弱	・動作 ・韻律	・肢體探索 ・肢體表現 ・專注的訓練（自信） ・肢體的美感 ・肢體運用的可能性

（接下頁）

學習項目	藝術元素	表演技巧	具體學習內容
身體的組合和造型	・隨機組合 ・有機組合	・動作 ・韻律 ・模仿 ・小組討論 ・引導想像	・兩人以上的肢體探索 ・兩人以上的肢體表現 ・動物模仿 ・靜物模仿 ・肢體的美感組合 ・肢體運用的無限可能性
音樂節拍動作	・音樂中的肢體動作 ・以肢體動作體驗音樂節拍	・動作 ・韻律 ・引導想像	・身體動作與音樂節奏 ・身體動作與音樂韻律 ・身體動作與音樂感受 ・用身體表達對音樂的感受 ・以音樂來帶動身體的動作 ・感受音樂旋律與身體動作 ・音樂和身體動作的互動關係 ・身體的動作元素能夠跟隨音樂創作簡單的律動或舞蹈動作
裝扮遊戲	・暖身遊戲 ・韻律遊戲 ・動物裝扮 ・靜物裝扮	・動作 ・韻律 ・模仿 ・小組討論 ・引導想像 ・角色扮演 ・說故事	・傳統遊戲的表演元素 ・生活動作的韻律化 ・模仿動作的韻律化 ・以生活動作表現肢體動作 ・以模仿動作表現肢體動作 ・肢體律動的感受 ・以生活動作作為肢體創作的基本素材 ・應用生活動作作為動作創作的技巧

（二）表演的原則過程和結構

學習項目	藝術元素	表演技巧	具體學習內容
角色創造（模 仿、引導、跟隨、反映）	・一般人物 ・特殊人物	・引導想像 ・團體角色 ・如坐針氈 ・小組討論	・生活動作 ・特殊動作 ・特定的職業、年齡、健康狀況 ・不同角色的共同動作 ・同樣角色的不同動作 ・創造一個角色
即興創作	・創造情境 ・創造語言		・從一件東西 ・從一本繪本 ・從一幅畫 ・從一種職業 ・從一則新聞 ・從一個簡單的偶 ・從一張報紙
創作順序	・開始 ・中間 ・結束		・肢體創作 ・語言創作 ・舞蹈欣賞 ・戲劇欣賞 ・簡單創作
表演語彙	・時間的變化 ・空間的變化 ・能量的變化	・動作 ・韻律	・強烈與柔和 ・快速與緩慢 ・圓滑與尖銳

（接下頁）

學習項目	藝術元素	表演技巧	具體學習內容
劇本撰寫	‧主題 ‧結構 ‧對白處理 ‧人物設計 ‧情境描寫	‧團體角色	‧生活事件 ‧從童話改編 ‧從繪本改編 ‧共同創作 ‧廣播劇 ‧劇本欣賞
在教室表演	‧場地安排 ‧上下場 ‧對白處理 ‧情境設計 ‧畫面處理	‧說故事劇場	‧戲劇性扮演遊戲 ‧角色扮演 ‧啞劇 ‧偶戲 ‧朗讀劇場 ‧故事化戲劇 ‧說故事

（三）了解表演是一種創造和傳達意義的方式

1. 教學方法：動作、模仿、專注力訓練、感覺想像、面具、感官覺察、默劇、回溯感覺與情緒經驗、教學主題結合人物故事結合語言進行即興創作的角色扮演、發展出一齣戲劇、說故事劇場。
2. 戲劇形式：戲劇性扮演遊戲、角色扮演、啞劇、偶戲、朗讀劇場、故事化戲劇、說故事。

學習項目	藝術元素	表演技巧	具體學習內容
表達人的生活和動作	・再現 ・表現	・引導想像 ・團體角色 ・如坐針氈 ・小組討論 ・即興創作 ・教師入戲 ・停格 ・壁畫 ・靜像 ・碰觸肩膀	・一天生活的再現（生活動作） ・家庭生活 ・學校生活 ・休閒生活 ・從最小的動作開始
表演訊息	・人 ・時間 ・地點 ・事件		・什麼人 ・在什麼時間 ・在什麼地方 ・發生什麼事
視覺設計和環境編排	・舞台設計 ・燈光處理 ・服裝設計 ・道具運用		・表演場地陳設（用人、用物） ・簡單的燈光處理 ・人體裝扮 ・道具的選擇
表演計畫	・場地的安排 ・人員的安排 ・排演計畫		・演出企畫 ・製作會議 ・演出會議 ・排演 ・演出（前台、後台）

（接下頁）

學習項目	藝術元素	表演技巧	具體學習內容
解釋與反應和意義的討論	・表演的主題 ・舞台處理的意義 ・表演形式的選擇 ・表演觀念 ・導演觀念		・劇場美學 ・意念的表達 ・舞台區位 ・不同媒體的表演 ・導演與演員

（四）透過表演展現批判和創造性思考

學習項目	藝術元素	表演技巧	具體學習內容
問題探索發現和多元解答	・主題的選擇 ・內容的思索 ・問題的提出	・引導想像 ・團體角色 ・如坐針氈 ・小組討論 ・即興創作 ・教師入戲 ・停格 ・壁畫 ・靜像 ・碰觸肩膀	・以戲劇性扮演、教育劇場、教育戲劇的技巧來處理和探討所選擇的主題 ・以故事化戲劇來表現主題 ・以主題統整方式來探索所有問題的發生、過程和解決的方式 ・相關的主題：人際問題、環保問題、青少年問題、社會問題、流行話題
身體和聲音表達的相似與差異	・表演形式 ・戲劇 ・舞蹈 ・說唱		・話劇 ・偶劇 ・歌舞劇 ・舞劇 ・相聲

（接下頁）

學習項目	藝術元素	表演技巧	具體學習內容
同一主題的多種變化	・多樣性表達 ・表演形式 ・戲劇 ・舞蹈 ・說唱		・教育劇場 ・話劇 ・偶劇 ・歌舞劇 ・舞劇 ・相聲
人生議題的探索	・議題的選擇		・以教育劇場、戲劇性扮演遊戲、角色扮演、啞劇、偶戲、朗讀劇場、故事化戲劇、說故事的形式來表現下列議題：家庭議題、人權議題、死亡議題、生涯規畫

（五）展現和了解各種不同的文化和歷史時期的戲劇及舞蹈表演

學習項目	藝術元素	表演技巧	具體學習內容
民族舞蹈特色	・中國民族舞蹈 ・西洋民族舞蹈		・中國各民族舞蹈欣賞 ・西洋土風舞欣賞
民族戲劇特色	・中國戲曲與戲劇 ・西洋戲劇		・京劇、歌仔戲、客家戲等戲曲欣賞 ・布袋戲 ・兒童劇欣賞 ・古典名劇欣賞
社區文化描述	・表演空間 ・表演形式 ・文化特質		・社區的表演空間探索 ・社區的表演形式蒐集與表現 ・社區表演的特質探討 ・社區的表演規畫

（接下頁）

學習項目	藝術元素	表演技巧	具體學習內容
社區歷史背景	・歷史探索		・社區歷史背景探索 ・社區故事的表演
特殊文化的特殊表演	・民俗表演 ・原住民表演		・民俗祭典：八家將 ・原住民祭典 ・客家採茶戲 ・說唱藝術

（六）表演和生活的關係

學習項目	藝術元素	表演技巧	具體學習內容
表演如何表現生活的現實	・生活元素的藝術化 ・發現更細膩的生活歷程	・引導想像 ・團體角色 ・如坐針氈 ・小組討論 ・即興創作 ・教師入戲 ・停格 ・壁畫 ・靜像 ・碰觸肩膀	・以教育劇場、戲劇性扮演遊戲、角色扮演、啞劇、偶戲、朗讀劇場、故事化戲劇、說故事的形式來表現親子關係、家庭生活、同儕活動、經濟活動、休閒活動等生活的重要互動關係和活動
其他戲劇性媒體的比較和連接藝術形式	・電視 ・影片 ・電子媒體		・電視製作簡介 ・電影製作簡介 ・網路影片簡介 ・電視劇欣賞 ・電影欣賞 ・網路節目製作 ・多媒體節目製作

（七）表演連結其他學科

學習項目	藝術元素	表演技巧	具體學習內容
表演當成一種教學技巧	・跨域結合 ・戲劇發展 ・語言運用 ・即興創作	・引導想像 ・團體角色 ・如坐針氈 ・小組討論	左欄表演技巧的運用
以表演的方式顯示從其他學科得來的一種觀念或思想	・跨域結合 ・戲劇發展 ・語言運用 ・即興創作 ・文化理解	・即興創作 ・教師入戲 ・停格 ・壁畫 ・靜像 ・碰觸肩膀	・與語文學習內容結合 ・與邏輯學習結合 ・與社會文化的學習結合 ・與自然環境的學習結合
能用其他的藝術形式來反應表演	・跨域結合 ・戲劇發展 ・語言運用 ・即興創作		・畫 ・詩 ・歌曲 ・書法

從上表中我們可以整理出在（一）至（三）項中比較屬於劇場相關元素的探索，所以具體的學習內容非常清楚，至於（四）至（七）項因為學習偏向生活文化與思考批判，範圍較廣，因此具體學習的內容仍有許多思考空間，很難表達的相當完備。至於在藝術元素的探索上也大都屬於跨域結合，或以統整的概念出現，或是一些較為抽象的元素，因此在內容呈現上相當混亂，筆者在此提出，是希望提供更多思考的可能，也希望能刺激出更多從這個方向思考的學習內容。

第四章
表演藝術教學方法

在藝術學院戲劇研究所時，姚一葦教授在戲劇創作課程第一堂課就很清楚地說：「戲劇創作是沒辦法教的」。姚教授一直都擔任國立藝術學院戲劇研究所戲劇創作的課程，如果連他都認為創作無法教，那麼學生該如何學習呢？姚教授認為，個人創作之所以無法教授的原因，在於創作牽涉到個人的出身、背景、學習歷程、成長環境、個人價值觀、對社會的看法等，每個人在面對同樣的題材，其處理都是以自己的理解開始，是經歷長時間建立的個人資產，因此無法教授。但如果從戲劇的經驗、他人作品、作家的個人歷史、學習歷程和所發表的創作等，是可以透過解讀經驗、歸納理論而成為學習的方式。事實上，所有的藝術學習，大都存有這樣的困難。面對學習者每個人所具備的經驗不同，而企圖以一種學習模式，讓所有學習者共同接受，是具有相當高的難度。

一般學科的知識系統早已建立，學習方法較為統一而明確，但以近乎科學訓練式的教學，學生雖獲得知識，卻無法激起熱情。然而，教師都知道，學習的最終目標是要激起學生的學習熱情，建立終身主動學習的動力。相對於一般學科，藝術學習的特質是它本身即具有熱情，但缺乏明確的學習系統。事實上，對於藝術體驗，人類是與生俱來就具有熱情的：幼兒和兒童對於和諧悅耳的樂音、鮮豔明亮的色彩與活潑躍動的肢體，都會自然表現出濃厚的興趣，這正是對藝術自發性的熱情表現，這種天生本能如何讓它持續發熱，就是學校藝術教學最重要的目標。

那麼，藝術教學要如何實施呢？從教育的學習層面而言，當然希望透過有計畫的教學培養學生必要的藝術能力，這些必要的藝術能力通常是屬於規範性、知識性和技術性的內容；至於教育的另一個層面是教化，其過程偏重個人內在機制的轉化，屬於感受的、創意的與情感表達的能力。所以在國民教育範疇內的藝術學習，時常處於知識與能力、規範與創意、技術與情感兩種極端間的抗拒或擺盪。過去的音樂和美勞教育有這樣的爭議，九年一貫課程之後的表演藝術教學當然無法例外。

不過，九年一貫課程因為教育鬆綁和課程下放的概念，以及以學生為本的統整教學觀念，使得教育範圍更加寬廣。相對於過去課程標準的限制，目前藝術學習的自主空間相當廣闊。不論是課程目標或能力指標，都採用開放的論述而不做細節規範，其主要目的正是希望教師能依據自己的專業，在開放的觀念下，運用藝術的技巧，引導學生進行藝術課程的體驗活動，並在活動過程中引導學生，讓他們感受力更敏銳、想像力更豐富、生活更具創意，而且能夠以多元的方向思考藝術方法並實踐藝術生活。

筆者就試著以教學現場的老師、學生和學習內容的互動關係，來解析一些表演藝術教學方法。

第一節　表演藝術教師的基本態度

在表演藝術的學習與創作過程中，筆者認為學習的關鍵就在

「體驗」與「過程」之中。近幾年來，在設計師資培養的研習過程中，筆者總是堅持教師一定要「做中學」，過多的學理探討或經驗講述，都不如實際操作所得到的經驗深刻。在實際操作之前，大多數教師總是說自己不會表演，但在參與操作的過程中，每個人卻也能變成精力充沛的藝術家。在小組的互動討論中，個個躍躍欲試，這自然是對表演藝術有了觸動心靈的感動。當自己沈浸在表演藝術的情境中，自然會了解藝術的價值。由此可知，「體驗」表演的過程，就是表演藝術最重要的教學方法。以下就從教師對藝術的態度、對教學的態度和對學生的態度三個方面，來分析表演藝術教師的基本態度。

一、表演藝術老師對藝術的態度

筆者參照坊間已經出版的《藝術，其實是個動詞》（*The Everyday Work of Art：How Artistic Experience can Transform Your Life*, 2003, p. 29）這本書所提出的觀點，歸納出從事藝術的練習過程中，要把握的三項基本原則：

1. 有意義地創作事物：藝術的原始意義是將事物有意義地組合在一起，將日常生活中經常發生的事件組合就可以成就一個故事，將手邊一些材料組合成一件雕塑作品，將生活的感想變成一首念謠或歌曲。因此，創作事物是一項有力的行動，是嘗試和經驗的過程，這就是有意義的行動，不只是消費或消耗時間而已，而是借助各種媒體來創作。
2. 探索他人已完成的事物或成就：留意身邊的各種事物，仔細觀察藝術就在其中。藝術存在於生活中，並不只在藝廊、劇院或音樂廳，當然也不只是大師的作品，探索大師作品是創作必要的學習經驗，但身邊日常可見的或同儕的作品，甚至學生的作品，去了解他們的想法與作法，了解他人的洞察力與卓見，也是相當重要的能力。探索他人已完成的事物或成就，可以保持自己感官的敏銳。尤其是表演藝術，更需要的是人的生活事件和經驗，他人生活經驗的分享是自己看待人的重要參考來源。

3. 以處處皆藝術的心態來過日子：藝術不只在教室裡發生，而是應用生活中的各項事物。每天的生活或許平凡無奇，但如果能擁有藝術的心態，任何時候都會有不同的故事、事件或者突發的奇想來豐富自己的生活。例如筆者曾經參加一場研討會，由於錄影機失誤沒有錄到其中一段重要的發言，攝影師請求發言者再敘述一次，結果發言者卻緊張得不知所措。這是因為明知進入表演狀態反而不如第一次的從容。對於一般人而言，進入表演狀態的確會發生一些困難，因此，演員不斷的練習就是要找到第一次毫無防備下的真實狀態，而教師應在這些日常生活中尋找表演的狀態隨時探索表演藝術。

藝術的發生都是取材自生活，表演藝術的教學方法是在教室中提供創作的機會，激勵學生對生活產生好奇，對藝術有興趣，在生活中隨時留意各種事物。經過體驗、思考、創作、反思、生活驗證、再創作的一大段過程，其著眼點就不在於是否創造出不平凡的作品，而在於過程中所產生的樂趣和持續創作的能量，讓生活經常充滿藝術氛圍，這樣的藝術教育才真正產生意義。

二、表演藝術教師對藝術教學的態度

表演藝術教師不必是一個優秀的表演者，但一定要是一個熱忱的引導者。一般教師須具備第一點中所闡述的三種藝術的基本原則，能夠隨時以不同角度思考，用不同的方法處理各種事物，成為敏銳的生活者，自然能感染學生同樣具有「生活即藝術」的態度。擔任藝術教學的教師，當然需要藝術創作技巧的基本訓練，但如果無法在生活中隨時展現對藝術及生活的態度與品味，而是以專業藝術家的態度來要求學生的學習成果，那藝術學習就會變成苦不堪言的差事。專業藝術家的成就往往是天分和長期辛苦訓練的結果，超凡的作品總是使人欣賞時驚呼與讚嘆，然而，中小學國民教育的目的是建立國民的基本素質，對於藝術能多些了解和欣賞，能夠培養出藝術家的態度——多一點想像空間、創造力和敏銳的感官，對生活事物可以更深入的思考，卻不一定需要學習藝術家創作非凡作品的技巧。

所以，藝術教師的基本態度，就是提供充足的藝術素材或媒材，以最適合學生學習的遊戲方式，讓學生在歡樂的氣氛中，探索素材、進行創作與體驗，感受藝術家的創作歷程。

三、表演藝術教師對學生的態度

藝術教學也是個藝術活動，教師和學生之間互動，最重要的藝術就在放與收之間。如何在上課的空間讓學生感受自由，可以毫無負擔的發表創意、表現自己，另一方面又不能毫無節制地放任，在表演藝術活動中如果一片混亂，學生不但無法感受到藝術的情境與氣氛，反而造成藝術就是混亂的刻板印象。所以，如何讓學生「隨心所欲不逾矩」呢？在此提供四個面向：

1. 學習樂趣的建立：在學習過程中必須感受到藝術學習是充滿樂趣的，唯有樂趣才是學生持續學習的動力。讓學生對藝術學習充滿活力與興趣，學生才會投入更多的心力來完成藝術作品。表演藝術最重要的特質就是充滿樂趣，運用表演藝術的樂趣特質，來輔助其他領域的教學也是相當不錯的方法。如果表演藝術教學讓學生感到毫無樂趣，教師就應該檢討自己的教學方式。
2. 讓每個學生都有體驗的機會：一般的表演訓練都是小班制，人數在十五人以下，所以都採個人表現的教學方式，其優點在於人數少，每個人可以親身體驗，而且表演訓練的參與者大都是對表演很有興趣，除了個人的體驗活動，也同時提供其他同學觀摩的機會。班級教學的難度比較高，是因為每位學生學習的起點不同、能力參差，個人的體驗活動雖然可以達到每位學生都有體驗的機會，但上課的節奏變得緩慢而無聊，反而易於減低學生學習的興趣。因此，筆者建議教師採用全體或小組的體驗方式，讓全班一起操作或分組操作，並隨時注意學習者是否一直維持著學習的興趣。教學成功的關鍵，就在於教師能否掌握所有學生都有體驗的機會，又能維持上課的節奏。
3. 每件學生完成的作品都是重要的藝術品：作品是藝術學習的過程，不是學習的終點，藝術家絕非在一次創作中就造就一件完美的作品，即使是經典的創作仍有其不完美之處。所以教師應視學生的每件作品都是有價值的，慎重地和學生共同討論，同時也應該培養學生能夠批判自己的作品，以及有接受批評的能力。在完成作品之後，鼓勵學生找到自己作品的優點和需要改進的地方，也能夠欣賞同學作品的優點和說出他人需要改進之處。

4. 鼓勵學生參與或欣賞不同的展演活動：當學生擁有創作的經驗，也經歷過作品討論，教師應鼓勵學生經常參與不同藝術的展演，例如養成每學期至少欣賞一齣兒童舞台劇的習慣。每位國民如果因為學校教育的引導，而能將進入劇場欣賞演出視為日常生活的一部分，國民的藝術素養將可以獲得全面性的提升，這是藝術教育最重要的成就。唯有讓欣賞活動成為生活的一部分，才能建立終身欣賞藝術的習慣。

藝術教學者必須了解，藝術是成就自己的活動。然而，要成就自己，就必須對專業的技藝和生活有更多的投入與感情的關注，這也是藝術教師學習藝術的必要過程。當從藝術學習者轉變成藝術教育者時，就必須體認教育是成就他人之美的藝術，因此一個藝術教學老師必須視學生為一張白紙，在白紙上只要加上任何一點充滿藝術感覺的色彩都是令人感動的。所以，藝術教師是讓學生喜歡自己所學習的藝術，而不是要塑造學生成為另一個藝術家。有了這樣的態度，我們就可以讓藝術學習充滿體驗與享受過程的樂趣。

第二節　表演藝術教學方法

在前一章表演藝術教學內容中，已經初步介紹表演藝術教學的主要內容。不過，表演藝術的內容包括生活必要的學習知識，範圍相當廣泛，很難以一個章節完全涵蓋。因此本章將會針對戲劇或舞蹈表演的技巧層面，與獲得表演能力的方法深入說明。這是表演藝術學習的方式，也是教師教學能夠介入之處。

如果以最簡潔的方式來說明什麼是表演藝術，那就是個人運用想像能力、身體、聲音、語言，與人合作互動，來表達人所發生的故事和思考的議題。故事與議題是更清楚地展現人在生活中的處境，對人類本質產生更多反思和批判。

表演藝術最簡單的目的是讓身體更靈活、更具表現性；以儀典的角度來說是達到心靈的純淨；以道德的角度是達到道德的純化；以人格教育的角度是提升人性、改變氣質。不過，太多的附加意義對於表演藝術教學也是負擔。筆者在教學現場時常思考，如何讓表演藝術教學的意義更簡單化、更容易表達，讓教師和學生也更容易接受的方法。為了持續學生與生俱來的身體表演特質，讓他們終身喜愛戲劇表演，讓表演藝術來美化生活，所以，筆者認為如何運用自己的身體、聲音、語言和想像能力，是表演藝術課程的重點所在。要達成培養這些能力的目標，可以從下列四個教學方法著手。

一、觀察

觀察，是生活中接觸事物的感受能力。觀察可分為外在及內在兩部分。外在是形體、行動和特徵的構成，如雞怎麼走路、蛇怎麼爬、花的形狀、人的聲音等，舉凡在人所處的環境中，可以用感官察覺的人、事、物都是屬於外在的觀察。至於內在觀察著重於人情感的表達、情緒反應、心理的內部活動，是對於行為反應和潛在行為方面的深層觀察。

二、想像

想像，是個人內在的活動，做白日夢正是一種想像的方式，是利用大腦運作，讓自己置身於一個未曾經歷的時空，去體驗不同的生活經驗。例如將自己想像成一隻小鳥，人不可能飛翔，但能利用大腦讓自己體會到小鳥遨遊天際的感覺。發展想像必須要有相關經驗的連結，但也要避免現實經驗阻礙想像的空間。例如想像一隻鳥，經常搭飛機的小朋友可能把在飛機上的經驗連結，飛翔的動作因而變得僵硬；沒有搭過飛機的小孩，則可能透過對小鳥的觀察，想像出揮動翅膀的感覺。

三、模仿

模仿是透過觀察後以自己肢體感官再現的過程。模仿的對象可以是動物、靜物或想像中的事物，模仿的重點是要抓住模仿對象的形態和特徵。模仿通常都是以目標物某一特點的放大來達到模仿的效果。戲劇表演本身即是人生活情境的模仿，如何觀察到模仿對象的內在思考模式與行為特質，則是表演的更深層次——創造。

模仿是表演的開始。

四、創造

創造是元素轉換高層次的表現，如何將觀察所得經過自己重新組織、轉換，或與別的元素連結再表現出來的過程。模仿雖也是一種創造，但它只是根據觀察之後，以自身最粗淺印象和感受所做的表現，所以模仿僅是表象的創造，更深的創造是如何將自我觀察所得，透過具體的形式，或利用不同的元素將它呈現出來，但所表現的已和原標的物大不相同。其方式是將幾個目標物的特點連結，構成一種新的形式，透過肢體、語言、聲音、對話等方式表現出來。

上述四種教學方法在「知」的層面都非常簡單，不必受過任何相關藝術訓練也都能理解這四種方法，但如何讓這四個方法變成「能」的部分，解決方法就是將藝術當作一種遊戲，讓它變成一種愉悅的活動，一種愉悅的過程，即使學生隨著年齡增長，仍舊會維持樂意參與表演的天性。最早倡導審美教育的文學家席勒認為，藝術家不應以嚴峻的態度對待其同代的人，而是在遊戲中通過美來淨化他們。教育學家柯柏斯所撰的〈遊戲與禮儀〉（見本書 p. 8）顯見透過遊戲的方法來進行觀察、想像、模仿和創作，就是表演藝術教學最基礎的方法。

第三節　表演藝術的教學技巧與應用

表演藝術的教學技巧應來自戲劇和舞蹈相關技巧的學習，但如果過度強調專業技巧，則又會淪落至將藝術學習視為培養藝術家必經過程的窠臼，以訓練藝術家的方法讓學生不斷演練技巧與規則，把學生運用熟練技巧而依樣畫葫蘆的作品標榜為學習成果，在觀念上則把藝術創作的作品當成超凡的成就，這些藝術創作不僅遠離生活，無法與日常生活連結，同時造成學生對藝術敬而遠之的態度，不僅將藝術學習誤解為是學會藝術的技巧，也造成藝術教育被詬病為「有術而無藝」。

目前藝術教育已逐漸由專業藝術人擔任，對於以往重視技巧的教學方式已經逐步改進。因此，本書中所提出的表演藝術教學技巧，僅是提供教師教學上運用的方法，用來逐步引導學生，使學生能循著這些軌跡逐步進行表演創作活動，但這並不代表教師在運用這些方法後，學生就應該有表演技巧，甚至應該會表演了。這點是閱讀者或表演藝術教學者應時時銘記在心的。

一、常用的戲劇教學技巧

根據《教師使用戲劇技巧教學之相關因素研究》（王涵儀，2002），將教師在教學中會使用到的戲劇技巧歸納出以下十種：

1. 想像引導：透過引導，讓學生將特殊的事件或感覺在心中產生畫面，並表現出來的歷程。其步驟為：呼吸練習（breathing exercise）、情境設定（setting stage / mood）、五種感官知覺聯想（use of words suggesting the 5 senses）、問答（debriefing）。
2. 團體角色：小組成員都扮演課文或教學主題中的同一角色，並接受班上其他同學對角色提問，所有的成員均能以扮演的角色回答問題。
3. 如坐針氈（hot seat）：學生或教師扮演一個課文或教學題材中的角色，由其他同學提出與此角色相關的各種問題，進行詢問和回答。

4. 小組討論：讓學生扮演課程中的某個角色，由小組成員互相提問討論。
5. 即興創作：教師臨時給予學生一個簡單的情境，並設定一些與情境相關的規則，讓學生在教學現場進行即興的表演。
6. 教師入戲：教師扮演課文中或某情境中的一個角色，藉由製造問題情境、提出建議或增加對話，引導學生思考及發揮，讓戲劇扮演活動繼續發展。
7. 停格：將某個肢體活動分割為數個連續部分，以停格方式分別呈現。
8. 壁畫：針對課堂中的故事或特定情境，由學生扮演不同角色一起構成一幅靜止的畫面。
9. 靜像：一群學生以靜態的方式，共同表演出一個故事或情境的剎那狀態，如衝突點、歷史性的一刻，以此表現特殊的情緒或感覺。
10. 碰觸肩膀：讓學生在不動的靜止狀態中，當老師碰觸其肩膀時，便可以表達看法或感覺。

這些戲劇教學技巧都是從創造性戲劇、教育戲劇和教育劇場等各種活動中抽離出來的單一活動。熟悉這三種戲劇和教育相關的課程後，對於這些技巧的運用便能熟能生巧。一般教師如果能從這些技巧入門，很快便能獲得戲劇教學運用於課堂上的好處，營造良好的上課氣氛。表演藝術教學教師對於這些技巧當然要善加運用，且必須能夠在任何單元主題或議題的教學活動中，判斷並選擇適當的方式進行教學。

在這些技巧中，想像引導的過程已經分析得相當清楚，只要以呼吸練習的方式營造放鬆的氣氛，引導感官知覺在設定的情境中遨遊，再運用師生之間的問答方式，將所有想像的細節更細膩地描述，就可以達到激發想像的目的。不過，培養豐富的想像力是持之以恆的過程，教師必須經常將它運用在教學中才能得到學習成效。

利用身體構成一個戲劇畫面是最常用的一種戲劇技巧。

即興創作是表演藝術教師最常使用的技巧，因為戲劇表演常常透過即興的方法創造出來。這是針對單一主題或發想，結合共同智慧提供個人經驗、想像和創造力，共同創造一個戲劇情節的方法。戲劇創作者都樂於操作這個技巧，因為無論任何主題，只要掌握即興的技巧，就能激發參與者對於主題提供個人的表演素材，只要再加以整理剪接之後，經常就能成為相當完美的作品。不過，教師在進行即興創作時必須有詳盡的規畫，設計各種情境讓學生能夠進入其中並引發想像。即興絕對不是毫無規畫地讓學生自己發展，而是教師事先設計、規畫思索的路線，讓學生循著線索如同偵探一般，逐步發現關鍵情節並進行創作。例如「百寶箱」（註：由薩默斯發展帶領的一種戲劇即興創作活動）活動中，教師必須將一個事件提煉出可能的要素，把這些要素裝在一個箱子（或書包或任何可以和角色關聯的物件）之中，變成一個訊息的來源，教師帶領學生從這個訊息百寶箱中抓出一個一個的訊息，並逐步地創作。

教師入戲是教學過程中教師的法寶。這個技巧是教師掌握學生上課情緒的最佳方式。因為教師運用這個技巧時，可以隨意創造各種角色和學生對話，一旦教師進入角色之後，身分就不再是教師，而是學生熟悉的、平等的、喜歡的或面對面的角色之一，師生關係將隨之完全瓦解，教室氣氛會隨著緩和。一齣戲的演出過程中，教師可以擔任穿針引線的角色，引導各個角色突破原來的空間，因為此時教師不是指導者，而是劇中發表意見的一個人，用同樣處境的角色與同伴對話的關係而已。教師入戲也可以在戲劇情節中變成一個專家來解決各種問題，就是所謂「專家的外衣」，就像訪問各領域的專家，教師以專家的身分來解析戲劇情境中所面臨的問題或處境。當然教師也可以轉變為一個搗亂者來破壞原有的秩序，以刺激情境中的學生面對新的情境。這時教師有了一個分身，可以扮演站在學生立場和老師對抗的角色，建立學生的同理心，教師更可以在進出角色之間，引起學生高度的學習興趣。不過運用這個技巧的先決條件，是教師本身要有靈活的表演能力，才能引導出更具戲劇張力的教學流程。

上述十種技巧中也有相當類似的技巧，例如團體角色、如坐針氈與小組討論三項就有相當雷同之處。團體角色是讓所有參與上課的人扮演同一個角色，以個人不同的背景進入同一角色之中，讓所有參與者來詢問和角色相關的問題；如坐針氈則是選擇比較具爭議性的議題，採取類似批鬥的方式，由扮演人以角色的身分來接受觀眾的質問並辯解，觀眾的角色可以自由選擇與角色對立或相同立場的身分；小組討論則以小組之間的問答，來建立並深入角色內在。這三種技巧各有其獨特的操作重點，但基本上，都是利用團體或小組之間的問答來創造角色的多樣性，以達到深入角色內在的目的。

停格、壁畫和靜像也是三種相近的技巧。停格是以電影格放（註：一般電影每秒可劃分成二十四個定格的畫面）的概念，當一個故事以連續畫面播出時，例如一場棒球賽中的一支全壘打，可以把從投球開始到球飛出場外的每一個片段以停格畫面思考，就會創造出許多有趣的畫面，每一停格其實就接近一個靜像。壁畫則是把畫的概念以人的身體組合來呈現，如公園的早晨景象，如何用一組人的身體來表現成一幅壁畫。靜像就是故事中一個衝突的畫面，把故事立體化、形象化的方式。三種技巧其實差別不大，都是以靜止的身體組合來呈現情境、情景或情節，但如果要細分三者間的不同，停格比較重視一連串影像中瞬間的暫停畫面，就像電影中按了暫停鍵一般。壁畫強調畫的感覺，必須顧慮整體視覺印象的完整性，強調畫面中視覺元素的平衡。靜像是介於兩者之間，但更強調畫面中所呈現出來的意義性。三種技巧混用的情形相當普遍，對於一般教學只要能夠運用肢體語言，以靜止的方式來表現某一個事件的片段，呈現出劇劇的張力即可。

碰觸肩膀的技巧通常和靜像同時運用，在故事情節中，以靜止身體來表現畫面中人物的相互關係後，劇中角色會自然流露心聲，此時教師以碰觸肩膀的方式，讓扮演者說出此時此刻角色的心境或最想脫口而出的對白，就創造出情境中的對話。學生透過這種方式即興發展出來的對話，是經由內在的思考過程所產生的，表示他已經感受到戲劇中的經驗，對於戲劇情境一定印象深刻，如果能再次演練，學生所表現的是自己體驗的歷程，這不僅僅是記憶的過程而已，這樣的演出會比較自然而生動。

二、表演藝術教學中常使用的戲劇教學形式

在王涵儀同篇論文中，同時提出教師常使用的戲劇形式如下：

（一）戲劇性扮演遊戲（dramatic play）

透過想像，讓學生以自己的經驗去扮演某一個角色，如扮演某一個人物、職業或動物。從戲劇的角色扮演遊戲來進行教學，是創意戲劇教學經常運用的方式。它是一種形式也是一種技巧，因為角色的來源是人所接觸的任何東西，從人的職業、性別、年齡、特殊動作，動物的角色（動作、聲音），物品（植物、家具）都是戲劇的角色。教師最重要的是引導學生更細膩地觀察每個扮演的角色，從外觀模仿到對該人物產生興趣，之後願意深入思考角色的各種面向。教師如何運用學生可理解的方式來激發學生願意、持續、深入地操作，其最好的方式就是以遊戲的方法和態度，將教學遊戲化，以吸引學生的注意力。例如進行動物的模仿遊戲，其過程可分為三個階段：⑴教師播放一段動物影片，學生欣賞影片後討論該動物最主要的特徵，學生模仿影片中的動物動作。⑵運用想像力遊戲的技巧，教師創造出一個以動物為主的情境或故事，帶領學生想像，讓學生把想像中的動物以肢體動作表現出來。⑶選一段故事，如龜兔賽跑（可視不同年級選擇不同的情節），先探索兔子與烏龜的動作，再分組讓學生演出龜兔賽跑的故事。當活動遊戲化之後，學生很容易沈浸在遊戲的氛圍中，教師只要從旁發現專注表演的學生，讓其他學生觀摩、引導再繼續活動，即可達到很好的教學效果。

（二）角色扮演（role-playing）

沒有特定的劇本或情節，但給予學生一個與課程相關的情境或角色，讓他們依此自由即興發揮以解決特定問題。角色扮演是一種即興或非即興狀態，讓學生扮演某一個角色，並以角色的身分來發展對話，這點與即興創作的戲劇技巧相像，但更重視角色的部分。例如採用一九九五年南一版五年級國語課本〈兩個兄弟〉一文為文本的情境依據，學生閱讀課本故事後，立即徵求志願者，分別扮演故事中的兩個兄弟，依據故事的內容，讓兄弟之間即興對話，從對話中再和同學一起討論，對於演出同學所表現的人物是否和自己想像的相同，如果不同應該如何修正，或由自己來扮演。經過討論之後，再徵求不同的志願者重新扮演一遍。經過這樣反覆扮演之後，課本的文本故事因為角色很鮮明，差異很大，人物就立體化了，國語文學習也因為角色扮演的活動更為生動、活潑有趣。另外一個例子是：一次下課時間，學生在教室內追逐，其中一個學生被推倒的同時撞到另一個同學，結果變成連環摔，摔跤後所有追逐的人就散了，只剩兩個摔跤的學生淚眼汪汪，互相指責對方的不是。此時筆者就運用角色扮演的方法，讓情境中的每一個人回到摔跤的當時，詢問在現場的學生，從不同學生看到的面向，重建事件發生的現場。每一個同學都說出了事件的部分，逐一還原拼湊，變成一齣小小的演出，一場摔跤事件變成一齣精采的角色扮演遊戲，同學間劍拔弩張的氣氛得到了舒緩，還能把事實發生的過程盡量還原，也讓同學了解到，即使是一個剛發生的事件，要還原真相還是相當困難。學生經過角色扮演之後，對這個事件記憶深刻，往後如有同學吵架，學生就會要求希望再進行一次的角色扮演活動。

（三）啞劇

以肢體動作和表情取代聲音語言，傳達出課程或學習主題中的某些想法、感覺或情境事件，這個戲劇教學方式是將語言文字或生活經驗肢體化的過程。我們絕大部分的學習都是以語言的方式來進行，任何學習都透過語言的轉譯，當學生被限制無法使用慣用的語言時，就必須思考肢體運用的方式。剛開始遊戲時，學生還是慣用文字的思考方式，一個字一個字的表現讓觀眾讀出來，一旦須運用身體語言表達一個故事，如三隻小豬的故事，在不能運用語言的情況下，學生就會思考利用生活中實際的肢體動作和象徵動作來表現。

這個活動最常見的方式就是一個詞或動作的傳遞，教師只要準備一個包含動作的詞，如騎腳踏車，第一個參與者看了之後開始做動作，然後把動作一個一個往下傳，最後一個遊戲者要說出是什麼動作，逐一地往前發表。比較高難度的是限時三分鐘內，以啞劇的方式從頭到尾演出《西遊記》的故事。學生曾表演以唐僧師徒三人從教室左邊走到右邊，過程中各種妖怪出現被孫悟空、豬八戒和沙悟淨分別打敗，最後走回舞台中央，佛祖出現，拿了一本書給唐三藏後表演結束。這段啞劇乾淨俐落但令人回味無窮。

（四）偶戲

教師運用戲偶，針對課程中的某一情境、主題或角色進行表演與對話。偶戲的運用在教學上非常靈活。偶的範圍非常寬廣，一般成形的偶有布袋戲、皮影戲、傀儡戲，也有一些以操作方式分類的如執頭偶、杖頭偶、影偶、鐵枝偶等。筆者曾經帶著一隻玩偶豬上課，還非常正式地介紹牠是助教，一開場學生就非常喜

削鉛筆機只要運用表演技巧，就可以演出一隻蝸牛的偶戲。

歡，而且生氣的事就交給助教豬，於是這個偶就可以幫忙我進行學生的教室常規管理。此外，如隨意偶是利用身邊的各種東西，運用自己的聲音和表演技巧，使它成為非常有趣的偶戲表演。活動過程通常分為五個步驟：⑴教師播放玩物劇場（註：以一種隨手可得的東西，透過表演者的表演變成一種偶的形式的表演，物品可不做任何改裝或稍做裝飾即可上場），或自己隨手以杯子或鉛筆盒示範表演一段。⑵讓學生探索什麼東西可以當作偶。⑶每個學生試著用替代偶來介紹自己，再共同討論偶的操作和使用方法。⑷學生分組，每組給一段耳熟能詳的故事片段，學生自己找替代的物品來進行偶的操作練習和表演。筆者記憶最清楚的，是學生用自己的鞋子和媽媽的高跟鞋來表演小紅帽，鞋子戴上一副眼鏡就是老阿嬤，高跟鞋尖尖的頭加上兩根鬍鬚就是大野狼。偶戲的創意無限，每一次上課都是學生給教師的一次激勵，因此無論學生或教師都能樂在其中。

（五）朗讀劇場

運用各種聲音表情來朗讀某一篇課文或與課文相關的故事，例如錄製廣播劇。這種戲劇形式比較重視聲音的表現，在教室中很容易實施，教師必須引導學生理解故事中的情緒，再來就是如何以聲音表達不同情緒和感覺，最後才是整體表演一段以文字為主的素材。筆者最常使用的方式是詩的朗誦，如〈靜夜思〉這首詩，讓學生用喜、怒、哀、懼等不同情緒將詩朗誦出來。朗誦必須以單一情緒來表現該詩，當學生都嘗試不同情緒後，師生共同討論詩的每個段落情緒和感覺，修正後再綜合地朗誦詩。

（六）故事化戲劇

根據一個課程中的故事為基礎，延伸發揮並進行即興創作表演。學生在遊戲、角色扮演、啞劇的肢體表現和朗讀劇場的聲音練習之後，逐步有能力組織一個故事來表演。教師引導的重點是如何讓學生在每一個步驟真正感受到故事與人物。最初的表演都以常見的童話故事出發，因為故事是學生熟識的共通經驗，演出時觀眾和表演者的互動較佳。對於故事化戲劇的運用，筆者通常都以靜像技巧來帶領，將一個故事從一個靜像不斷增加到八或十個靜像，再利用碰觸肩膀的技巧，刺激學生在靜像中發展對話，經過這一系列的引導，學生很自然能夠掌握一個戲劇故事的表演。學生對於表演故事是出於天性的表現，教師在過程中只要幫助學生能夠表達每一個演出段落，讓故事清楚的演出即可。

（七）說故事

選擇課文故事或題材，讓學生以同時唸故事、演出並討論的方式，運用語言將故事表達出來，也稱為讀者劇場。很多故事媽媽都運用這種方式來演出，因為它的表演很靈活，只要把故事的重要情節演出來，其他部分維持說故事形態即可。所以過程是說、又是演、也可以討論，能充分表現出故事的情節，讓它更深刻地印在參與者的印象之中。

以上戲劇教學形式的介紹和創造性戲劇的方向有相似之處，

因為戲劇教學大都以創造性戲劇理論為基礎，絕大部分戲劇教學所運用的技巧也都由此而來。說明這些表現形式是為了讓每個技巧有更清楚的面貌，有些介紹在學術研究的定義上不是最嚴謹，但教師只要能將這些戲劇技巧活用於教學中，選擇適當的戲劇形式進入教學活動，絕對比了解學術定義來得重要。教師的任務就是選擇最適當的戲劇形式和技巧，來增加學生學習的多樣性。至於詳細的教學內容則於第六章再討論。

第五章
表演藝術教學規畫與實施

從前，教師這個職業常被稱為「教書匠」，彷彿教書只是一種毫無專業可言的工作。然而，現今的教學，已不只是技術，更是一種具有藝術性的職業；它是實踐的過程而不僅是閱讀歷程。既然有藝術性，就應該有相當創意與變化的空間，其中藝術教學更應有高度創意和變化的空間。

在了解屬於表演藝術教育的相關理論後，本章將探討教學層面，以筆者實際教學經驗解析，從教學規畫、教學計畫撰寫到實際教學的各個層面，來討論表演藝術教學的規畫與實施。

教學規畫和兒童戲劇創作的過程有些相似。內心中首先要出現一種意念或感動，然後構思藍圖，最後才開始劇本的撰寫。寫作不僅是依循概念前進，寫作的過程中也會不斷有新的刺激導致修正。正如同藝術創作是不斷修正的過程般，唯有在實踐中才能尋找到更多的修正空間。教學過程也是如此，一開始不斷思考什麼樣的內容適合學生學習，尋找合適的學習內容與發展過程，最後才落實到教學的規畫。

結構嚴密的劇本對演出相當重要，縝密的教學規畫對於教學實施也同樣重要。寫作或規畫過程中最重要的是創意的發揮，創意是什麼？劇本創作最簡單的創意是不重複自己，表演藝術教學的創意最基本的則是讓學生動起來，在活動中學習。無論是嚴肅或輕鬆的議題素材，都要讓學生起身動起來學習才算開始。在表演藝術教學中，沒有動力的聽講只是一場毫無意義的例行公事（routine）。事實上，表演藝術已經擁有非常明顯的動態特質，因此教學規畫首重如何巧妙地安排這些特質在不同的教學單元中，因此規畫的創意點應該從生活中的新事例尋找，讓學習和生活議題息息相關，因為熟悉，所以能夠容易理解，才能引起學習的動力。

在本書第三章已經概略介紹表演藝術教學的全部課程內容，本章則著重於教師每學期必須進行的教學計畫，實際帶領教師規畫一個學期有關表演藝術的教學計畫內容與過程。至於實際的教學過程，由於書本上只能以文字描述，顯然一些教學上需要的靈敏度是無法僅以文字傳達的。因此，教師最重要的是在教學現場以自己的理解進行教學後，不斷地自我省思，才能累積自己的教學經驗，而且要永遠將教學現場當作自己的表演舞台，帶給學生快樂才是學生學習的動力，也是教師能持續擁有教學熱情的關鍵。面對不同的學生，教師必須採取不同的教學策略與方法，因此每一次教學都是不同的挑戰。筆者經常在各校進行教學觀摩，每一次教學前都仍會非常焦慮，因為面對不同學校的學生，即使運用已經非常熟練的教材教法，有時仍會失靈，學生的反應也恐不如預期。所以，教師和學生間的互動是教學的關鍵。表演藝術教師除了應先建立起師生間良好的教學互動模式外，更應在互動模式中找尋不同的變化，活化教學。

第一節　如何訂定教學目標

過去由於倚賴現成教科書的緣故，老師自編教材的能力一直未能彰顯，九年一貫課程的推動，由課程綱要取代課程標準，老師必須依據課程綱要，運用自己的專業能力，選擇並組織所要教授的課程。所以老師必須擔任課程的設計者、執行者，最後還必須扮演課程評鑑者，所擔負的責任比起過去沈重許多。自編教材對於教師的確是沈重的負擔，所以，即使九年一貫的課程理念與使用現成教科書的觀念彼此扞格，但是從教科書出版商仍舊大規模的投資教科書編輯，就可以發現老師要完全自編教材仍是長路遙遙。

不過，不同版本的教科書確實提供了老師選擇教材的依據，老師不一定要擔任教材的創造者，但可以成為教材選擇組織與教學的設計者。老師選擇規畫教材時必須建立一個清楚的圖像，就是學生在教學活動中的表現狀態，及經過教學體驗活動之後，對於自己想像、身體的表達力所建立的自信程度，一般稱為教學目標。

對於「訂定教學目標」筆者要再次強調，在表演藝術教學要非常小心地使用。因為訂定目標來進行教學，是行為主義針對具體的學習行為或技能所發展出來的一套教學模式，對於檢驗學習的確具有直接的效能。不過以輸入及輸出的工具模式來檢驗藝術學習還是充滿弔詭和危險。所以，筆者在此是以任教的台北市立師院附小四年級表演藝術課程的經驗，以規畫一個學年的教學規畫與實施的實例，來呈現筆者從構思開始、訂定課程目標，到計畫完成、實施的思考歷程進行剖析，來作為課程規畫、設計和教學實施的歷程的參考。目的不在提供一種標準，而是提出一種思考模式，作為老師訂定目標時的參考方式。

一、領域課程目標與能力指標

藝術與人文領域的能力指標目前仍存有諸多不同的意見和批判，不過在教育現場，對於教育部所公布的《九年一貫課程綱要》，仍是教師教學時必須而且重要的參考之一。因此，在訂定教學目標時，九年一貫藝術與人文領域課程目標和能力指標，仍是我們必須先行參考、解讀的指標內容。

在訂定個人的教學目標之前，首先要進行確認藝術與人文課程目標與能力指標。所以筆者將屬於小學四年級，也就是課程綱要第二學習階段的能力指標列出來：

（一）探索與表現

使每位學生能自我探索，覺知環境與個人的關係，運用媒材與形式，從事藝術表現，以豐富生活與心靈。

1-2-1 探索各種媒體、技法與形式，了解不同創作要素的效果與差異，以方便進行藝術創作活動。

1-2-2 嘗試以視覺、聽覺及動覺的藝術創作形式，表達豐富的想像與創作力。

1-2-3 參與藝術創作活動，能用自己的符號記錄所獲得的知識、技法的特性及心中的感受。

1-2-4 運用視覺、聽覺、動覺的創作要素，從事展演活動，呈現個人感受與想法。

1-2-5 嘗試與同學分工、規劃、合作，從事藝術創作活動。

（二）審美與理解

使每位學生能透過審美及文化活動，體認各種藝術價值、風格及其文化脈絡，珍視藝術文物與作品，並熱忱參與多元文化的藝術活動。

2-2-6 欣賞並分辨自然物、人造物的特質與藝術品之美。

2-2-7 相互欣賞同儕間視覺、聽覺、動覺的藝術作品，並能描述個人感受及對他人創作的見解。

2-2-8 經由參與地方性藝文活動，了解自己社區、家鄉內的藝術文化內涵。

2-2-9 蒐集有關生活周遭鄉土文物或傳統藝術、生活藝術等藝文資料，並嘗試解釋其特色及背景。

（三）實踐與應用

使每位學生能了解藝術與生活的關聯，透過藝術活動增強對環境的知覺；認識藝術行業，擴展藝術的視野，尊重與了解藝術創作，並能身體力行，實踐於生活中。

3-2-10 認識社區內的生活藝術，並選擇自己喜愛的方式，在生活中實行。

3-2-11 運用藝術創作活動及作品，美化生活環境和個人心靈。

3-2-12 透過觀賞與討論，認識本國藝術，尊重先人所締造的各種藝術成果。

3-2-13 觀賞藝術展演活動時，能表現應有的禮貌與態度，並透過欣賞轉化個人情感。

當列出所有目標後，我們發現能力指標是非常廣泛的敘述，是一種接近進行中的經驗描述或態度，並非具體知識和技能的陳述。這是藝術教學特質的具體表現，因為以審美為主的藝術教學，是實做的歷程，讓它實際地發生比強調達到學習的目標來得重要。所以在審視這些能力指標之後，接下來就是如何從這些指標中分析出以表演藝術為主實做可體驗的相關能力。

二、表演藝術教學目標訂定

從藝術與人文學習領域的三項課程目標來觀察表演藝術教學，探索與表現是強調藝術學習必須探索表演藝術主要元素、素材與方法，並嘗試進行表現和展演；審美與理解是在學生探索後，慢慢理解表演藝術原理與舞蹈、戲劇理論之後，同時也能理解藝術與文化、歷史的相關性，進而培養對表演藝術的審美與批判能力；至於實踐與應用，著重最終能讓表演藝術變成生活中經常性的文化饗宴，使學生能夠喜愛表演藝術，成為劇場的觀眾，更重要的是能夠運用表演藝術創作與思考的方法，來解決生活問題的能力。所以，表演藝術是動手做、用心感受、終身享用的課程。

課程綱要的能力指標，一再修改之後，已經充分反映藝術的不確定特質，涵蓋面很廣，詮釋空間很大，教學的彈性空間也大。雖然內容涵蓋視覺藝術、音樂和表演藝術，強調領域學習和課程統整，重要的是未強調任何具體的、學科的技術能力。不強調組織和系統性的意義，而是著重實踐當下的意義。

在寬鬆的課程目標引領下，教師依據個人專業能力在訂定具體目標時，實際上已經在進行教學活動內容的選擇組織工作。所以，依據課程目標和能力指標，來檢視、分析、思考學生必須經驗的表演藝術相關技能或經驗後，筆者整理出了以下以戲劇為主軸的教學思考（見本書p. 31～p. 34）。在這些具體的教學思考的學習項目下，再分析整理出第二學習階段更具體的表演藝術教學目標。

（一）「探索與表現」的主軸目標

以戲劇表演的基礎要素、元素、創作材料，及嘗試與不同媒體結合等方向進行探索，並參考戲劇學習的各項要素，從下列四個方向討論。筆者從每一個目標方向分析，希望能找到適合四年級學生發展身體表現、實際操作及學習表演藝術創作的能力。

1. 探索表演藝術的技法、形式，進行表演創作活動。
   ⑴探索和發展肢體的可能性；探索肢體與空間的關係；肢體律動練習；肢體表現的造型和組合。
   ⑵探索五覺感官的敏銳度。
   ⑶探索聲音變化的可能性；運用聲音的節奏和韻律。
   ⑷探索發音的方法；探索呼吸和語言的關係；表現語言和情緒。
2. 嘗試表演藝術創作形式，從事戲劇展演活動。
   ⑴主題、人物或角色、事件等戲劇要素的探索。
   ⑵戲劇焦點元素的探索。
3. 構思表演藝術創作的主題與內容，完成有規畫、有感情及思想的表演藝術創作與展演。
   ⑴劇本的結構與呈現的方法。
   ⑵戲劇基本情境的創立技巧。
   ⑶排練的方法。
4. 結合科技探索各種不同的藝術創作方式，表現創作的想像力。
   ⑴偶的材料探索、偶的製作方法；偶的表演和聲音的結合。
   ⑵廣播與戲劇表現的結合方法。

（二）「審美與理解」的主軸目標

能夠參與、體驗、描述、欣賞、分析、判斷、辨識、感受戲劇表演的歷程、思想、方法、技巧及創意，並建立戲劇審美能力和了解文化意涵，包含要項如下：

1. 體驗戲劇活動歷程

⑴體驗表演藝術活動的旋律、姿態、表情動作的美感。

⑵理解戲劇表演肢體、感官、聲音等構成要素。

⑶描述表演藝術內容表達自我感受，建立審美經驗。

2. 參與社區與地方性藝文活動

⑴認識自己生活環境的藝術文化與生活的關係。

⑵欣賞生活周遭的表演藝術形式和創作，尊重創作者的表達方式。

3. 欣賞戲劇表演活動

⑴相互欣賞同儕間的表演藝術作品，並能描述個人感受及對他人創作的見解。

⑵描述戲劇藝術主要元素、技巧和方法。

⑶透過討論，表達自己對藝術創作的審美經驗與見解。

4. 蒐集相關資訊

⑴認識環境與生活的關係。

⑵蒐集生活周遭表演藝術資料。

（三）「實踐與應用」的主軸目標

從表演藝術的創作過程，理解自己、社會和自然間的關係，能養成觀賞表演藝術活動、增加生活樂趣，及從規畫執行表演藝術活動的過程，培養合作尊重的團隊能力。主要項目如下：

1. 透過表演藝術創作

⑴感覺自己與別人、自己與自然、環境間的相互關聯。

⑵增加生活趣味，美化自己或與自己有關的生活素質。

⑶增長個人心靈空間，對人的處境有深刻的認識。

2. 透過觀賞表演藝術活動

⑴培養應有的秩序與態度，表現應有的禮貌與態度。

⑵欣賞各類型的藝術展演活動，轉化個人情感，建立開放的觀念態度。

⑶認識本國藝術，尊重先人所締造的各種藝術成果。

⑷運用科技及各種方式蒐集、分類不同之藝文資訊，並養成習慣。

3. 參與表演藝術活動

⑴認識社區內的生活藝術，並選擇自己喜愛的方式，在生活中實踐。

⑵養成日常生活中對表演藝術的表現與鑑賞的興趣與習慣。

⑶有計畫的集體創作與展演活動，表現自動、合作、尊重、秩序、溝通、協調的團隊精神與態度。

⑷選擇適合自己的性向、興趣與能力繼續學習。

當逐條分析這些教學目標之後，筆者發現教學活動內容也呼之欲出。對於接下來教學計畫的編寫也大致完成了一半。所以老師進行自編教材時，針對目標來分析教學內容絕對是有意義的過程。不但讓自己掌握教學目標，同時可以更容易地釐清教材和目標的關係。

在這裡筆者也發現，在三個主軸目標中，從「探索與表現」的主軸目標中所分析出來的教學目標，屬於學習內容的部分為主，也就是屬於實際操作的學習內容，目標的變化要大，所呈現階段性和具體能力也比較清楚。在「審美與理解」的主軸目標中所分析出來的教學目標，屬於學習方法的部分為主。在「實踐與應用」的主軸目標中所分析出來的教學目標，屬於學習態度的部分為主。後兩者主軸目標的變化相對較少，但持續性要求較高。從此可以理解，對於戲劇學科的理解度愈高，教學內容的掌握度愈高，自編教材的內容安排也愈容易。但這只是達成藝術技能的學習目標，對於學習的方法和學習態度的掌握，才是對藝術審美教育的完整呈現。

在這裡筆者必須再次提醒，九年一貫課程在形成之初，就已經用「課程綱要」來表達其「重要參考」的定位。課程綱要在領域之中，僅有各階段的能力指標，而不是訂定教學目標或教學內容（如同一九九三年版課程標準的方式），這就是要使教師在教學上能有充分發揮專業的空間，而不會被具體內容綁死。但面對九年一貫課程的善意，卻聽到基層教師抱怨以往都有明確的教材指引、教學目標與教學內容，只要照本宣科就算達成目標。九年一貫課程卻要求教師自編教材，不但要選擇教材，還要訂定教學目標，還要設計課程。也因此多數教師依舊期望能有明確、可量化、可被評量的目標作為教學準則，對於自己分析的教學目標反而沒有信心。事實上，只要依據課程目標與能力指標，以上述的方法找到具體對應的教學內容，就能達成九年一貫課程的要求。

藝術教學最重要的關鍵點，在於教師能否運用自身的藝術專業能力，引導學生建立喜愛藝術、理解藝術、應用藝術的能力，及藝術為終身夥伴的觀念。讓學生在充滿藝術的情境中體驗藝術，成為藝術愛好者。筆者相當了解，藝術教學經常陷於技術技法練習的困境中，身為教師的我們，有時甚至相信沒有技術就沒有藝術的謬論。但如果能以比較輕鬆的方式來面對藝術技巧的學習——是嘗試而不是訓練，是體驗藝術生活而不是訓練藝術家——如此一來，教學的關鍵就在於將技法遊戲化、簡單化，以學生可理解的方式，讓他們優游在藝術的氛圍和情境中，勤於思考、勇於創造。根據長期的教學觀察和經驗，筆者認為無論何種學科，教學的確應該提出教學目標，作為個人教學的依據。不過，表演藝術的教學目標不應該是齊頭式的目標，應是以個人成長幅度作為評斷標準。所謂個人的成長幅度，不僅僅是指技能表現上的進步程度，更重要的是，學生對於表演藝術時所展現出來的高度學習興趣。

所以，藝術與人文領域教學目標的訂定，應從本質上思考教學是否應有可被量化的標準。學生不同的能力雖然都可被敘述出來，但藝術學習真的可以架構化、量化或標準化嗎？可以用同樣的成就標準來要求所有的學生嗎？這些疑問句應隨時存在教學思考當中。然後，教師必須秉持開放的教育理念，不以藝術技能的達成作為學習標的。先肯定藝術本身就是情意表達的學習，強調在情境中產生對於藝術技術的需求，這樣所習得的技術才能發生意義。當然，最重要的是，教師們應回過頭去，想想自己學習藝術的初衷、喜愛藝術的原因，大概就能找到藝術學習的目標。

第二節　如何編寫教學計畫

教學目標確認後，就是要處理如何來完成整體的教學計畫的撰寫。九年一貫課程實施後，教學計畫是老師必備的能力。教學計畫並沒有一定的格式，不過許多老師經常因為計畫格式而不知所措。事實上，老師要思考的是依據目標發展以下三個重點：一是要教給學生什麼內容？二是要如何進行教學活動？三是如何進行評量？

九年一貫課程表演藝術的學習內容的設計，從第一學習階段簡單的劇場遊戲開始，到第四學習階段必須了解戲劇元素，運用表演元素進行戲劇創作、演出，且能說出自己創作演出的思考過程。在學習過程中，老師就是要引導學生運用探索、體驗、創作等方法，尋找符合學生生活經驗，適合學生身心發展的各種題材來進行實踐、應用、理解和審美等歷程。

同樣的，在一個學年的教學規畫中也是以同樣的思考模式——從遊戲到創作演出——來計畫教學的活動內容。

一、教學內容規畫

從上一節有關能力指標的分析過程中，我們可以發現，表演藝術探索的首要元素就是個人的肢體能力、感官敏銳度和表達能力、聲音和口語表達能力等，這也是個人生活必要的基本能力。表演藝術最基本的價值，就是持續不斷地發展這些個人生活的基本能力，接下來才是表演藝術創作形式的探索和體驗，發展較成熟後，再進行主題內容探討與結合其他媒體的創作。

在「審美與理解」、「實踐與應用」兩項主軸教學目標中特別指出：**參與、體驗、描述、欣賞、分析、判斷、辨識、感受戲劇表演的歷程、思想、方法、技巧及創意，並建立戲劇審美能力和了解文化意涵**。這些過程都必須擁有一個實際的客體才得以發生，這個客體就是在學習活動中，老師引導下所進行的教學和創作活動。必須是以動態實做的方式來進行，強調的是動態的教學。**以及從表演藝術創作過程，理解自己、社會和自然間的關係**，在自己和自己方面就是本身感官知覺想像能力的敏銳與精進，社會和自然是屬於主題和創作素材的內容部分，強調個人表演能力提升和尋找表演素材及議題的敏銳度。**能養成觀賞表演藝術活動、增加生活樂趣，及從規畫執行表演藝術活動的過程，培養合作尊重的團隊能力**。說明表演藝術的快樂特質，表演藝術對於學習的貢獻，至少要帶來樂趣。當然樂趣的學習不只是嘻笑而已，而是強調一群人共同合作完成一件作品，在互動中彼此尊重及對於表演議題的深入探索與了解。

以四年級的學生為例，筆者認為對於中年級學生而言，教學的首要內容應是如何將上述基本能力，轉化成以遊戲到創作的模式，來引起學生有興趣的體驗。

以下是筆者在編寫國小四年級教學計畫時，詳細的表演藝術課程計畫設計方式和想法，提供表演藝術教師在進行教學計畫時的整體思考邏輯。

首先是教學單元的安排。

從劇場遊戲來展開一個學期的課程是相當不錯的，因為對於表演藝術而言，上課基本情調的建立是很重要的。如何改善教室裡上對下的關係，教師與學生間的互動不再是沿用老師講學生聽，或學生被動學習老師所給予的，要讓學生放開肢體活動，首先就要讓學生放開心裡的束縛。遊戲是顛覆這種關係最好的方式，尤其是劇場遊戲。以暖身遊戲為例，遊戲的過程中不僅只得到暖身的效果，又可達到遊戲的樂趣，如果強調觀察和模仿的方法，它也是表演的學習，而且學生是在自由無戒心的情況下學習。

教育是成人之美的藝術，是藝術必然有格律，也必然超乎格律而隨時有「存乎一心」的妙用。「存乎一心」的妙用彰顯於「引導」與「自由」（《教育研究月刊》121 期，p. 11）。因此，要讓學生從桎梏的環境中解放出來，首要創造自由的氣氛和環境。四年級的學生雖然在三年級時已經接觸過表演藝術課程，但從遊戲開始，仍是讓學生馬上感受自由氣氛的首要方法。基於以上思考，第一個單元筆者安排「快樂的遊戲」（遊戲內容參閱本書 p. 154, 163, 179, 183, 194 ），內容著重體驗感官、肢體伸展、聲音探索和語言探索等表演藝術的基礎能力，學習的要求則是學生能快樂地參與遊戲活動。

第二個單元是將學生在三年級做過的活動加深加廣。

在三年級的課程中，有一個單元是以動物為主的肢體探索與表現，學生以動物聲音配合動作表現，學習結果相當出色，所以，在四年級以結合聲音表現和動作探索為主的活動就定名為「身體樂器」。學生在活動中自由探索個人身體所能發出的各種聲音，包含聲音的特性、高低、發聲的方法，然後搭配聲音探索身體的動作，發展從一個八拍的動作到八個八拍的動作。教學重點在動作和聲音探索、動作和聲音結合、動作的組合與表現。學生能夠以八個八拍的聲音，配合動作，並運用開始、中間和結束的結構，發展一段身體和聲音的動作。學習成果是希望完成一段作品的表演，作品的結構是在學習活動中透過引導、發展和修正逐步完成。教師在學生發展過程中要強調作品開始、中間和結束的重點。

第三個單元以戲劇的語言表現為主。

「我是廣播人」是相當受學生歡迎的教學方式，它不但能夠表現聲音和語言的運用，又能進行劇本創作或改編的學習，可以發展對劇本故事創作的能力。課程安排從認識廣播劇開始，讓學生探索說話的方式、體驗聲音情緒的表現遊戲後，分組尋找故事或改編劇本，然後尋找音樂的襯托搭配等，經過練習後能夠實際錄製一齣廣播劇。學習成果是讓學生能夠認識聲音、體驗聲音的表演方式以及戲劇劇本的構成方法。

第四個單元是以表演藝術出發來統整音樂和視覺藝術的教學單元。

筆者安排的單元是自己為國立教育資料館設計製作的「音樂與造型組合」。本活動是運用一個紙箱，刺激學生利用身體表演，將紙箱變成一種道具、裝置或想像的物品。透過想像和身體的表演，學生會發現紙箱不同的使用方式，建立並學習它的象徵特性。接著以音樂引導肢體發展，運用音樂的快慢與不同節奏的感覺，讓學生表現情緒或想像音樂情境。緊接著是探索音樂與色彩的關係，學生聽一段音樂之後，以有各種顏色的紙箱來表現自己所感受到的音樂是什麼顏色並說明原因，讓學生透過音樂來發揮色彩的想像，最後是音樂、視覺藝術和表演的結合活動，學生從聽音樂的過程中想像自己所熟悉的童話故事，然後運用紙箱製作表演的場景，在音樂中完成故事的表演。這個單元不只是統整課程，更是開闢一個創意空間，由學生自發的活動，在活動中展現自己的想像力、肢體運用的表演能力和創意，完成屬於自己的表演作品。

一個學年的課程規畫感覺上必須非常豐富，實際上教學時數僅有四十節左右。四個單元每個單元大約十節左右。雖然時數不多，仍須維持學生嚴謹的學習內容，保持學生高度的學習興趣和體驗的樂趣。以上四個單元的結構就是從遊戲開始、肢體與節奏的練習、語言的使用與練習，結合肢體與物品做一個簡單的演出練習。讓學生感受到戲劇的樂趣原則，實際體驗戲劇元素的練習和體驗，最後以創作一個作品總結。不論整體的大結構、一學年的課程結構或一個單元到一節課的結構都保持這個原則，就可以維持教學活動的基本品質，不過要達到更高的品質，就得對於教學的內容有更深層的理解，對學生學習的狀況更清楚地掌握，對於自己教學的技巧更靈活地運用。

二、教學計畫撰寫

編寫教學計畫是九年一貫課程實施後開始被重視的。其實，教學計畫是教師教學的準則，編寫計畫是教師對自己教學的負責，也是對學習者的尊重。無論學校、教師、家長或學生都能透過教學計畫了解教學內容：學校和家長可明白教師教學的內容和想法，學生可以期待自己的學習，教學者可以藉此檢視或診斷自己教學的品質。因此，教學計畫對於整體教育品質的提升非常重要。

教學計畫當然包含一些必須項目（參見表5.1），然而，教學計畫的特點是在於教學內容、教學進度與教學評量，讓教師和學生都能了解在什麼時間、進行什麼學習內容、要達到什麼程度。

本計畫在「教學內容綱要」部分，特別將「教學大綱」和

表 5.1　表演藝術教學計畫範例

學習領域		藝術與人文		編寫者	廖順約	適用年級	四
教材來源		自編		教學時數	每週兩節，本學年共四十節		
日期	單元名稱	能力指標	教學內容綱要		教學節數	評量重點與方式	備註
			教學大綱	內容簡述			
8/30 | 10/1	快樂的遊戲	1-2-1 1-2-3 1-2-4 2-2-2 3-2-4	劇場遊戲： ・團體遊戲 ・韻律遊戲 ・語言遊戲	・水果盤、追逐遊戲。 ・韻律舞、聲音與動作。 ・胡言亂語、答非所問。	10	具體表現： ・能夠快樂地和同學參與遊戲。 一般性觀察： ・參與感。 ・學習態度。	
10/4 | 11/5	身體樂器	1-2-4 1-2-5 1-2-6 1-2-7 1-2-8 2-2-2 2-2-5 3-2-4	聲音和語言： ・身體和聲音 ・聲音和肢體動作發展 ・肢體動作配合聲音的組合	・用身體或嘴巴來模仿一種樂器的聲音。並逐漸發展成四個八拍的節奏。 ・利用簡單的節奏來進行身體創作：一個八拍→兩個八拍→四個八拍。 ・結合音樂和動作，一組做動作，一組當樂隊。或自己發音並做動作。	10	具體表現： ・能夠利用身體所發出的聲音與同學共同完成一段簡單的合奏。 ・能利用合奏創作簡單的舞蹈動作。 一般性觀察： ・參與與專注。 ・動作的表現。 ・與人合作。	
2/14 | 3/18	我是廣播人	1-2-1 1-2-4 1-2-5 2-2-4 2-2-6 3-2-4	聲音和語言： ・聲音的探索與表現 ・故事選擇與改編 ・語言表達與聲音的	・聲音的情緒，包括喜、怒、哀、懼、大　小、快慢。 ・選擇一則故事（耳熟能詳的童話故事）。	10	具體表現： ・能改編故事成為一個簡單的廣播劇本。 ・能運用聲音的表現和音樂的運用，錄製一個簡	

（接下頁）

學習領域	藝術與人文		編寫者	廖順約	適用年級		四
教材來源	自編		教學時數	每週兩節，本學年共四十節			
日期	單元名稱	能力指標	教學內容綱要		教學節數	評量重點與方式	備註
			教學大綱	內容簡述			
			運用	‧將故事改編成對話。 ‧選擇適當的音樂，配上適合的聲音來一場聲音表演。		單的廣播劇。 一般性觀察： ‧聲音的創意。 ‧參與與專注。 ‧觀察記錄。	
3/21 │ 4/22	音樂與造型組合	1-2-4 1-2-6 2-2-7 3-2-4 3-2-5	積木和身體： ‧紙箱的造型與戲劇表演 ‧音樂欣賞與肢體感受 ‧賦予音樂色彩 ‧音樂與戲劇的聯想	‧用身體來賦予紙箱不同的意義。 ‧利用紙箱造型來當作戲劇道具，或布置情境幫助戲劇表演。 ‧利用音樂來表現肢體和發展紙箱的色彩與造型。 ‧從音樂中聯想故事，運用紙箱的造型來完成演出的設計，完成簡單表演呈現。	10	具體表現： ‧能以紙箱和肢體動作表現一個地點。 ‧能運用音樂和紙箱造型表現一個故事片段。 一般性觀察： ‧肢體的創意。 ‧情境的創造、音樂和肢體色彩的表現。 ‧學習態度。	
設計說明	1. 本校四年級學生，在三年級已經接觸過表演藝術課程，上課興致很高昂，表現能力也很強，所以除了第一單元仍為元素的遊戲外，其餘單元都是以挑戰學生的創意表現為主。 2. 每個單元的教學活動都涵蓋基本元素探索、體驗、創作、欣賞、批評等能力。單一活動不只針對單一指標或課程目標。 3. 實踐與應用的課程目標，希望仰賴家長的幫忙，至少帶小朋友到劇場欣賞表演活動一次。對於整體學習目標達成更有幫助。						
評量標準	探索與表現：嘗試表演藝術創作形式，從事戲劇展演活動。 審美與理解：體驗表演藝術活動的旋律、姿態、表情動作的美感。 實踐與應用：透過欣賞各類型的藝術展演活動，轉化個人情感，建立開放的觀念與態度。						

「內容簡述」同時呈現，這是特別針對表演藝術的活動特質所設計。因為，表演藝術活動在相同的綱要下，可以由不同活動內容來完成，因此筆者特別提出「內容簡述」一欄，教師可以有效安排教學內容和活動方法，同樣的單元或大綱下，教師可依照個人對相關活動的興趣做不同教學活動的安排。這靈活彈性的教學方式也正是表演藝術教學特別有趣的地方，因為教學是動態的過程，活動順序的調整經常影響到學習結果與創作的方向，不同的活動順序可能產生不同的導引作用，因此學生最後所呈現的作品也可能變成另一種不同的面目。即使教學過程如此多變性，但對於學生而言一樣能達到相同的學習效果。教學順序的改變就如同創作一樣，一個轉折點的調整會影響到作品的結局，但對於藝術表現層次卻有加乘的作用。因此，善用教學順序可以讓教師在教學時獲得更多的空間。

在教學評量方面，教學計畫中提出兩個評量的面向：一是「具體表現」，一是「一般性觀察」。在表演藝術教學中，這兩種面向同樣重要。「具體表現」旨在評量學習本單元的重要表演元素，從所呈現出來的作品中，發現學生是否學習後得到較完整的概念和作法。「一般性觀察」強調學習態度以及對藝術呈現的專注度的觀察，表演藝術最重要的觀察在於學生進行每一項活動時是否專注。至於教學評量的方式，在本章稍後有較完整的介紹。

在這份教學計畫中必須特別注意，這是一學年的表演藝術教學計畫。由於目前藝術與人文教學時數有限，再加上能夠專職表演藝術的教師有限，因此一般學校在教學時數的安排上很少能讓表演藝術與視覺藝術、音樂的教學時數相當，四十小時的表演藝術教學已是四年級所能安排學習時數的極限。本計畫是以上、下學期各十週，每週兩節表演藝術教學來安排。所以教學日期在上學期安排到十一月中旬，下學期則安排到四月中旬就結束。

至於能力指標方面，如果在訂定目標時已經根據指標仔細的分析，在這裡只要找到相對應的指標條文即可，不必拘泥具體的形式表現或太多枝節的詮釋。教學計畫是一個溝通的工具，讓親師生都能透過這個計畫，明白在一個學年中要學到的內容和可能達到的學習效果。

三、表演藝術教學實施原則

在編寫教學計畫時，相信教師也都同步在思考如何進行教學。教學和創作一樣，要展現教師個人的風格和堅持。筆者認為，對於表演藝術教學而言，有趣是最重要的風格，除了讓學生覺得有趣之外，自己也要覺得有趣。為了達到這個目標，筆者在教學實施上絕對遵守以下的基本原則。

（一）要能和別人一起工作

表演雖然是個人的獨立能力，但一個演出卻是共同完成的作品，即使是獨腳戲也需要不同的技術人員幫忙，所以溝通與合作是每個人必須學習的課題。因此，活動的安排盡量要以分組的方式共同完成，務必使每位學生都能有表現的空間。

（二）每個學生都要在共同的活動中個別操作

共同活動是全班性的活動，而個別操作是自己獨立感受、去找方法的過程。筆者在從事表演的經驗中發現，表演是個人演給觀眾看，是獨立的個人活動，但這種形式卻相當容易傷害學生的表演興趣。因為學生剛接觸表演就一個人單獨表演，所有觀眾的壓力都在他身上，任誰都會緊張到無法承受。因此，筆者認為，最初的學習過程不宜讓學生獨自成為表演者進行任何表演活動，教學活動盡量以全班或分組操作，讓個人既在群體活動的模式中，又能獨立思考與探索。

（三）學習必須進入生活

表演藝術教學牽涉到聲音、肢體、情緒、對情境或事件的反應等諸多不同元素的混合，因此，聲音、肢體、情緒等表演元素從單一技能開始學習是必要的過程。當個人的表演能力提升後，進入情境或事件的反應時，就必須思考以各種生活素材來進行教學。什麼樣的生活事件可以轉變為戲劇情境？家庭生活——家人相處、家庭環境、父母的職業、電視上的表演、廣告、卡通等，都是孩子容易理解的題材；學校的生活經驗——和同學老師相處的經驗、對老師及同學的看法、對學習的期望、學習生活的挫折等內容，都是可以表現的素材；學生的閱讀經驗——童話故事、科幻小說、神話小說或電玩的故事等。以生活事件出發，一方面讓學生能夠就生活的經驗自然表現出來，另一方面也是讓表演能進入生活。例如讓學生更敏銳的觀察生活周遭，能夠隨時注意身邊發生的事件並能自我反思。學習進入生活的另一層面，則是必須有欣賞專業演出的經驗，倘若家庭能配合將欣賞戲劇變成生活中的必備品，學生自然能夠有更多的審美機會與經驗。

（四）學習態度比內容重要

表演藝術學習和視覺藝術、音樂最大的不同，在於其過程都是集體完成，除了劇本的編寫屬於比較個人的創作，所有表演作品幾乎不可能獨立完成，表演可以說是團體合作的過程，必須經過眾人相互合作討論排練才能完成作品。在個人探索時，他人的創意是自己學習的方向，自己同樣也能提供創意給他人參考；表演時是眾人情感互相交流、互動的體驗與歷程；在審美與理解部分，強調互相欣賞的過程及文化的接受與尊重。因此，表演藝術學習除了擁有技巧提供表現的基礎外，最重要的是學習包容與接納的態度。所以學習態度的建立遠比所學習的內容還要重要。

（五）表演藝術教學不是演員訓練

筆者本身擔任劇團的編導，因此時常會訓練演員，和他們一起工作、排練，這過程是一種要求，因為演員的目的是要上台演出，個人表演能力自然要達到水準，個人聲音、身體的控制能力都必須達到導演的要求，更重要的是演員必須擁有同樣角色不同詮釋方法的能力。這些能力都要經過嚴格訓練和自我要求才能達成，且排練過程是不斷的反覆、討論、修改，充滿挫折與再生的過程，並不適合學生學習。因此，表演藝術教師必須要能從這些辛苦、反覆和激烈的身體和聲音要求的活動中，找出適合學生活動，能讓學生擁有體驗表演的過程，但不過度要求，適當引導學生活動而不過分指導，才能讓國民教育階段的孩子真正喜愛表演藝術。

筆者多年來一直進行國小階段孩童的表演藝術教學，我相信，這階段孩子們所需要的表演藝術重點不在於演戲，也不是演員訓練，而是透過戲劇表演的手法，讓他們體驗戲劇的元素與過程，增強自我的感受力和表達能力。雖然在教學目標中，探索與表現部分的技巧學習較多，但表演的技巧並沒有學會與否的問題，而是強調能否讓自己表演的可能性更大。所以表演藝術教學絕不是演員訓練，這絕對是表演藝術教學首要遵守的原則。

第三節　表演藝術教學實踐

「計畫不如變化，變化不如消化」。目前教學的理念一直在強調創新，要創新就要追求變化。雖然變化確實是創新的必要條件，但只有變化而沒有消化是很難有創新的表現。消化就是在表演藝術教育的實踐後，自我徹底的反思與檢討，唯有如此，教學才能不斷有創新的可能。所以，如何將教學計畫在現場實踐才是表演藝術的首要目的。

計畫是教師教學的準則，但不可視為唯一的標準，尤其是藝術教學。固守在陳規舊套中不做任何思考是藝術的大敵。藝術創作如此，藝術教學也是相同。教師在教學時要能隨時掌握學生的學習狀況，隨時修正自己的計畫，表演藝術教學才是活的。因此，本節將從教學單元的執行面著手，分析如何將教學計畫在教學前轉化為自己教學的每一個步驟。

一、以節目企畫的精神安排教學流程

教學流程是教師對每一個教學單元的程序安排，教學流程最常見的是採用三個步驟：準備活動、發展活動、綜合活動。在此形式上，教學安排得相當周延、完整，但學習還是要從小朋友的角度出發，他們在想什麼？需要什麼？這些遠比形式重要。教學目的是讓學生有效的學習，如果站在自己的角度，以大人的價值來判斷、幫孩子決定要如何學習，這樣的學習就不是學生自我追尋，過程中就會缺乏冒險的快樂。

筆者認為表演藝術學習如果沒有快樂，學習就沒有發揮它特有的價值。如何讓學生快樂的學習呢？廣播和電視等媒體的節目企畫安排提供一種模式，節目進行時必須短時間內吸引小朋友注意，維持節奏，緊緊吸引他們，而且見好就收。企畫人員在節目雛形時，一定經過不斷討論、翻案、爭執、實地操作。形成企劃後交由執行人員實地演練才進行錄製。這樣反覆探索的過程就是希望每個單元都能吸引觀眾、永保新鮮。

同樣的道理也可以運用在表演藝術教學上。首先，根據教學計畫的內容羅列教材，進行分類後完全打散，再以節目流程（run-down）安排的方式，將每次上課內容分為三至五個小單元，不論大單元的核心教學課程、小單元的遊戲或基本練習都是連貫的，每週有一定教學時間，學生既輕鬆又沒壓力，學習效果較能掌握。每週設計核心課程學習，實施時間較長，搭配一些必須長時期訓練學習效果的基礎訓練，既能調節學生學習節奏，又可維持學生學習的注意力。以一次課程為例：

- 開場：靜坐聆聽。每週選擇一首不同的音樂，讓學生靜坐聆聽，緩和下課時高昂的情緒，進入課程學習的準備。約三至五分鐘。
- 暖場活動：劇場表演基礎練習。暖身遊戲→呼吸→發聲練習→肢體創意，約十分鐘。
- 主學習活動：單元主題學習的主要內容。引導→練習→再引導→再練習→互相觀摩→再發展→分組發展與練習→演示與討論→再練習再演示。
- 結束活動：想像力引導。舒服地躺在地上，用故事或音樂引導學生做冥想活動，約五分鐘。

學習過程是以動靜交替的方式進行，必須長期累積才能達到

聆聽音樂可以讓學生很快地進入上課狀態。

學習效果的基礎練習，故分散於每次的課程，且逐漸加深加廣。學習活動一直變化，因此在不同的學習活動中，學生可以各取所需。要讓每個小單元都能獲得全部同學的喜愛是不可能的任務，但多變的學習活動中至少能讓學生找到喜愛的一個小單元，不同的小單元，令不同的同學期待，就如同一個廣電節目，在兩小時的節目中，觀眾會因為某一單元而停駐。這就是筆者所提出以「節目企畫精神規畫課程」的想法基礎。動靜分布均勻，讓學生各取所需，而教師的工作，就是思考如何在既定的架構中，提供學生探索學習的內容有所感覺，並能表達出來。

二、主學習活動教學實施

目前坊間已有許多劇場遊戲的參考書籍，遊戲的內容與方式，一般教師只要接觸過大都能了解和掌握教學方法，在此就不再說明遊戲規則。教師只要在教學過程中讓學生更細膩地去感受身體、感官和情緒的表現，及以同樣的遊戲規則所變化出的不同遊戲方法。以下是依據教學計畫中「身體樂器」教學單元活動所設計的教學過程。

<table>
<tr><td>單元名稱</td><td>身體樂器</td><td>設計者</td><td rowspan="2">廖順約</td></tr>
<tr><td>教學時間</td><td>八節，三百二十分鐘</td><td>教學日期</td></tr>
<tr><td>教學研究</td><td colspan="3">1. 暖身的意義與目的、暖身的方法。
2. 人體的運動元素：臉、頭、頸、肩、手臂、軀幹、腰、臀、腿等部位。</td></tr>
<tr><td>教學目標</td><td colspan="3">1. 兒童能夠了解到戲劇是肢體聲音等元素構成。
2. 由簡單的肢體遊戲中認識自己肢體和聲音的特質。
3. 能夠在情境中用肢體做簡單的表現。</td></tr>
<tr><td colspan="4">教　學　活　動</td></tr>
<tr><td colspan="4">1. 引導活動：教師發問聽過哪些樂器？由學生發表，在回答的同時，要求學生試著發出該樂器的聲音。請學生歸納發出聲音的方法。一般可歸納的範圍有嘴巴模仿、手拍打身體各部位、手腳拍打地板或其他地方。
2. 發現活動：由學生發現自己至少可以有三種從身體發出的聲音，每個聲音做一個八拍，並讓學生自由發表。此時，表演能力較強的同學都會搶先發表，教師盡量鼓勵較少表演的同學發表。
3. 再發展活動：每個學生再一次發展自己的聲音，並配上一個動作。每個學生至少完成一個八拍的聲音和動作。
4. 個人發表：由學生自動發表，教師這時將特別強調動作的特點，如動作的部位：手、頭、腰、腳或全身；動作的大小、快慢、高低等動作元素；聲音和動作的搭配等。教師用發問的方式和同學交流。這屬於情境中的動作和聲音要素的學習。
5. 分組活動：以「荷花幾月開」的團體遊戲進行分組，讓學生在遊戲的情境中完成分組活動，共分成四組。
6. 分組探索：各組在三分鐘內，由個人發展動作，全組共同選擇最好的四個動作，並加以組合出四種聲音與四個動作，並至少以四個八拍來完成動作。
7. 表演與討論：每組將討論和練習成果展現，觀眾在表演結束時，以掌聲來表現對該組的支持，很支持、很喜歡就給予大量的掌聲，不是很喜歡就自己控制掌聲的音量。表演結束後，組長必須說明該組的想法與作法，觀眾先分享對表演的同學肯定之處，再討論需要改進的地方，教師也可給予建議。</td></tr>
</table>

（接下頁）

教　學　活　動
8. 修正練習：各組根據各方的建議，將動作修正後並再次練習。 9. 再表演討論：重複7.的過程。對於該組的改變或想法，其餘同學和老師都以發問的方式進行討論。教師在討論過程中強調開始、結束以及變化的處理。 10. 創作練習：以四個聲音和動作為基礎，搭配考慮整體結構如開始、中間發展和結束三個部分的連接，以及聲音動作大小的變化，或同時出現不同聲音與不同動作，呈現出整體性的表演。 11. 各組分享：各組將討論練習的成果依序表演。教師引導的討論重點在開始、結束和變化的處理。 12. 創作練習：每組至少完成八個八拍的聲音和動作，教師一樣強調開始、中間發展與變化、結束，並加入聲音和動作的協調感處理。 13. 再分享：綜合討論，形成不同的意見，各組不僅討論別組的表演內容，同時也檢驗自己組的表演。 14. 再修正練習：給予各組再評量前的準備。 15. 總評量：再次演出後由同學以一至五分評分，觀眾一樣給予口頭肯定和建議。如有小組覺得表現不滿意可以再表演一次。

教學過程中，除教學流程外，最難處理的就是學生之間的合作問題，每一組不可能毫無意見地聽從組長或導演的指揮，這個問題如果沒有解決，該組在整個表現中會出現極大的落差。筆者的解決方式都是給該組比較明確的意見，當該組的表演受到肯定之後，不合作的問題通常也會跟著消失。

三、學習評量

表演藝術的教學評量很難以單一基準精確表現，而且在教學過程中不斷出現驚奇，因此筆者總是盡量去找尋多元、多面向的觀察評量。每次教學活動中各組表演差別性很大，有些組一直表現優秀，有些則一路低迷，有些第一次表現尚可，之後就沒有進步，有些組則在最後的表演突然改弦更張，異軍突起，因此，如果只看最後的總評量，絕對無法呈現出學生真實的學習成果。評量標準最重要的參考是教學目標，而教學目標是從課程目標、能力指標，還有從表演專業技能之中分析出來，目的是希望發現更具體的評量標準，讓教學的焦點更清楚，評量也會更精準。但藝術學習如果要求單一標準項目的精準，往往隨之喪失學習該活動的主要目的。在探索與表現的目標主軸下，藝術技巧學習的成分較高，如要求學生在台上講話大聲得分較高，但毫無感情的大聲卻是失分的關鍵。因此，當思考以單一元素來進行評量時，雖然較易精確說明，卻可能無助於藝術學習與表達。在技巧上的評量尚且有如此的困難，對於審美與理解的程度與生活上實際應用的結果，則更難用簡單的量化評估來評斷學生的學習成果。

正因為表演藝術學習評量很難明確列出清楚的評量基準，所以筆者盡可能運用多項指標來評量。筆者認為能力指標最值得推崇的地方，是因為它的詮釋空間很大，且沒有硬性規畫的學習內容，讓教師對能力表述的空間很大。因此我們可以將能力指標視為教學時隨時要注意的燈號，指引教學者不致迷失方向。在此概念之下，教學目標也不是絕對的標準，不同於畫個共同終極點的方式，表演藝術教學評量可以是一種相對比較的成果。筆者建議教師可以採用下列多指向的評量方向：

（一）上課的觀察

上課時的專注程度是觀察的指標，專注力表現在對學習內容的興趣和參與上。學習表現與成果會因為學生的起點行為而各不相同，所以，在活動過程中無論表現的完美與否，教師都應盡量給予口頭讚美，然後觀察學生因而所產生的專注能力的表現，所以上課時互動性的觀察是教學評量觀察的重點。

（二）學生互評

在單元中分組活動是相當重要的活動方式，分組的參與、討論對成果表現具有關鍵性的影響，所以在活動中教師應隨時提醒學生與他人合作的方法與經驗，在單元結束、成果展現之後，可以進行各組的組內互評。評量大約有四個方向，「與人合作」和「創意表現」是每一單元的必要項目，其他兩項則針對該單元主要教學目標設計，目的在讓每組學生討論自己在活動過程中表現的等級（參見圖5.1）。

姓名	座號	與人合作	創意表現	道具準備	組長評分	總評
填表說明：每一項最高5分最低1分，請全組共同討論決定每一個人在每一項該得幾分。						

圖5.1　台北市師院實小四年級表演藝術評量表

（三）成果呈現

表演藝術的成果展現除了對作品的完整度、整組構思過程的成熟度、個人表演的精熟度這些必要的能力之外，由於學習成果大都是以分組方式呈現，所以整組團隊精神的展現也是非常重要的學習重點。小組成員除了個人的專注是自我學習藝術的關鍵態度，必須學習與別人溝通，因為團體的合作是表演藝術教學的學習要項。從一般觀察來看，合作度高的小組，個人的學習能力雖然不是最佳，但整體的成果表現都比較完整。如果個人能力強、主觀意識太濃厚，無法與他人合作，則小組的作品表現落差也會非常懸殊。所以成果評量時，教師除了觀察全組的表現結果，也必須觀察個人在整體中的表現。

（四）學生自評

學生衡量自己在整體表現中的努力程度，為自己評定努力的等級。雖然這樣的評量無法全面地評估學生的學習成果，也很難將自評的結果表現在學生成績單的分數上。不過，讓學生根據自己的努力，為自己評定可得的分數和原因，是學生學習自我評價的開始，教師應慎重地看待學生自我評價的成績。

表演藝術的教學評量確實是目前教學中相當困難的一環，想要做出一份有效而可以完全被接受的表演藝術教學評量標準，或許仍有許多再努力的空間，但教師只要秉持著多元指標的評量觀點，從平時教學觀察、學生互評、自評和學習成果展現等面向，盡力地讓學生了解自己的學習狀況，並盡可能地讓家長了解學生的學習狀況，相信學生、學校行政、家長和教師之間一定可以因為這樣的努力，對於藝術教學更加投入與支持。

第四節　表演藝術課程規畫與教學反思

我們常說教學是一種藝術，藝術教學當然更是藝術中的藝術。藝術是在不斷實踐反思中成熟，藝術教學當然需要更多的實踐與反思。在每一個教學活動中，教師必須非常警覺地觀察，活動引導方式是否引起學生共鳴？反應是否適度？學生是否理解該活動的意義？如果學習活動無法引發學生的學習反應，或原有的學習慣性無法馬上調整，教師必須適時地調整活動的引導方式或改變學習內容。這是教學中隨時必須反思的問題。當學生經過一連串的學習活動後，所展現的學習成果，教師更應從頭審視、思考教學過程中的每一環節。教學通常會因為某一環節引導的偏向，學習成果的內容和展示的方向也會隨之變化，唯有從中仔細的省思，才能獲得更有價值的學習方法。

因為，表演藝術教學還處在逐步推展的階段，在教學之後，筆者總會回到最源頭的思考點，來省思表演藝術的定位和它必須扮演的角色問題，教學反思也是回到基本的課程進行思考。在此提供筆者對表演藝術課程的反思，以作為表演藝術教師的參考，同時，筆者也提供在教學之後經常進行反思的方向和內容。

一、什麼是表演藝術

以戲劇教學為主的表演藝術教學，雖然名為戲劇，但肢體活動在表演訓練中是相當重要的部分。而且，藝術發展的趨勢是單一藝術領域的表現很難滿足創作者，跨界合作的案例愈來愈多。而戲劇的起源就是結合歌舞的綜合表現形式，當回到劇場的原始狀態，舞蹈和戲劇是不可分割的元素。九年一貫能力指標已經體察這樣的藝術趨勢，以視覺、聽覺和動覺的方式來表現不同的藝術學習。最重要的學習元素當然是「藝術」與「人文」之間的關係和發展。

在進行教學之後，再回來探討什麼是表演藝術呢？筆者願意做最廣義的解釋：表演藝術是包括人類運用身體和聲音所呈現的所有表演活動。因為，以戲劇綜合表現的特質，結合舞蹈教學肢體和空間的創意，將肢體動作、節奏和韻律、創意即興、肢體造型等舞蹈教學的基礎課程互為運用。尤其在國小第一、二學習階段，對身體的自我認識與探索、肢體創意表現、肢體造型及韻律，都是表演藝術非常重要的教材。在本章的表演藝術教學計畫之中，以肢體引導與開發的活動都是主要的教學內容。到了第三、四學習階段，屬於純粹戲劇的語言表現和劇本創作等課程，也可以循序的讓學生來體驗。筆者從教學實務需求反思的結果，認為表演藝術應該以更廣義的方式，來涵納學生所有以身體和聲音所展現的藝術活動。

二、戲劇表演不等同戲劇活動

在實際教學之後，對於國小的表演藝術教學，筆者更堅定地稱為戲劇活動，而不是戲劇表演。原因在於戲劇教學活動主要在開啟學生感官的敏銳度，也就是利用視覺、聽覺、嗅覺、味覺、觸覺等感官來進行更細膩的感受和表達；身體韻律以及與空間關係的實際體驗操作，是來開發學生肢體的表現性和創意能力；戲劇元素的遊戲化，是讓學生在遊戲中感受到戲劇中人物、主題、事件、地點的表現方法，如簡單的模仿；語言遊戲讓學生增加語言使用樂趣，讓語言不僅是在考試時才需要細緻使用的，而是生活中可運用的多變元素；說故事和簡單的表演則是在每個主題結束後進行一個總結活動。表演藝術教學的重點不在於演出當下，而是強調過程，所以稱為戲劇「活動」，而非戲劇「表演」。老師在教學過程中應該隨時觀察學生在活動中展現的創意，而不是要求展演的成功。

三、善用表演藝術活動多面向提升教學品質

在表演藝術教學的過程中，筆者不斷思考戲劇能帶給教育什麼樣的功能。每個人從小到大的生活中一直都有戲劇在出現，只可惜都不是非常重要的方式。例如廟會時歌仔戲與布袋戲的演出，絕對是村中的大事，演出後台是一個無限想像的空間；廟口賣藥的拳頭歌舞秀，讓我有機會上台客串，體驗明星的感覺，演出後總是看到其他小孩無比羨慕的眼光和大人的讚賞；電視裡黃俊雄的布袋戲，不只認識了雲州大儒俠史豔文，還認識了郭子儀、安祿山、薛仁貴、包公等歷史人物的事蹟。每個人都能在戲劇裡學到很多，而且這些記憶竟然隨著年代愈久遠卻愈來愈清晰，就像是腦海中的烙印愈磨愈亮。

當自己開始學習戲劇後，除了在舞台上顯示自己的表演能力外，透過創作過程，終於體會出戲劇能幫助自己對人的觀察更細膩、對生活更敏銳、對人生更投入；許多生命的議題在透過戲劇表現後，能讓自己更加體會生命的價值；當人生遇到挫折時，也能夠豁達的面對；作為演員在揣摩角色時，能同時感受自身以外角色的想法，因此容易易地而處的為他人著想。這些體驗與感受都是筆者自己從表演的學習與創作過程中嘗試所得。

表演藝術作為一種綜合性的藝術活動，除了藝術的學習之外，也展現了特有的學習技巧，來輔助其他領域學習的功能性。因為藝術學習特性是體驗與實踐，思考如何體驗，學習過程強調慢慢累積不同的感受，來達到體悟的階段。如果從下面的幾個方向為起點，善用表演藝術技巧於不同領域的學習，將有助於提升教學的品質。

1. 在課程方面，戲劇可以結合音樂、體育、美勞、語文等相關課程，變成輔助教學的工具，也可以當作一種教法，讓原本平面的課程立體化、活動化。
2. 在輔導方面，戲劇能發揮獨特的功能。角色扮演活動就是一種戲劇性的活動，讓學生在角色扮演的過程中，重新檢視或了解自己的行為，並達到與他人互動的關係，從戲劇活動中可以觀察到學生的社會行為學習，進而達到輔導的效果。
3. 在生活教育方面，如交通安全、生活常規、整潔、禮貌等活動，都可以透過戲劇的方式，在戲劇情境中來達成生活教育的目的。
4. 在戲劇的本質上，戲劇就是藝術，藝術可以陶冶個人身心，透過藝術的教育可以豐富個人生活經驗，展現豐富的創意和想像力。

表演藝術是一種藝術學習，也是一種教學的方法，更是一種學習社會化的活動。教師如果能夠善用表演，不只在藝術教學上有所助益，對於一般的教學活動更能達到活潑化的效果，讓學習更有效果。

四、表演藝術教學也是教師的表演空間

教學雖是成全他人的工作，但表演藝術教學是群體合作的活動，每一次教學成果的展現，教師扮演的不只是藝術指導的角色，同時也扮演部分製作人和導演的角色。教師在帶領學生的過程中與學生不斷互動，自己的藝術觀念和態度也就不自覺地傳達給學生，所以學生的成果表現不能否認是教師部分藝術觀的展

現，也是教師表演的空間。如果能夠適時地進行教學記錄，將不同的學習重點做記錄、整理、比較之後，能提供給更多的學習者參考。

正如同藝術展演一樣，空間是自己開拓出來的，身為表演藝術教學者，對表演藝術的思考模式當然更為靈活，也必定能了解唯有掌握表演的空間才能累積更多的經驗。雖然教學和藝術創作的過程有所差距，但是如果經過教學的引導，學生因而對藝術活動有多一點的喜愛和投入，身為表演藝術教學老師的表演空間也將更為廣闊。

筆者從教學中發現，表演藝術就像體育、美術或是國語、數學一樣，有其獨特的學習目標與教育效果。如果說體育是為了調劑身心、培養學生的運動精神、鍛鍊強健體魄，國語是為了讓學生認識文字、使用文字，同樣的，戲劇也能夠讓學生學習肢體和情緒的表達，能夠提升學生解決生活問題的能力。不過，從教學的現實面觀察大家也都能發現，由於國語是認知學習的必備工具，學習的成果容易從紙筆測驗考察，也是一般觀察教學成就和效果的主要依據，容易獲得社會一般性的關注，家長、學校行政和教師相對的也比較重視，再者又是各種大小考試必備的能力，通常被稱為主科，是學習的主流。藝術教學通常比較不受家長和學校的重視，尤其許多學校的行政首長，對於表演藝術的思考只停留在公開活動場合進行的大型表演，來顯示教學成果，將表演藝術教學工具化，只重視它的工具性價值，毫不重視它的內涵與人性內化的價值，表演藝術教學因而無法獲得在教學現場應有的地位。

不過，教師們也不必太沮喪，表演藝術活動講究教學活潑化、學生自主學習的特性，充分展現學習是解決生活上的問題，不只是認知和技能的學習而已。從近年來教育改革的觀念觀察，情意的學習才是國民教育的最基本價值，學生擁有良好的學習態度和學習方法，是終身學習的起點，這也正是九年一貫教育改革的思考起點。

表演藝術活動是統整相關教學非常有效的工具，學生在學習過各科內容之後，表演藝術活動是最好的統整表達選項之一。表演藝術活動元素可以檢驗學生各方面的能力，例如語文能力，在戲劇內容的構成與表達時，學生是否有足夠的詞彙、是否能正確而適當的表達、能否將戲劇素材構成一個完整的故事等，這些能力除了輔助語文教學在認識字詞的形音義外，還能真正體會使用語文的方法。此外，教師可從表演藝術活動觀察學童的能力。如在社會行為方面，可以觀察到學童能否與人合作，在講究整體的活動中，學生必須學習和別人溝通合作的技巧，才能完成學習的任務。雖然目前學校還無法接受以表演為主軸來統整其他學科的方式，但我們可以運用最有限的空間，來開啟學生自我的想像、感覺、情感，和創造力敏銳度的提升。

總之，戲劇在教育中的功能，不單是藝術課程陶冶身心、涵養人文的功能，在統整其他學科的功能上，它還能夠達到活潑化、以虛擬方式實際操作的體驗功能，這些都是我們要共同努力的目標。

第六章
表演藝術教材教法（一）

如果要羅列出表演藝術教材，舉凡以個人肢體和聲音來表達思想的創作活動，都屬於表演藝術的教學範疇，可以說是相當廣泛。但檢視目前國民中、小學表演藝術教學的總時間數，每學年最多四十小時，三至九年級教學時數的最上限也只有二百八十小時，因此，如何在有限的教學時數中，選擇最適合學生學習的材料，是眾多課程專家、學科專家、教師甚至是家長所希望了解的。

本章題為表演藝術教材教法，其內容都是筆者參考表演藝術理論及兒童戲劇製作與創作的元素，經由教學現場帶領學生活動的經驗所整理出來，因此基本架構是以戲劇的基本素材為主的教學內容，至於教學進行方式都盡量以遊戲化為主體。至於如何將戲劇的基本元素整體運用在教學中的範例，則留待第七章從單元教學設計的角度再行說明。

教材的價值在於教學現場的實踐，所以教材與教法實是一體的兩面。表演藝術雖然在九年一貫課程改革才出現，不過筆者早已在教學現場實踐。從早期以單一遊戲的方式帶給小朋友，獲得美好回響開始，之後就如同學習功夫般到處尋訪名師，每學到一招就在教室裡實際操作。經過將近二十年的努力，在九年一貫的表演藝術課程出現後，更投入課程研究、教科書撰寫、教學實踐，以自己學習所得與在教學現場經由師生互動實際地驗證，然後再蒐集相關教材，思索以自己的教學方法來實驗教學，才逐漸累積出以下所提出的教學內容。這些內容既是表演藝術教材，同時也是經過學生驗證的教法。

回顧自己的學習，筆者發現，一招一式的學習是必要的過程，將學到的每個招式經由消化吸收後內化為自己的招式，在實際教學中加以調整並尋求變化。然而，在這過程中經常會覺得內在枯竭，並開始懷疑為何要這麼教、這麼做，它的道理何在，尤其是遊戲的部分，為什麼藝術必須要不斷地遊戲，那遊戲之後呢？對學生而言是不是太簡單了？如果沒有技術，又如何學習藝術呢？相關的問題不斷地浮現，但每一次的懷疑總是促使自己再進修的動力來源，經過無數次的枯竭、懷疑之後，才使筆者思考出表演藝術最基本的教育價值就在它遊戲化的特質。

因此，本章內容就是以遊戲為主。第一節主要介紹遊戲與戲劇間的關係以及遊戲的屬性。第二節則從一般的傳統遊戲中尋找表演特質，在傳統的遊戲或團康遊戲中尋找適合表演特質的遊戲，將其應用於表演藝術教學之中，或至少找到它特有的娛樂價值且適用於表演藝術教學。不過在此特別說明，在表演藝術教學中經常運用團康技巧，同樣在團康活動中也吸納許多表演技巧和形式，因此曾有人倡議以團康的方式來帶領表演藝術教學，或以為表演藝術等同於活潑化教學的技巧。事實上，這兩種方式都只是運用到表演藝術的外在形式而已，只著重在表演藝術教學技巧的部分。在運用表演藝術相關的活動技巧時，老師必須要強調的是它的教育意義和表演價值，不僅是團康的快樂和活潑教學而已。第三節則是分析各項戲劇元素，以遊戲的方式來體驗這些戲劇元素，讓學生體驗表演的過程中所必須累積的基本能力。

第一節　從遊戲開始

遊戲是兒童可藉以自我表現最自然的媒介。在遊戲中，他可以做一方天地裡的主人翁（Axline，《兒童遊戲治療》，程小危譯，p. 13）。遊戲也是戲劇最原始的形式，德國哲學家康德和席勒都提出了藝術起源於「遊戲」的觀念（蔣勳，《藝術概論》，p. 20）。在遊戲中學生可以自由的嘻笑，經歷驚駭刺激的真實感覺。戲劇的本質就是讓學生虛擬真實的過程，而遊戲的規則正是建立在一個簡單的虛擬情境中，在虛擬的情境裡，學生可以自由表達內在感覺和知覺。例如鬼抓人遊戲，學生必須有一個虛擬的鬼和害怕被鬼抓的情境，才能在規則內避免被抓，而達到遊戲的目的。

遊戲是最自然的表演活動。

一、表演藝術教學運用遊戲的意義

從遊戲開始慢慢達到藝術學習的能力，這是一連串的過程，而不是單一事件，也不是在一個教學單元就必須完成的工作。教師可以在遊戲中追求不同的變化，思考以同樣的形式，衍生出不同遊戲的方式，進而慢慢達到藝術學習的目的。舉例來說，猜拳遊戲可以用手猜拳，也可以用腳、身體、頭、嘴巴來猜拳。遊戲中，教師只要擔任一開始的規則確認者和維持遊戲進行的中介者，其他的創意遊戲方向，都可以讓學生自由發揮。這正是創造力研究中廣為使用的發散思考（divergent thinking）模式的練習。發散思考具有三項重要的特徵：流暢性、變通性與獨創性。顯然，發散思考的這些特徵同時也是創造思考的主要內容，因此發散思考常用來代表創造性思考（董奇，《兒童創造力發展心理》，p. 27），也就是激發創意的重要原則，激發學生的創意正是戲劇教學的主要目標。

在遊戲中尋找創意，就連接了遊戲和表演藝術之間的關係。透過遊戲的過程，學生從遊戲之中體會身體和聲音的創意，慢慢了解到表演藝術並不是為表演而表演，不是為成為表演藝術家而表演，而是在表演過程中以生活內容作為表演素材，藉以更細膩地觀察生活狀態，更深入生活的內在，從而體會表演情境中的各種生活方式，來達到對人類生活的更深層認識，這個過程也正是從虛擬的情境中來感受真實的生活，而遊戲是最容易進入這種狀態和情境的方法。所以，從遊戲開始是眾多教材選擇中，比較能夠吸引學生注意的方式。在遊戲的狀態中，許多表演所追求的真實情感都能夠具體的表現。例如遊戲中的「假裝」特質和表演的意義是相同的，但從「假裝」直接進入表演，通常會帶來不自在的感覺，而遊戲的「假裝」就是要找到自在的表演心理歷程，因為遊戲中只有規則沒有戒律，只有快樂沒有壓力，這就是表演藝術教學從遊戲開始的主要原因。

當然，遊戲不是表演的全部，只是為了讓學生對藝術學習更願意親近、更容易掌握、能真正接觸藝術進而喜歡藝術的方法。所以，在表演藝術教學中，教師應盡可能讓表演的形式和內容遊戲化，將劇場的基本元素變成遊戲活動，在活動過程中感受劇場表演所運用肢體的變化，讓學生從遊戲中得到自在感，藉此慢慢地體會表演的自在，建立表演應有的自信。

因此，從遊戲開始的表演藝術教學，至少具有下列四種意義：

1. 營造輕鬆的學習氣氛，放鬆學習者的心情。
2. 符合兒童學習心理需求。
3. 符合戲劇教學的愉悅需求。
4. 遊戲是戲劇最原始的起源。

劇場遊戲是持續使教學充滿活力的妙方，它是教師持續能吸引學習者目光的方式，也是使學習者繼續學習的動力。劇場遊戲當然著重它的劇場特性和元素並以遊戲的方式呈現，這點與遊戲「假裝」表演的特質又互為表裡，也就是藝術經常討論的形式和內容的關係。正如同俗話說「好的開始是成功的一半」，遊戲對於表演藝術教學而言正是好的開始。

二、劇場遊戲的兩個方向

形式和內容就是劇場遊戲的兩個方向，但彼此又無法清楚分割，因此筆者分別從這兩個方向來分析遊戲。

（一）傳統遊戲中的戲劇元素（追逐、模仿、嬉戲……）

1. 自我認識與人際關係的開始

⑴解凍遊戲。

⑵暖身活動。

⑶猜拳遊戲。

2. 戲劇的原始形態遊戲

⑴追逐遊戲。

⑵模仿遊戲。

⑶其他類傳統遊戲。

（二）戲劇元素中提煉出來的遊戲（身體、聲音、語言、文學）

1. 個人表演能力或劇場元素

⑴感官的表達（觀察力、注意力、記憶力與靈敏度、五覺感官遊戲）。

⑵肢體的表達（律動、模仿、身體的知覺、空間的敏感度）。

⑶聲音的表達遊戲（聲音、模仿、對白）。

⑷情緒的表達（喜、怒、哀、懼）。

⑸思想的表達遊戲（創造與想像）。

2. 外在的情境：外在情境的表演與表達

⑴音樂的感覺、布景的感覺、人際的感覺、情節的建立。

⑵由外而內的：面對自己的感覺（角色的揣摩）。

3. 團隊呈現的：與人互動、角色扮演、短劇的排練。

讀者若從這些劇場遊戲的教學方向仔細觀察，表演藝術的教學系統就已隱然出現。然而筆者不願簡稱這就是劇場遊戲教學系統，因為所謂系統是應具有一個嚴謹的結構體，但要從這些劇場遊戲中企圖歸類學習的前後因果恐怕是緣木求魚，因為每個元素的體驗對於個人的表演能力都有提升作用，對演出的整體任務也有幫助，但先後的學習序列卻是相當難以定論，況且這些基本元素的學習經常是要反覆體驗，也就是說，這些劇場的元素可用不同遊戲來重複實施，目的是讓學習者的肢體更靈活、聲音更動人、感官更敏銳、情緒更多樣與思想更豐厚，更重要的是，學習者能更真實地面對自己，了解自己身體的極限，充分展現個人的自信。因此，表演藝術學習的真正目的是開發身體的可能性，而遊戲只是吸引他們入門的方式。

第二節　傳統遊戲中的戲劇元素（追逐、模仿、嬉戲……）

所謂傳統遊戲，如大風吹、紅綠燈等，這些都是小朋友既熟悉而且喜愛的遊戲。表演藝術教學如果可以從這些傳統遊戲開始進行，小朋友一般都可以輕鬆地進入學習，逐步接觸表演活動，建立平常心來學習。

這些單一、簡單的遊戲在坊間即有不少參考資料，因此，這裡僅介紹筆者上課時常使用的遊戲，其他的遊戲，教師可以多參考各種不同的團康遊戲書籍。重點在於掌握遊戲中的表演元素，在帶領活動的過程中，隨時注意表演元素的提示與引導，最重要的還是利用這些活動建立上課的輕鬆氣氛。只要能夠掌握引導的技巧、保持中立維持遊戲規則、安排流暢的上課節奏、給予學生最大的空間，遊戲自然可以在高昂的情緒中與有秩序的規則下進行。

合作學習是表演藝術的主要策略，認識自己則是表演藝術的主要課題，因此教學活動通常從認識別人和認識自己開始。在課程之初，就讓學生了解什麼是表演是相當重要的學習步驟，所以選擇特別具有「假裝」和「裝扮」特質的傳統遊戲，是教學活動安排的重要原則。我們知道，傳統遊戲種類非常多，在此列舉以下兩種傳統遊戲的選擇原則，以及幾個筆者經常使用的傳統遊戲為例。

一、自我認識與人際關係的開始

每次活動的起始點都是在引導者與參與者不是相當熟悉的狀態下開始，因此快速地建立參與者間的關係是引導者的首要任務。幽默的引導者可以化解與學習者間不熟悉的尷尬，而運用遊戲來引導參與者進入活動狀況，也可以快速化解參與者間的陌生感。這種方式適用於各種研習場合，也適用於一般學生的教學活動。一般學生比較習慣教室內固定位置的上課方式，遊戲活動課程都是在一個開放的空間進行，如何讓學生在開放空間中有秩序的進行課程，對引導者是很大的考驗。因此，既要讓學生感到輕鬆順暢的進行戲劇課程，但又不能完全毫無節制的讓學生在混亂中上課，這收與放的拿捏可以藉由解凍的自我介紹遊戲來建立課程進行秩序。

（一）解凍遊戲

這是化解人群陌生感覺的活動。同班同學剛開始接觸時，彼此之間相當陌生，如何化解參與活動者的防衛心，讓每一個人都融入在活動的氣氛當中，是引導教師的首要任務。借用以下的遊戲，既可以讓彼此之間認識，也可以練習自我介紹及介紹他人的一些基本禮儀與技巧，在活動中不僅是遊戲，而且還具有生活教育的意涵。

- 「快速握手」遊戲

利用以下的這些活動認識別人也認識自己。

遊戲方式：1. 每一位參與者間快速地握手，並說：「您好，我是某某某」。要求參與者在最短的時間內握到每個人的手。

2. 找到一位夥伴，互相介紹自己，包括年齡、暱稱、最喜歡的一件事。
3. 找另一組人，把你的夥伴介紹給他們。
4. 再找另一組人變成八人一組，再次進行互相介紹。

延伸遊戲：1. 準備一顆球，八人一組進行傳接球，傳球時要同時呼喊對方的名字，直到組內成員彼此熟悉為止。
2. 先以實體的球入手，然後把球虛擬化，變成以無形球來傳接。
3. 再進一步想像改變球的形狀、大小、重量，如傳羽毛球、熱氣球、鉛球、榴槤等。

注意事項：教師應要求參與者注意球的形狀、大小、重量的改變，傳球的動作、表達也須跟著改變，藉此可以訓練專注力、觀察力，無形球也是一種訓練專注力的表演練習方法。

（二）暖身活動

一般戲劇活動都會運用身體和聲音來進行活動。要讓身體活動起來需要相當的動能，所以在正式活動前必須進行身體的暖身活動，讓學生暖化身體，這點與運動員在運動之前進行身體各部位肌肉伸展、活動關節來達到運動準備狀態是相同的，因此暖身活動可以說是引發戲劇活動學習者最佳學習與創作效果的方法。除了以肢體伸展和活動關節來暖身外，利用遊戲來進行暖身也是很好的方法，因為學生在遊戲情境中最能達到放鬆和調整上課情緒的目的。以下幾種不同類型的暖身活動，除了可活化上課氣氛，也能達到解凍的效果。

・連環爆

活動方式：1. 所有人圍成一圈進行報數，讓每人都有一個號碼。

2. 教師隨意喊出一個號碼，被喊到的人要立即讓身體像鞭炮被炸開般，並喊出「爆」的聲音。教師可以連續喊幾個號碼增加活動氣氛。

3. 第二種方式是被喊到號碼的人爆炸後，按照報數的號碼順序一人接著一人的爆炸。

4. 第三種方式是當一人爆開後兩邊的人也跟著爆炸，形成一波一波的爆炸，直到所有人都炸開。

遊戲重點：爆炸時身體要盡力地放到最大、聲音最大，讓自己有爆開來的感覺。造型動作注意變化，盡可能表現身體的可能。

延伸活動：爆玉米花。

1. 分組，以十至十五人為一組。

2. 想像自己是鍋子中待爆的玉米粒，慢慢爆開。

3. 將爆玉米花的過程加上各種聲音、身體動作呈現出來。

・觸電

遊戲方式：所有參與者圍成一圈，引導者做出電流傳進身體並觸電的動作，肢體動作愈大愈好。引導者如果碰觸左邊就是將電流向左邊傳，如果碰觸右邊就是將電流傳向右邊，也可以同時向兩邊傳。被傳到電流的人要順勢將電流傳下去。

遊戲重點：要讓電傳遍全身的每一個地方，活化每個關節和活動每一處肌肉。

變化遊戲：參與者可以散在整個活動空間，引導者觸電後可以自由地移動，去碰觸到其他人，被碰觸的人要模仿相同的動作將電流再向下傳。

• **豆子生長**

遊戲方式：1. 想像自己是一顆豆子，經過澆水之後慢慢長到最大。

2. 引導者從一數到二十，參與者依照速度慢慢長到最大，快速倒下。引導者也可以從二十數到一回到種子。

3. 和前一個動作一樣，但只從一數到十八，就長到最大，也是同樣可以快速倒下或倒數回到種子狀態。

4. 依序遞減，如數到十六、十四……一直到一快速的上下為止。

活動重點：參與者必須感受身體在不同速度中成長的感覺。一定要依據引導者的節奏，慢慢地加快達到暖身的目的。

變化遊戲：1. 從手開始伸展，引導者從一數到八，參與者將手從垂下舉到最高，再以同樣的速度放下。

2. 從彎腰開始，引導者從一數到八，參與者從彎腰到將手舉到最高，再以同樣的速度放下。

3. 從蹲下開始，引導者從一數到八，參與者從蹲下到將手舉到最高，再以同樣的速度放下。
4. 從躺下開始，引導者從一數到八，參與者從躺下到將手舉到最高，再以同樣的速度放下。

延伸遊戲：伸展活動可以從不同方向開始，如前、後、左、右，引導參與者將身體從最低點伸展到最高點。

・用頭寫名字

遊戲方式：1. 參與者想像有一支筆長在自己的頭上。

2. 隨著音樂引導，參與者用頭上的筆將自己的名字最大地簽在整個活動空間。這是以頭來帶動身體運動，將專注力放在頭部，帶領著身體進行高、低、大、小、前、後、快、慢的探索。

活動重點：身體動作要跟隨音樂的感覺，引導者須讓參與者先深刻感受音樂，讓音樂在身體內流竄後才進行活動。參與者要隨時注意身體和空間的關係（高低、大小、快慢、前後等），才能將身體延展開來。

變化遊戲：可以改用肩膀、手、胸部、腰、膝蓋、腳等來帶領著身體進行探索活動。

（三）猜拳遊戲

所謂猜拳遊戲，方式可以千變萬化，不是僅有剪刀、石頭、布而已，參與者甚至可以一起討論，並利用身體創造出不同的猜拳方式，讓猜拳變成一個百玩不膩的遊戲。此類遊戲主要是借用不同的身體動作、模仿動物動作或任何可用身體表示的動作來進行猜拳活動，這些遊戲由於規則簡單，當作解凍或暖身活動效果也都很好。

・**進化論**

活動方式：1. 先引導參與者分別做出烏龜爬、兔子跳、小鳥飛和超人的動作。

2. 演化進程是從烏龜→兔子→小鳥→超人。

3. 遊戲開始，每位參與者都必須從烏龜爬的動作做起，烏龜只能和烏龜猜拳，猜贏者變成兔子，兔子再找兔子猜拳，猜贏者變成小鳥，依此類推，最後進化完成變為超人。

4. 所有人都進化完成後會留下一隻烏龜、一隻兔子和一隻小鳥。

5. 可以再來一次，但第二次以後要求完全用身體來表達，禁止使用聲音。

活動重點：讓身體說話，盡量以身體的動作來表達而不是用語言。

變化遊戲：1. 這個活動可以變成蠶的四態遊戲，從卵、蠶寶寶、蠶繭到蛾的過程，來當作進化的階梯。

2. 也可以選擇其他動物，只要從爬的、走的、跳的、飛的等不同的形態，即可規畫不同的進化動物。

3. 有了進化，如果再加上退化就更有趣了，可以改變為猜贏的進化，猜輸的退化。

4. 當然還可以發展不同動物，以不同的動物拳來猜拳，增加活動的趣味性和發展學生發散思考能力。

・剪刀、石頭、布

活動方式：1. 參與者邊走邊唱猜拳歌：「小朋友我們行個禮，握握手啊來猜拳。石頭布呀看誰贏，輸了就要跟我走。」唱完後用手猜拳，輸的人要跟在贏的人後面。

2. 依此類推，玩到最後所有人都接在一個人後面，那個人就是拳王。

3. 接下來可以改用腳來猜拳繼續玩同樣的遊戲。

4. 接著用身體的其他部位，如雙手、手腳一起、整個身體，或以嘴巴、眼睛來猜拳。

活動重點：讓學生一起來設計，運用不同的身體部位猜拳。

・棒打老虎雞吃蟲

活動方式：1. 引導參與者共同討論身體變成棒子、老虎、雞與蟲的動作。

2. 遊戲的規則：棒子打老虎、老虎吃雞、雞吃蟲、蟲蛀棒子。如果以上相剋的兩種碰上了，後面的動物就輸了。

3. 兩人一組面對面，同時唸出「棒打老虎雞吃蟲」的口訣，同時身體要做出棒子、老虎、雞、蟲的動作。

4. 猜拳後輸者要跟在贏者後面，直到最後產生一個拳王為止。

活動重點：每種動物的動作都要清楚，動作要求要大，唸口訣的聲音要清楚。

變化遊戲：同樣遊戲可以變成互相抓人遊戲。兩組面對面，以上述的方式猜拳，同一組的人要討論出一樣的拳，輸的一方要跑給贏的一方追。在一定範圍內，輸的一方被抓到就變成贏的一方的俘虜。玩到最後被全部抓走的一組遊戲結束，人數多的一組獲勝。可以重新再玩一次。

二、戲劇的原始形態遊戲

戲劇、儀典與遊戲三者間的關係相當密切，中國最古老的戲劇——角牴戲，就是兩個人頭上戴著牛角相互撞牴的表演，在《漢書》裡也有記載：「少府檀長卿起舞為沐猴與狗鬥，一坐皆笑。」這些都是利用裝扮模仿的遊戲。在許多熟悉的傳統遊戲裡也都有假扮的角色，透過遊戲者對裝扮角色的認同，才能進行遊戲。這些遊戲中，有些過程非常激烈，自然能夠激發出參與者對於情境的認同和情緒自然的變化，是屬於人類原始情感的自然表露，雖然明知是遊戲，一旦進入遊戲狀態，還是會自然地進入遊戲所假設的情境中，跟著所有參與者的情緒起伏。有些遊戲則是以模仿為主，是一種原始的人類動作，不假思索的外型模仿，所以稱為戲劇的原始形態遊戲。

（一）追逐遊戲

這是一種相當激烈的遊戲，在追逐過程中因為全心的投入，參與者很自然會因驚嚇而有叫喊，沒有刻意表演，而是在遊戲的狀態中，參與者自然的情緒與動作表現，這就是很自然的戲劇表現，這種遊戲被稱為戲劇的原始狀態，如何激發出個人最原始的情緒是這類活動的主要目的。參與者在活動中慢慢體驗到自己的原始情緒如何被激發，進而感受到在遊戲中的表演元素是自然而然的流露。例如參與者明知遊戲中的鬼是由人所扮演，但當快被抓到時還是會有緊張或想逃走的想法，從這裡就可以理解角色扮演的表演基礎，明白只要專注地進入情境就能夠真情流露，而真情的展現才是表演藝術要追求的教學目的。

・紅綠燈

準備工作：凡是可以讓同學辨認鬼的特徵物品，例如鬼面具、披風或頭巾皆可。

活動方式：先選出一人當鬼，其他參與者當人，人被鬼抓到即換人當鬼。人如果快被抓到時，可以喊紅燈並停止動作，鬼就不能抓，等到其他人來拍肩膀解救後，才能繼續參與遊戲。

變化活動：紅綠燈可以變成螃蟹燈、海產燈、動物燈等。例如進行螃蟹燈前，參與者先一起探索變成螃蟹的動作與螃蟹喊紅燈時的動作，依照紅綠燈的基本規則改由一群螃蟹來玩追逐遊戲。其他的海產燈、鴕鳥燈、大象燈等活動，就是一群這樣的動物在玩紅綠燈。

活動重點：這是典型的發散思考的遊戲，只要讓參與者找到統一共同的規則，就可以將類似的活動無限的延伸。引導者應讓參與者自由的發表和決定遊戲的名稱與動物動作。

・鬼抓人

準備工作：凡是可以讓同學辨認鬼的特徵物品，例如鬼面具、披風或頭巾皆可。

活動方式：先選出一人當鬼，其他參與者當人，人必須一直跑或閃躲，不能被鬼抓到，因為鬼抓人遊戲中並沒有類似紅綠燈中紅燈的設計，人只要被抓到就要當鬼。

變化活動：引導者可以在遊戲中途變化遊戲規則，例如喊「慢動作」，遊戲者就要以慢動作來玩遊戲；喊「停」則全體要立即停在動作狀態中；喊「倒帶」則以類似錄影帶的倒帶動作繼續玩遊戲。鬼抓人也可以演變為貓抓鼠，全體要表現出老鼠的動作，鬼則是表現貓的動作，或是老虎撲羊等，都可以從這個規則中發展出不同的遊戲。

・貓抓老鼠

活動方式：1. 參與者排成直排、橫排各六排，每人雙臂平舉，變成橫向或縱向的通道。可視遊戲人數增加排數。

2. 選一人當貓，一人當老鼠，貓可以追逐老鼠。
3. 貓和老鼠都只能沿著其他人所組成的人牆通道跑。
4. 引導者可以改變口令，令人牆通道轉向。如喊向右轉，通道橫向就變成直向。引導者可以掌握通道方向的改變。
5. 如要幫助老鼠則在老鼠將被貓追到時，喊口令轉向，通道方向立即由橫排變直排來阻擋貓抓到老鼠。
6. 引導者可視情況下口令，老鼠被追到則退入隊伍中，另一個人來當老鼠。

變化活動：所有遊戲者拉手圍成一圈，貓在外圈，老鼠在內圈，貓要追老鼠，牽手者可以阻擋貓進入內圈，也可以放貓進入內圈。同樣也可放老鼠或阻擋老鼠。老鼠被抓到就變成貓。貓入列，換一個人當老鼠。

活動重點：這是一個策略遊戲，貓必須思考如何抓到老鼠，而不是拚命猛追，引導者更要掌握遊戲的節奏，適時地改變通道的方向。

（二）模仿遊戲

模仿是表演的開始，舉凡所有可看見的東西、可聽見的聲音、人的生理和心理狀態等，都可以用模仿的方式再現。模仿可說是使用最多的表演遊戲方法之一，劇場遊戲中只要是人物或物體外型或外在的再現活動，都屬於模仿遊戲。遊戲方法最主要是透過觀察之後，認識對象的基本特徵，再運用自己的身體、姿態、聲音和語言等展現這些特徵。模仿遊戲的對象大都是從生活中的狀態、人物、動物或接觸的東西為靈感，經過一些巧思設計而成。

模仿遊戲對於表演最重要的貢獻在於觀察的功夫，最簡單的模仿是找到外型相似度：例如以身體模仿一個茶壺，只要一手扠腰當把手，另一手往身體側面前伸彎曲成壺嘴狀，利用這個外型，只要在生活中用過茶壺的人都非常容易辨認。因此，簡單的模仿遊戲只要找到生活物品的刻板印象就可以進行，遊戲被接受的程度很高，也比較容易得到成就感，相當適合作為初階的表演遊戲方法。因此，模仿遊戲也最常被使用在表演遊戲的低階程度，對於小朋友進入表演藝術的學習過程有關鍵的過渡作用。當然，模仿遊戲不只局限在初階的外型模仿而已，更細膩的模仿遊戲就需要更細膩的觀察，藉由觀察的方法進入人類更細膩的心理狀態來進行模仿，就是相當高階的模仿遊戲。事實上，表演活動本身就是最細膩地模仿人生活的一切。細膩的表現就是藝術的所在，所以技術是可以學習的，藝術是需要體驗的，而模仿遊戲正是體驗戲劇表演藝術的起點。

・**靜物模仿**

活動方式：1. 閉上眼睛，想一想生活中經常接觸的東西，它有特殊的造型，讓人一看造型就知道它是什麼。
2. 想到了就張開眼睛，用自己的身體把它表現出來。
3. 如果有鏡子，可以對著鏡子照照看，自己模仿得像不像。

指導重點：要找到那個物品的特點，找到最特殊的地方，讓大家一看就知道它是什麼。

延伸活動：1. 延續上一個活動，身體模仿出各式各樣的靜物的經驗。
2. 找到一組茶具組，好像要進行靜物素描般，擺在陳列架上，讓遊戲者觀察。
3. 八到十人一組，將陳列架上的茶具組用身體造型組合的方式，把它表現出來。

活動要點：靜物模仿的基礎來自於身體組合造形的後續應用。因為是靜物的造型，所以必須特別強調模仿

兩個人模仿一付眼鏡。

的相像與否，模仿得愈像，表示觀察愈細膩，所以引導者要強調模仿時更細膩的表現，注意物品擺設的相關位置和關係與身體呈現出來的精準度。

・我最喜愛的動物

活動方式：1. 參與者先閉上眼睛，回想自己最喜愛的一隻動物。

2. 想牠走路、吃東西、睡覺的樣子，以及牠最可愛的一個動作。

3. 張開眼睛後，引導者利用下面的指導用語，引導參與者將自己變成想像中的那隻動物。

4. 所有動物開始到處逛逛，將剛才想到的動作表現出來。

5. 觀察其他的參與者，相互看看有些什麼動物。

指導用語：你自己就是那隻動物，變成那隻動物，把牠放到你的身體裡面。

活動重點：閉上眼睛的目的是運用想像的方法，把生活中常見的東西再一次在內心裡審察一遍。引導者必須引導參與者專注地想像，然後把想像的形象用身體表達，一定要引導參與者找到該動物的特徵，而且要能重複將這些動物的特徵模仿表現出來。

• 動物找朋友

活動方法：1. 引導者準備寫有數種動物名稱的紙條，每種動物要有兩張。

2. 每個參與者拿一張紙條，依照紙條上寫的動物，用身體模仿該動物的動作。

3. 利用動物的動作但不可以發出聲音，找到和自己相同的動物同伴。

活動重點：盡量以動作去模仿動物，而不要用聲音模仿。不用聲音的目的是希望能夠激發更多身體的動作去

動物的造型是小朋友很容易模仿的對象。

模仿，因為聲音的辨識性較高，以聲音來互相辨認會削弱動作的特性。

變化活動：可以將動作改成用聲音找朋友，以動物的叫聲去尋找和自己模仿相同的動物朋友。

・人的模仿

活動方式：1. 每個參與者從生活中找到一個人並仔細觀察他。

2. 記錄觀察的這個人，要怎麼觀察，從外型、走路、眼神等，特別留意特點在哪裡。

3. 將自己觀察到的這個人表現給其他人看，讓大家猜猜看是什麼人。

活動特點：參與者必須說出觀察的特點，並說明那是什麼樣的一個人，把他表現出來，找到他的動作特徵。

延伸活動：1. 引導者可以要求參與者帶一種職業的人到教室來。

2. 讓不同職業的人找朋友，也是用動作去找到相同職業的人。

3. 當然也可以帶著不同年齡的人。

・拳擊賽

活動方式：1. 練習拳擊的動作。

2. 先選出兩位參與者進行拳擊比賽。

3. 模仿拳擊比賽的動作和過程，規則是雙方皆不可以碰觸到對方身體，而是以表情、動作來表現拳擊賽的精采過程。

活動重點：比賽的雙方一定要感受對方的拳式並做出反應，

彼此間盡可能將動作的過程模仿配合得很好。

變化活動：1. 可以採用慢動作進行，雙方可以更仔細模仿拳擊的動作。

2. 同樣的方式也可以玩躲避球、籃球、羽毛球等。

・慢跑比賽

活動方式：1. 參與者約六人一組，分為若干組。

2. 以慢動作方式進行賽跑，最慢抵達終點者獲勝。

3. 其他人可以當觀眾，以一般的速度幫他們加油，來擾亂慢跑比賽中的人。

活動重點：選手須盡量模仿跑步的動作，過程中跑步動作要大，而且要不斷地動，千萬不可以停止，中斷了連續感。

・情境模仿

活動方式：1. 請參與者每人選擇一張比較具故事性的照片，帶到教室來。

2. 選幾張照片和參與者共同討論，從照片中想到什麼，在照片中看到什麼。

3. 八到十人一組，各組選一張沒有經過討論的照片，把照片中的情境用人體畫面組合的方式將它呈現出來。

4. 各組分享人體組合的相片畫面，讓其他同學來說明畫面中的故事。

5. 表現的組別說明為什麼這樣呈現，想要說什麼故事。

指導要點：重現照片中的情境時，要注意每一個細節，而且特別注意，想要表現的故事是什麼。

活動要點：要從照片中看到故事，如何建立照片故事的情境，包括人物、地點和事件等元素。把照片中的情境模擬出來。老師引導學生從照片中重現故事或是將故事以講述的方式說出來之後，再來表現故事情境。所以老師選擇照片是引導的重點，必須利用更豐富的想像力去發現什麼樣的照片更有故事性，具有引導的空間，而且故事情境值得大家深入探討。

（三）其他類傳統遊戲

傳統團康遊戲是小朋友最熟悉的遊戲，容易說明且能快速進入狀況，可以很快引發小朋友的興趣。傳統團康遊戲是教師可經常使用的遊戲素材，只要在過程中多強調一點表演的特質即可。目前有些帶領團康活動的老師，在表演藝術教學觀念仍舊渾沌未明時，未深入了解表演藝術教學，就標榜以團康遊戲方式來推廣表演藝術的教學，筆者認為這樣的觀念有待商榷。因為，團康遊戲適合在表演藝術教學的初階活動，作為暖身或引起學生學習興趣的方法之一，所以在初階學習時，運用團康遊戲是沒有困難的。但如果只是強調傳統遊戲的好玩，而不思考在遊戲中介紹應有的表演特質，當學生對於表演的需求增高時，傳統遊戲能提供的藝術元素就顯得相當貧乏，這也是一般教師在接受以遊戲為主的表演藝術教學進修活動後，常質疑遊戲之後要帶給學生什麼的道理，教師在藝術學習成長後所遇到的問題自然也是學生會遇到的問題。團康遊戲無法滿足表演藝術教學所應有的內在需求，所以遊戲之後的表演元素探索是相當值得表演藝術教師注意的重點。

• **大風吹**

活動方式：1. 所有參與者先選出一位主持人後，圍成一圈坐下。

2. 主持人站在中央喊出「大風吹」，其他參與者喊「吹什麼？」主持人可隨意指示，如「吹穿紅色衣服的人」，在場穿紅色衣服的參與者要立刻離開原位置去搶其他位置，此時主持人也要加入搶位置的行列，最後一位沒有搶到位置的人，留在場中當主持人繼續活動。

活動重點：本活動的表演元素在於觀察所有參與者的特徵，如何找到個人的特徵在活動加以變化的能力，所以引導者應盡量提醒擔任主持人的遊戲者，不要重複地吹某種特徵，而是提出更不同的特徵，讓自己找到更有利的位置來搶到座位。

變化活動：1. 遊戲可以反過來進行「小風吹」，當主持人說「小風吹」時，其他參與者依舊回答「吹什麼？」，主持人如果選「吹長頭髮的人」，這時候是「短頭髮」的參與者要立刻離開原位置，重新再找一個新座位。

2. 水果盤

⑴每個參與者都選擇一種水果，在位子上時要模仿水果形狀。

⑵遊戲方法和大風吹相同，主持人的口令變成

「水果盤」，其他參與者答「裝什麼？」主持人依照水果的特性喊，例如「裝有皮的水果」，有皮的水果就要跑離原位置去搶其他位置。

・找領袖

活動方式：1. 參與者先找一人擔任福爾摩斯，先由引導者帶離現場。

2. 接著全體推選出一人擔任領袖，領袖做任何一項動作（例如：摸頭、拍手、捏鼻子、抓癢），其他人都要跟著模仿，在模仿的過程中，盡量不要暴露領袖的位置。

3. 福爾摩斯進場後細心觀察轉變找出領袖。

4. 在遊戲的過程中，擔任領袖的人必須有技巧的更換動作，最多更換五次。如果換了五次動作，福爾摩斯還是找不出領袖，就換這位領袖擔任福爾摩斯。

活動重點：本活動引用福爾摩斯主要是將遊戲情境化，讓參與者有進入遊戲情境的感覺。另一方面學習的重點在於學習觀察的技巧，如何在同一動作的眾人之中找到帶領活動的領袖，擔任福爾摩斯的人在找出領袖後，要分享他自己尋找的過程和心得。

・老鷹抓小雞

活動方式：1. 有一隻雞媽媽，帶著牠的小雞在稻田裡吃東西，正吃得很高興的時候，遠遠地飛來了一隻老鷹，老鷹看到小雞非常高興，一衝下來就要抓小雞，可是雞媽媽奮力地抵抗，絕不讓老鷹抓了小雞。

2. 現在我們就是需要一隻勇敢的母雞和凶惡的老鷹，選定了母雞和老鷹的角色後，開始遊戲。
3. 小雞排成一排躲在母雞後面，老鷹追逐小雞想辦法摸到小雞，小雞被摸到或被衝散後被老鷹抓住，就算淘汰。

活動重點：傳統遊戲只要加上一點故事情節，就能讓它更生動活潑的呈現，說故事的時候人物就會自然表現出來。在追逐的時候要求參與者盡量記住自己扮演的角色，用該角色的動作來行動。

・報戶口

活動方式：1. 警察到每戶人家查戶口，可是有一些身分不明的人會躲在家裡，報戶口的時候戶長會把這些人的身分暴露出來，如果報戶口的人數和家裡人數不一樣，警察就要抓走多餘的人。
2. 遊戲開始，參與者分成三個家庭，每個家庭約十人左右。每組排成一直排。每組的第一個為戶長。
3. 選一個警察，到處查戶口。問每組的戶長，家裡有多少人。如果戶長報出來的人數少於全組的人數，多餘的人就要跑到其他組的後面。如果在換組過程中被警察抓到，就換他當警察或淘汰。

活動要點：這也是追逐遊戲的一種，只是追逐的對象是在遊戲中產生的，有一些懸疑的成分，因為每一位組員並不知道戶長會報多少戶口數，所以都存在一種懸疑的狀態中，也因為它的懸疑特性讓遊戲充滿驚奇。

第三節　戲劇元素中提煉出來的遊戲（身體、聲音、語言、文學）

表演的元素是每位表演者在表演時所須具備的能力，舉凡觀察力、注意力、記憶力、感官敏感度、想像力、組織力等，都是表演者必須終身訓練的能力，也是個人必要的生活能力。所以表演藝術課程對於國民教育的影響，不在於培養學生成為藝術家，而是透過這些表演藝術活動來培養下一代國民具有上述的能力。

戲劇是個人在設定的情境或事件中所做出符合人類行為的反應表現。個人內在表演能力提升之後，對於肢體、語言、情緒等外在表演能力的掌握度也會相對得到提高。個人表演能力提升後，就能夠運用這些基礎能力來完成戲劇的相關元素的練習，如情境的建立、情節的發展、故事的構成，及如何進行一齣戲的表演等。從戲劇元素中所提煉出來的遊戲，主要還是透過遊戲的方式，來提升個人內在的感受力和外在的表現力。當個人對於生活情境的感受力愈高，個人表演動力愈強，表演能力就愈好。所以，愈了解生活的處境就愈能掌握戲劇元素。

本節所介紹的遊戲是從個人的感官能力開始，從建立個人感官知覺能力逐漸導入個人的肢體、聲音與情緒的表現力，再體驗劇場元素的表現，最重要的觀念還是如何將這些元素遊戲化，讓參與者樂於參與，願意自動學習。

一、個人表演能力或劇場元素

（一）感官的表達

感官表達遊戲的主要目的是為了使感官更敏銳、更細膩地去聽、看與感覺各種身邊的事物。對演員來說，這是為了擁有更靈敏的感官，讓自己的表演更細膩而豐富；對學生而言，這能夠引發對生活細節更敏感、更具好奇心，願意用自己的感官去體驗或模仿。在《劇場遊戲教師手冊》（區曼玲譯，1998）這本書中，介紹下列幾種可以觸發感官的遊戲。

1. 觀察力：一條龍、千面女郎、找領袖。
2. 注意力：有一的時候就拍手。
3. 記憶力：去郊遊、認識新名字、疊詞遊戲。
4. 感官靈敏：送秋波、傾聽四周的聲音、蒙眼空間漫步。
5. 模仿／反射：鏡子、誰是鏡子、動作模仿。

這些活動都是以遊戲的方式進行，在教學上具有極高的參考價值。筆者以自己教學的經驗，將這些遊戲轉化為可以在教室內操作的劇場遊戲，對於實施班級教學或分組教學都相當實用。

- 鏡子遊戲（觀察遊戲）

活動方式：1. 兩人一組。一人扮演鏡子，另一人當照鏡子的人。
2. 兩人面對面，引導者利用引導語指示照鏡子的人對鏡子做出照鏡子的動作，扮演鏡子的人要忠實地把照鏡子的動作反映出來。
3. 兩人角色交換，再重複上一步驟。

指導用語：你就是一面鏡子，忠實地把照鏡子前的動作反映出來。專心地注意照鏡子的人的每一個動作，除了大動作之外，眼睛的動作、臉上的表情都要留意。

活動說明：照鏡子遊戲不只是單純的模仿，擔任鏡子者要有整體、即時的反應，兩個人到最後更要培養出一起做動作的程度，分不清誰是鏡子。這個遊戲特別強調互助的精神，兩人要盡量慢慢地將日常生活中照鏡子的每個動作細膩的表達，並非只是一些動作的變化而已。應避免在團康活動時讓夥伴跟不上，或做一些不雅的動作。

活動要點：要注意每一個動作的細膩性，除了想像生活中自己的動作外，也同時觀察鏡子的反應，讓兩人都看到不同的自己。

・觀察對手練習

活動方式：1. 兩個參與者一組，引導者不提任何要求，只讓

照鏡子就是要完全地把對方的動作複製。

一個參與者觀察另一個參與者兩分鐘。

2. 兩分鐘之後，引導者可以向觀察的同學提問：「這兩分鐘裡，是不是一直在看他？有沒有想到別的地方去？」
3. 引導者提問，負責觀察的參與者有沒有觀察到另一位的髮式是什麼樣子？上衣口袋的扣子有沒有扣上等問題。

活動說明：一般來說，大方向上的問題參與者可能答得出來，但對於比較細微的地方就難以回答。此外，在兩分鐘裡要將注意力集中起來是比較困難的。引導者可以點出，要演員在舞台上將注意力集中在一個對象上整整兩分鐘，也不是很容易的事情。

延續活動：1. 要求觀察者再次觀察對象的服飾，並記住對方穿戴的樣子。
2. 然後讓觀察者轉身背對著被觀察者，被觀察者可以在自己的服飾上做三處改變。例如把袖口稍微挽起一點、把襯衣的扣子解開一個、把鞋帶鬆開等。
3. 觀察者轉過身來，找出對方的改變，看看是否能發現改變之處。
4. 兩人互換角色，被觀察者變成觀察者，所有步驟再進行一次。

活動說明：兩人都進行觀察遊戲後，引導者可以讓參與者發表前後兩種觀察之間的區別在哪裡。大多數人都會發現，當觀察有了一個具體目的時，注意力就比較容易集中。

變化活動：全體參與者以每八人一組，每組上台做一靜止動作或整體的造型，請台下的觀眾觀察三十秒鐘，請觀察者閉上眼睛或用布幕遮住表演者後，表演組改變部分動作，讓觀眾再次觀察表演組並發現改變的地方。

・觀察練習

遊戲方式：1. 引導者準備一些小物品（細部愈多愈好），例如小工藝品、幾個人合影的照片等。

2. 將這些物件分別發給參與者每人一件。

3. 觀察三分鐘，要仔細地觀察，看到東西的每一個細節。時間到了將物品收回。

4. 請參與者分別敘述所看過的物品的形狀、樣式、細部特點。例如照片上有幾個人、幾男幾女、每個人的服裝、相貌、髮式等等。

5. 重複再來一次，觀察不同的東西。

活動重點：詳細地觀察每一個細節，參與者第一次可能無法仔細地看到每一個細微的地方，引導者在他們發表觀察的結果時，所提出的問題會是參與者另一次觀察重點。所以提問的面向要更為寬廣，參與者的觀察定會更細膩。

・神槍手（專注力活動）

活動方式：1. 所有參與者面對引導者坐下，引導者先擔任神槍手。

2. 當神槍手拔出槍，對著大家喊「砰」一聲時，所有人要回答兩聲「砰、砰」；神槍手喊「砰、砰」兩聲時，所有人要回答三聲「砰、砰、砰」；神槍手喊「砰、砰、砰」三聲時，所有人要拍手一下；神槍手「砰、砰、砰、砰」四聲時，所有人要舉手投降並喊「啊」。如果反應錯誤，就要到一旁暫時休息不能玩了。

變化活動：參與者圍坐一圈，徵求一位自願擔任神槍手。神槍手站在圓圈中間，走路時要表現出很威風很酷的樣子，雙手插入口袋（當槍），當它指向某人開槍時，被開槍的人要立刻反應，規則同上。其他的參與者可以為神槍手的出場配樂，要選出反應最靈敏的人才可以上場當神槍手。

活動重點：這個遊戲是要訓練個人的反應能力。戲劇表演在當下做決定的能力很重要，當下就是遊戲時對於槍聲反應的瞬間，愈專注的人愈能夠正確反應。

・我是順風耳（專注力活動）

活動方式：1. 所有參與者坐在地板上，閉上眼睛，讓室內保持安靜。

2. 引導者利用引導語使參與者專心聆聽所能聽到的最小聲音。
3. 把聽到的聲音說出來，可以和別人分享自己聽到的最小聲音是什麼。想一想，別人為什麼聽得到那麼微小的聲音。
4. 再來一次，再仔細地聆聽周圍所能聽到的最小聲音。把它說出來。

指導用語：仔細去聆聽，最小的聲音就會進入你的耳朵。專注地聽，唯有專心才可以聽到最微弱的聲音。

活動重點：專注是表演藝術課程要培養的基本能力之一，參與者能夠專注於表演的遊戲活動，真正進入遊戲情境中，是需要透過一些學習的歷程。活動中教師必須強調專注才能有更多的發現，而擁有專注的能力才能進入表演的大門。

延伸活動：引導者可以在過程中製造一些聲音（如敲桌椅、鑰匙撞擊聲等），讓參與者去努力感覺。

・我可以看穿你（專注力活動）

活動方式：1. 兩人面對面坐著，引導者利用指導語引導兩人非常專注的互看對方，好像要把對方看穿似的，任何一方鬆懈了或是笑場就輸了。

2. 一旁觀眾可以製造一些干擾，擾亂雙方的專注力。

指導用語：專心的看著對方，讓你的眼神好像一把刀，看穿對方，不要在意周圍的聲音。

活動說明：學生可以一組一組來，但一組一組有時候會減緩上課的節奏，讓等待的時間過長，引導者可以全班一起來，每兩人一組面對面開始遊戲，再尋找其中堅持最久的參與者來對決。

活動重點：最基本的要求就是要專注地看著對方。唯有專注地進入狀況，才能看穿每一個同學，不受其他人的影響。

・神秘箱（觸覺活動）

活動方式：1. 引導者準備一個箱子，蓋上黑布。

2. 箱中放入一些形體各異的常見的生活物品，例如尺、小鎚子、削鉛筆機、鋼杯等，必須是用手觸摸沒有危險又不會碎裂的物品。

3. 讓參與者伸手進入箱中，摸摸看箱子裡有什麼東西。

4. 仔細以手感覺神秘箱中的東西，感受到物件的質感。

活動說明：可以選擇一些較奇特的東西，但絕對要注意安全。活動前最好不要讓參與遊戲的人知道物品內容，當然也可以請別人準備東西讓自己試試看。

活動重點：用手來感覺箱中的物品，摸出它的形狀、質感，用觸覺去感覺它，讓自己的觸覺更靈敏。

・聲音殺手（聽覺活動）

活動方式：1. 參與者選出一人蒙上眼睛，坐在地上。其他人散在他的周圍站好。

2. 引導者依照指導語引發遊戲氣氛後，周圍的人開始盡量不要發出聲音慢慢地移動。

3. 蒙眼人必須專心的去尋找任何聲音，聽到任何可疑的聲音，立即用手指向該處，被指到的人就要淘汰，最後看誰能不被抓到。

指導用語：用心去聽，不只用耳朵。聽到聲音立刻出手，不要猶豫。

活動重點：在遊戲中參與的小朋友通常會聲音雜遝，活動要讓每一位聲音殺手非常確定地指出發出聲音的地點，引導者要維持活動的順暢。

變化遊戲：1. 如果教室夠大，找兩個同學在教室中間，以相距約四公尺的距離面對面坐下，閉上雙眼擔任聲音守衛者。

2. 其他同學必須輕聲地通過他們兩人的中間地帶，聲音愈輕愈好，最好達到完全無聲。

3. 通過時發出聲音被閉眼的兩人用手指到就出局，不能繼續前進。看看誰能不被聲音守衛者發現而順利通過。

變化遊戲：盲人守寶藏。

1. 選四個人圍坐成一個約兩公尺正方形，閉上眼睛。

2. 正中間放一件物品當作寶藏。

3. 其他參與遊戲的人從五公尺外，慢慢無聲地往中間要盜取寶藏。

4. 只要被守衛的盲人以手指到，就代表被射殺者，必須原地坐下。

5. 直到寶藏被盜取為止，換守衛繼續遊戲。

活動重點：本遊戲是將聲音殺手情境化，引導者必須特別注意情境的營造，讓每位參與者都更專注小心地進入盜取寶藏的情境中。

・哈哈鏡遊戲（身體反應遊戲）

活動方式：1. 參與者兩人一組，面對面站立。一人為照鏡子者，另一人則想像自己是哈哈鏡中的影像。

2. 活動開始後，照鏡子者要想像自己在照哈哈鏡，因此動作不完全是生活中照鏡子的動作。他可以踮起腳來使自己更高或蹲下來使自己變矮，也可以使自己變胖或變瘦等等。作為哈哈鏡影像者的動作則必須與照鏡者的動作相反，照鏡者踮高時，哈哈鏡影像者就要蹲低；照鏡者變胖時，哈哈鏡影像者就要變瘦。
3. 練習做完後，兩人角色互換，再進行一次練習。

活動說明：做完練習之後，引導者可以讓參與者分享發現心得。例如：哈哈鏡的遊戲和鏡子練習有什麼不同？你有什麼體會？

活動重點：遊戲一開始很難馬上進入狀況，因為相反的反應是比較複雜，剛開始可以慢一點，讓參與者的反應時間拉長，逐漸地到達立即反應的階段。遊戲錯誤的機會很高，所以趣味也很高。除了趣味之外，引導者要細心觀察參與者的肢體反應，幫助他們找到身體反應的方法。

・**大西瓜、小西瓜遊戲**

活動方式：1. 參與者圍成一個圓圈站立，可以先由引導者開始。
2. 引導者任意說「大西瓜」或「小西瓜」，如果說「大西瓜」兩手必須做一個小西瓜的姿勢，如果說「小西瓜」，兩手必須做一個大西瓜的姿勢。

3. 按順時針方向依次進行，參與者如果聽到前一位說「大西瓜」，就必須說「小西瓜」並做出大西瓜的姿勢。接著下一位就得要說「大西瓜」並做出小西瓜的姿勢。這樣順序做下去。如果有誰做錯了，就要受罰立刻表演一個小節目，然後再繼續做練習。

活動重點：本遊戲和前一個遊戲相當類似，是語言和身體相反的反應活動，這是摒除人類慣性動作的方法之一，也是改變思考習慣的方法之一，參加以上這兩個遊戲練習，都會發現注意力必須保持連續不斷才能做得好，而且自己要找到可以應對的方式，學生只要發現自己可以改變習慣的方法，引導者都要給予肯定，並讓他再練習一次。

・千里眼（眼神傳達遊戲）

活動方式：1. 參與者圍成一圈。

2. 引導者以清楚又明顯的動作，運用眼神將訊息傳遞給圈內的另一人，接受到訊息的人要將眼神傳下去給另一人。
3. 傳達者要讓對方知道你在注視他。
4. 慢慢地只用眼神就好，其他動作都禁止，眼神傳遞要精準，不要傳偏了，接收訊息也要正確。
5. 依序傳下去不要中斷，如果兩人同時接收訊息就表示眼神不準確。

活動重點：眼睛傳達很容易誤傳，可能在傳達過程中變成兩組人在傳達，引導者必須適時地喊停。除了製造趣味，也能在暫停的時間裡，讓參與者更精準地以眼神傳達訊息。

變化活動：找一個人到前面，以眼神傳達一個詞句、事件訊息，讓所有人猜。這變化活動有些難度，引導者運用時要視學生的表達能力實施。

- 一起去旅行（記憶力遊戲）

活動方式：參與者圍成一圈，引導者以郊遊為情境開始表演活動。例如引導者說「今天天氣好，要去陽明山郊遊，我要戴帽子」，並配合動作表演。第二位必須重複第一位的內容與動作，並增加一件物品。例如「今天天氣好，要去陽明山郊遊，我要戴帽子，還有水壺」。以此類推，最重要的是記得要加上動作。

活動要領：參與者從舞台的左方走到右方，在行進的過程中第一個人做一個動作，第二個人通過時要模仿第一個人的動作後，再加上配合該物品的第二動作，如果有情節更佳，以此類推。

活動重點：每一位參與者必須重複前一位的所有動作，再加上自己發展的一個動作，繼續傳下。重點是用身體來幫助記憶，把每一個細節表達出來。

延伸活動：身體的記憶力。

1. 如同一起去旅行，但把語言拿掉，第一個人發展一個動作，第二個人重複前一個人的動作，自己再發展第二個動作。
2. 一直發展下去，動作愈來愈複雜，但一定要用身體把它記起來。

整體而言，感官活動的要求就是專注，專心去聆聽、感覺周圍的聲音與所接觸的事物，是屬於身體五覺的體驗活動。表演藝術對於五覺的感官知覺活動體驗非常重視，因為五覺是個人體驗生活事物的主要來源，人類必須透過五覺感官來體驗生活的一切，也必須藉由五覺感官來傳達生活訊息，訊息傳達的方法愈多，表演的能量累積就愈豐富，個人表達能力也愈強。所以，如何讓整個人都具有更敏銳的知覺與反應能力，是表演藝術教學的目的。

上述活動中，如神秘箱、大小西瓜等遊戲經常被綜藝節目採用，成為一個娛樂活動，但常見的神秘箱會放進一些令人害怕的東西，讓遊戲者心生恐懼，而變成恐怖箱，這樣為了得到娛樂效果的作法並不適合在課堂上使用。畢竟，感官知覺活動目的是讓觸覺有甦醒的機會，讓觸覺更敏銳、反應更靈敏而已。

聲音遊戲部分主要是訓練聽覺的敏銳，與表演時需要的聲音表達並不相同。聲音的敏感需要更專注的訓練，如果專注力夠，即使周圍環境很嘈雜，但最細微的聲音都能聽得一清二楚，如果內心不能平靜下來，將很難聽到更細微的聲音。因此，感官的敏銳必須透過不斷的刺激與練習，對於學生而言，藉由遊戲的方式，他們有興趣地參與遊戲，從中體會專注的必要，是比較容易的方式。如果每天能夠自我練習幾分鐘，例如只要簡單地閉上眼睛，專心聆聽四周的聲音，就可以讓自己聽到更多的聲音，讓聽覺更敏銳。這種敏銳感正是表演藝術最重要的目標。

（二）肢體的表達（律動、模仿、身體的知覺、空間的敏感度）

肢體的律動與肢體創造是這部分的主要活動內容，表演藝術的基礎活動都是以身體與聲音的表達為主，因此，身體動作的可能性、發展性與表現性具有相當重要的地位，所以這些活動的目的，就是以遊戲化的方式增加學生肢體動能和表達力。

- **身體的緊張與放鬆練習**

活動方式：1. 全體仰臥在地上，全身放鬆，兩手自然地放在身體兩旁，雙目自然閉合，調整自己的呼吸到均勻自然的狀態。

2. 參與者跟隨引導者發出的口令做緊張與放鬆的動作，順序地使自己身體的不同部位緊張起來，然後放鬆。

3. 引導順序先是腳趾、腳掌、腳踝、小腿、膝部、大腿、臀部、腰部、胸部、背部、肩部、大臂、小臂、手掌、手指、頸部、面部、前額、後腦，然後是全身緊張起來，最後全身放鬆後靜臥片刻，緩緩站起來。

活動要領：引導者在要求某一部位緊張起來的口令後，應停頓五至十秒鐘，讓參與者感覺到自己緊張起來以後的肌肉狀態，然後再發出放鬆的口令。

- **肢體的探索**

活動準備：一段節奏輕快的舞曲音樂。

活動方式：1. 先播放舞曲音樂，引起大家的動感。

2. 引導者首先隨著音樂做頭部動作，如左右搖擺。

3. 接著請每個人自己做一個頭部動作。
4. 引導者如發現比較特別的動作，就請他到前面讓大家跟著做。這種作法大約讓兩、三位參與者到台前帶動即可。
5. 接下來換肩膀動作，如上上下下。引導者同樣可以讓數人上台帶動不同的肩膀動作。
6. 依序還可以進行手、腰、膝蓋、腳的動作探索活動。
7. 每個部位都探索完後，可以將兩個部位一起動作，如頭手、手腳、腰手等，同樣也讓不同人上台帶動。
8. 分組：由剛剛發展的動作中，每組選出一個動作跟著音樂做出一個八拍，重複做四次。
9. 再由剛剛發展的動作中，每組選出兩個動作跟著音樂做出，每個動作各做一個八拍，重複做四次。
10. 評量：分組，由剛剛發展的動作中，每組選出四個動作跟著音樂做出，每個動作各做一個八拍，重複做四次。

活動重點：讓身體的每一個地方都能隨著音樂動一動，讓自己發現身體的可能性和極限，並能自在地發展個人的動作。注意剛開始要強調是個人和音樂一起工作，自己去感受音樂，從音樂中找到動作和律動的方式。

・創造空間練習

活動方式：身體是一個實體，存在於空間之中，利用身體能夠創造出許多形狀的空間。例如兩臂在胸前伸出、指尖相觸、肘部向外彎曲，這樣就可以在兩臂之間形成一個圓的空間；彎腰、兩手觸地，身體與地面之間又會出現一個梯形或者是直角三角形的空間。引導者可要求參與者盡可能地用自己身體的各個部分去創造出各式各樣的空間。

活動要領：練習時引導者要不斷地提醒參與者不要刻意擺姿勢，而是將注意力放在用自己身體所創造出來的空間上。這個練習，同樣可以用在注意力的訓練上。

・波浪練習

活動方式：1. 兩腳分開與肩同寬，兩手自然下垂站立。

2. 想像身體前面有一堵牆，然後用自己的膝部、腹部、胸部分成一個部分、一個部分的貼到「牆面」上，再由脊椎帶動使頭部向前，上半身放鬆，在頭部的帶動下，上半身自然下垂。

3. 再以膝部開始向「牆面」貼去，重複上述所做的動作。如此反覆多次，感覺到整個身體好像是波浪似的連貫起伏，又好像是一棵小樹在風中搖擺。

活動要領：動作要連貫且柔和，使身體各部分都得到充分的運動，並要時時提醒參與者注意從腰椎到頸椎的活動對身體整個活動的影響。

・手帶著手去旅行

活動準備：一首旋律優美而緩慢的音樂（如貝多芬《月光奏鳴曲》）。

活動方法：兩人一組，分別伸出右手，兩手掌相對約一個拳頭的距離，一人擔任引導者，用手掌引導對方動作，被引導的人手掌要緊緊跟隨引導者。引導者要跟著音樂的感覺，帶著對方的手從高到低，從前到後，任何可以探索的空間。

活動重點：無論是引導者或被引導者，都要專心地跟隨音樂的感覺，移動時，步伐盡量跨大，不要用碎步移動。引導者要掌握身體的高、低、大、小等變化，帶領另一人隨著音樂的感覺，進行肢體伸展活動。此活動過程寧慢勿快，深入體會音樂的感覺，利用音樂旋律的進行引導夥伴，可以找到更多的肢體可能性。

手引導著對方的肩膀，隨著音樂高低、前後地律動。

變化活動：1. 手帶著臉：引導的人用手，帶領著對方的臉。
2. 手帶著肩：引導的人用手，帶領著對方的肩。
3. 手帶著胸：引導的人用手，帶領著對方的胸。
4. 手帶著腰：引導的人用手，帶領著對方的腰。
5. 手帶著腳：引導的人用手，帶領著對方的腳。

變化活動：聽音樂做動作。以肢體動作探索和手帶著去旅行的技巧跟著音樂變化，做出前、後、快、慢、高、低等變換動作。

・機器韻律舞

活動準備：一首旋律優美而緩慢的音樂。

遊戲方式：1. 參與者假想自己是某一種機器，如洗衣機、腳踏車、飛機等。
2. 試著以身體去模仿它的動作，並找出一種規律的動作，以固定的節奏重複這個動作。
3. 跟著音樂的感覺，再探索不同機器的韻律。
4. 最後將幾種不同的機器動作組合成一支機器韻律舞，跟著音樂進行機器韻律舞。

活動要領：參與者要用整個身體去感覺，感覺自己變成了那部機器。引導者在機器的選擇上必須把握動作的要素，如旋轉、高低動作、扭轉、可能以手表現的機器、可能以腳表現的機器等，盡可能有不同的變化。

變化活動：動物韻律舞。參與者假想自己是某一種動物（如猴子、大象、公雞、旋轉木馬等），在音樂中探索牠的動作，並找到一種規律，跟隨著音樂進行律動。

・動作複製遊戲

活動方法：1. 分成四組，每組約八人各自圍成一圈，選出一人為領導者站在圈內，領導者自由做出一動作，並走向某一位組員面前，該員要把領導者的動作模仿一次，兩人互換位置，由模仿者轉為領導者在動作中回到圈內。

2. 第二位領導者以原先模仿的動作為基礎轉換成新的動作，再走向另一位組員面前使其模仿自己的動作，以此一直類推。

活動要領：領導者的動作要清楚。本活動可以訓練對方的觀察力及模仿能力。每位組員在模仿動作轉換成新動作時，這個過程要有連貫性，並非突兀的兩個動作或聲音拼湊而成。

延伸活動：上述的動作可以加上聲音，用一樣的方式把聲音和動作傳下去。

・骨牌遊戲

活動方法：分成四組，每組約八人圍成一圈，選定一人為領導者，首先做一個示範動作，同組組員以順時鐘方向輪流模仿，由領導者做動作為出發點，最後也是領導者再做一次動作為結束後，輪到旁邊組員再創造出一個新動作為出發點，做順時鐘模仿，由同一人再做同一動作為結束點，以此類推，產生骨牌效應的趣味。

活動要領：注意動作的高低、大小等不同的變化，也可在動作中加入聲音的模仿。

・機器組合

活動方法：1. 每十人一組，各組輪流表演，其他組就擔任觀眾。

2. 各組從第一個人開始，先發展出一個和諧的機械動作與聲音，第二個人配合第一個動作，再加入發展一個和諧的動作與聲音，變成兩人的組合機器，依此方式發展到第十人變成一個龐大的機器。

活動要求：個人的聲音和動作要和諧而規律，新加入的動作與聲音要考慮到整體機器組合的和諧性，才能成為一具有協調性的機器。

・肢體與律動

活動方法：1. 配合音樂進行想像力與肢體動作的結合。

2. 引導者配合音樂以口述的方式，請參與者想像自己變成一隻快樂的小鳥在天空中飛翔。

3. 以小鳥飛翔的動作，跟著音樂的節奏做肢體律動。

4. 改換想像另一種動物，如一隻在草原上跳躍的羚羊，也可以想像是一場暴風雨的來襲，同樣配合音樂進行律動。

5. 引導者可以設定各種不同的情境，讓參與者先想像後跟著音樂律動。情境可由引導者自由設定，但要仔細觀察參與者的反應，有些情境並不容易體會表達。

活動要領：跟著音樂的感覺，變成自己想像中的那個東西，你就是那隻鳥、那匹馬，不是去做動作，而是感受引導者所描述的情境去表達。

・兩隻老虎

活動準備：〈兩隻老虎〉的音樂。

活動方法：1. 先聽一次〈兩隻老虎〉的音樂。

2. 每一段音樂都讓參與者自己發表一個動作，然後跟著音樂的節奏，邊唱邊做律動。例如：唱「兩隻老虎兩隻老虎」時做模仿老虎的動作，唱「跑得快跑得快」時做跑步的動作。
3. 參與者發表後，讓其他人模仿跟著做。
4. 跟著音樂，全體一起練習做一次。
5. 可讓不同的參與者發表不同的動作，也讓全班跟著一起做。

活動重點：這是簡單的肢體律動創作，以往都是以老師教學生動作的方式進行，學習者只是被動地學習動作，本活動是把順序顛倒過來，讓學習者自己配合音樂發展動作，並將動作讓全體參與者一起學習。如此將可發展出多種不同的動作。

變化活動：1. 分成四組。

2. 每組配唱一段〈兩隻老虎〉的歌曲，如兩隻老虎、兩隻老虎，並整組發展一個整齊的動作，配上歌曲。
3. 引導者當作指揮，先按照歌曲的順序唱，每組必須唱出歌曲並配上動作。

4. 引導者可以改變歌曲的順序，如兩隻老虎、兩隻老虎，跳接一隻沒有尾巴、一隻沒有眼睛。完全以引導者的指揮為主。
5. 最後只有動作沒有唱詞。
6. 可以將兩隻老虎改成兩隻駱駝、山羊、水牛、小豬等其他動物，並依此做出不同動物的動作。

・單人的肢體隨機開展

活動準備：鈴鼓或手鼓一個。

活動方法：1. 引導者帶領大家玩一二三木頭人的遊戲。
2. 所有參與者聽到「一二三木頭人」，身體就要做一個固定的動作，定住不動。
3. 引導者可以先引導大家做最高的木頭人、最低的木頭人、最大的木頭人、最小的木頭人等引導身體和空間位置的動作。
4. 接著以屁股比頭高、腳比屁股高、左高右低、右高左低等不同動作引導，讓參與者的身體能夠運用身體的躺、臥、翻轉等各種不同的動作出現。
5. 最後變成亂七八糟木頭人，引導參與者身體各部位能夠進行不同的扭曲、張大或收放等動作。
6. 用鈴鼓代替喊一二三亂七八糟木頭人。參加遊戲的人，每聽到一個鈴鼓聲，就能變換一個動作。

活動重點：這個活動旨在喚醒個人身體動作的可能性，一般人對於身體的動作因為久未運用，所以身體的動作開始退化，缺乏可能性。尤其是青春期的孩子，因為不習慣以身體語言來表達，對身體運用很陌生，相對的對身體的運用缺乏自信，就會以排拒的態度來應付。如果能夠在成長過程中不斷以肢體開展活動，讓孩子習慣於身體的表達，到了青春期就不會因為心理和生理因素而退縮。

延伸活動：兩人的肢體隨機開展與組合。

1. 兩人一組。
2. 遊戲方法和上述方式相同。
3. 兩人在鈴鼓聲停止後立刻即興做一個動作，變成隨機的動作組合活動。
4. 兩人的動作不必協調，隨機組成最好，但一樣要求有高低大小等不同的變化。

延伸活動：多人的肢體隨機開展與組合。

1. 四人到多人一組。

兩人隨意的肢體動作組合。

2. 遊戲方法和上述方式相同。
3. 四人在鈴鼓聲停止後即興做一個動作。變成隨機的動作組合活動。四人動作不必協調，隨機組成最好，但一樣要求有高低大小等不同的變化。
4. 四人按照順序報數，每個人各有一個號碼。
5. 引導者隨意喊一個號碼，被喊到的人立即做一個木頭人的動作，四個號碼要逐漸組合成一個有組織的身體造型。

- **個人的肢體模仿**

活動方式：1. 遊戲方法和前一項「單人的肢體隨機開展」相同，但動作的模仿對象變成是各種物品。
2. 引導者以鈴鼓聲引導，鼓聲停，所有人都變成一朵花、樹、桌、椅、水龍頭、檯燈等物品。
3. 每一種物品可以連續變化幾種不同的造型，讓參與者了解同一種東西有多樣的表現方式。
4. 也可以讓身體變成阿拉伯數字、英文字母等。
5. 可以若干人成為一組，以組成一個英文單字。

活動重點：肢體的模仿是以生活中的物品為主要的模仿對象，和靜物模仿活動雷同，但這裡是一種個人立即的反應，模仿對象的形象必須在學習者的經驗之中，所以引導者選擇模仿物的時候必須有所考量。如何讓學習者了解物品的特徵並加以表現是活動的主要目的。

延伸活動：1. 兩人的肢體組合模仿。

⑴兩人一組。

⑵引導者以鈴鼓聲引導，鈴鼓聲停，兩個人組合成一朵花。

⑶連續可變化幾種不同的花。

⑷可以再變成樹、桌、椅、水龍頭、檯燈、眼鏡、機車等。

⑸兩人組合成一種水果，各組互相欣賞，並說出所做的水果名稱。

2. 四人到多人的肢體組合模仿。

⑴四人或多人一組。引導者以鈴鼓聲引導，鈴鼓聲停，四人組合成一朵花。

⑵連續可變化幾種不同的花。

⑶可以再變成樹、桌、椅、水龍頭、檯燈、眼鏡、機車、汽車、飛機等。

⑷四人組合成一種交通工具，各組互相欣賞，並說出所組合的交通工具名稱。

一組人組合成一架飛機。

・肢體組合戲劇畫面

遊戲方法：1. 與前一項「個人的肢體模仿」活動相同。
2. 以小組分別組合成可以活動的遊樂器材（請見本書 p. 206）。
3. 每十人為一組，組合出一個公園畫面，讓學習者了解發展出戲劇畫面的組合原則和方法。
4. 由公園化的經驗，各組再進一步選擇一個童話故事，小組成員運用身體動作，以照片形式呈現出童話故事的封面（靜止的畫面）。
5. 將故事內容情境以四格畫面呈現。
6. 再將內容細分成八格畫面。
7. 最後，使八格畫面以連貫方式呈現（畫面連續）。

活動重點：這個活動重點在畫面中已經出現故事，有故事就可以揣摩人物、角色等，是進入戲劇表演的重要步驟。

延伸活動：1. 畫面與畫面間的連接演出可以變成童話故事的演出。
2. 演出的方式有
⑴默劇形式，以劇中主角的動作、表情來串聯。
⑵由一人來負責說明故事，將劇情串聯。
⑶由故事中的一位角色來說故事（一人）。
⑷選擇故事中部分角色跳出劇情扮演說故事者（多人）。

⑸由故事裡的角色自己來陳述故事內容。

（三）聲音的表達遊戲（聲音、模仿、對白）

聲音和肢體是表演藝術的兩個主要表現工具。聲音的表達在表演藝術教學中也是相當重要的，個人聲音的表達關係到表演整體的感覺，雖然表演藝術教學的重點並非訓練學生成為一個專業的演員，但聲音練習可以讓學生在運用聲音時更具表現的能力，這種能力在日常生活中也是相當受用的。

筆者在教學過程中發現，學生在聲音表達上有相當的難度。因為聲音的表達是一種習慣的建立，而我們的教育向來對於表達的習慣養成不是非常重視，反而比較重視紙筆的知識能力測驗。以樂觀的角度來說，正因為缺乏表達能力，所以表演藝術教學才會顯得重要。但反之，因為表達不是日常生活要求的重點，雖然透過表演藝術學習之後會有改善，但因為不是長期而持續的關注，學習效果不容易累積，要達到改善日常生活中的表達態度成果有限。

九年一貫課程重視的是個人能力的培養和終身學習的態度，顯然教育已經思考到本質發展的問題了，表演藝術的學習對於教育的貢獻就是個人能力的提升，不再是知識的記憶或學力考試的層次而已，個人聲音的運用和表達就是能力的具體表現，也就是個人學習到帶著走的能力，也就是九年一貫教改的核心價值。

・發聲練習

活動方式：1. 輕鬆站立，兩腳打開與肩同寬，兩眼平視，身體放鬆站直，手自然下垂。

2. 腹式呼吸法，是以鼻子吸氣，將氣吸進肚子，再以嘴巴慢慢吐氣。

3. 發聲練習可以採用「ㄚ、ㄟ、ㄧ、ㄛ、ㄨ」五音，特別要求嘴形練習，清楚的發聲。可先從單音練習，再進一步到五個音快速轉換。
4. 以伸懶腰打呵欠方式，將聲音發送出來。
5. 以手指的高低指揮音調的高低，手舉高音調提高，手下降音調跟著下降，高高低低製造一種趣味的感覺。

活動重點：本活動目的是讓參與者的聲音打開來，聲音遊戲需要運用到個人聲音的使用方法，正確的發聲方法是確保在教學活動中，不因為過度的使用而傷害自己的聲帶，另一方面也是發展聲音有更多的表現性。這個活動有助於學習者找到正確的發聲法。

・聲音與呼吸

活動方式：1. 全身肌肉放鬆，自然的扭動。
2. 深吸一口氣想像頭頂有一直線將自己的身體向上延伸，然後吐氣，同時四肢自然放鬆垂下。
3. 將全身和四肢完全放鬆自然下垂，在原地深吸一口氣，雙腳快速地小跑步並使全身快速抖動，將氣慢慢送出同時發出「ㄜ」的聲音。
4. 當所吸的氣快要用完時向上跳起並同時用力發出「啊」的一聲。身體像炸彈一樣爆開來。

活動重點：本活動具有快速暖身和暖聲的效果，尤其是天氣很冷的時候，可以幫助身體和聲音的立刻暖化。在活動時要注意呼吸的順暢，氣要順暢才能將聲音表現得很好。

・聲音遊戲

活動要領：1. 深吸一口氣，吐氣的同時發出「ㄙ」的聲音。

2. 深吸一口氣，吐氣的同時，腹部用力發出「哈哈哈」三聲。

3. 深吸一口氣，吐氣的同時快速發出「ㄚ、ㄟ、ㄧ、ㄛ、ㄨ」的聲音，臉部表情必須大且誇張。

4. 臉部表情先放鬆。先練習獅子的表情（大），再來練習包子的表情（小）。做獅子表情時發出「ㄚ」的聲音，做包子表情時發出「ㄇ」的閉口音。可以從小到大、從大到小反覆練習，不僅發出聲音，也練習臉上表情和動作。

活動重點：母音的練習是讓聲音的表達更清楚，練習時要求的重點必須把嘴型做正確，比較誇張地發出聲音來。「ㄇ」和「ㄚ」的練習則是閉口音和張口音的練習，練習能夠在閉口和張口之間，合宜地進行聲音的轉換，也就是呼吸吐納之間氣的順暢變換。

・念白遊戲

活動方法：1. 引導者先唸一首簡易且熟悉的古詩，例如：白日依山盡，黃河入海流。欲窮千里目，更上一層樓。

2. 唸詩時要求發聲、吐字，聲音保持鬆弛，吐字要清晰。每個字音都要清楚地表達。

3. 參與者練習一邊按順序頭、手、腳等肢體活動或全身活動，一邊唸詩。

4. 最後將唸詩和全身運動同時結合在一起。一邊唸詩一邊做全身的動作。

活動重點：這是形體的活動和唸詩時氣息的結合練習，如何在動態的狀態下仍舊可以維持唸詩聲音的節奏和情感的表達是練習的重點。

活動說明：戲劇表演中，演員是在動態的狀態下表演、說話，因此要練習在各種活動狀態下仍然能夠正常地呼吸，並保持聲音的鬆弛。所以，呼吸與發聲練習主要就是幫助學生掌握正確的呼吸方法，以及氣息與發聲之間的關係，使同學們掌握氣息的支配和聲音的鬆弛狀態。

延伸活動：練習時還可設計各式各樣與形體活動相結合的呼吸、發聲的綜合練習。例如走動、跑步、跳躍中發聲說話，以及邊練拳和邊發聲說話等。

・我是外星人

活動方式：1. 用嘴巴發出「ㄚ、ㄟ、ㄧ、ㄛ、ㄨ」的聲音，速度愈來愈快直到聲音混亂為止。自己試著以這種方式說話，感覺好像外星人在說話。

2. 嘗試用這種聲音，告訴別人一句話，如：今天天氣很好，或任何你想說的話。

3. 教師進行班級教學時，可以為學生準備一句話的字條，讓他們用外星語言來說給同學聽，搭配上動作與表情，可以讓同學了解這一句話的內容。

活動重點：把聲音混淆後，就必須運用更誇張的情緒才能表達感情，打破原來表達情感的慣性，用外星人的語言試試看，能夠體會到沒有語言表達感情的方法需要更用心與用力。

延伸活動：結合聲音情緒。

1. 用這種外星語言，以喜、怒、哀、懼的語氣表現。例如很生氣的外星人、很悲傷的外星人等。
2. 兩人一組，相互以外星人語言與對方交談，也可以從喜怒哀懼的情緒開始。試著不必透過語言就可以表達自己的情緒狀態。
3. 四個人一組，創造出一個事件或情境。在事件中至少用外星人語言表達三種不同的情緒。

活動重點：創造沒有語言的情境，試著只用聲音表現，可以創造出來的情境或許比用語言時更迷人。沒有語言一樣可以表達感情，只是表達的人必須運用更多可以直接溝通的方法，這些方法都在我們的體內，只需要把它挖掘出來。

指導要領：要實際表達自己的情緒，不是只用外在的表情來表達，雖然語言是不清楚的，但內在的感情要清楚。

這些活動都是利用非語言的手段，目的是讓學生能專注於聲音的探索和聲音情緒的運用，學習如何透過非語言性的聲音清楚表達，經過這樣的練習，當實際運用語言時，對於各種不同的聲音和情緒的控制就能運用自如。表演藝術是透過肢體、聲音來表達思想，肢體和聲音需要透過不斷運用與練習才能自如。思想的表達必須要靠自己多去體驗不同的生活，不斷的閱讀累積，才能將個人的想法透過身體動作、聲音、語言來運用，這就是表演。

（四）情緒的表達（喜、怒、哀、懼）

情緒的表達需要內在情感來支持，如果情緒缺乏內在情感的支撐，往往會變成虛張聲勢的誇張表演。如果以表演的角度來看，情緒是無法練習的，因為情緒一定跟隨著內在情感與當時的情境共同呈現，也就是說，沒有內在的情感就不會有情緒的表達。因此，表演練習時，情緒的練習通常都必須伴隨著情境一起發生。唯有將人物帶入情境之中，情感才會自然而然的迸發。所以想像情緒的表達遊戲就占有關鍵性的地位。利用想像，將個人帶入一個情境來發展個人表演的情緒，這是極有效的表演訓練——方法演技的一個練習技巧，讓演員隨時可以進入角色的情緒之中。擁有更豐富的情緒記憶，演員的表演能量也會更充沛。不過，表演訓練的技巧並不適合直接運用於一般學生的學習之中。

教學時運用情緒的表達遊戲，是要讓學生感受情緒的使用時機與個人情緒的表達方法，尤其是如何達到身心合一的練習，不是僅有外在的聲音變化，而是從內在情感引發來進行語言、聲音與肢體的表達。所以，情緒的表達課程對於情境的建立特別重視，引導者如何營造明確的情境以激發學生情緒的自然表達，是相當重要的步驟。

• 我會變臉——喜怒哀懼寫在臉上

活動方式：1. 臉部表情的練習。以手遮住臉部，每次放開手後，臉上的表情必須顯現出喜、怒、哀、懼等不同的情緒。教師可以先做示範，然後全班面對教師一起練習。教師可以選幾個有特別表現的學生讓其他同學觀摩。

2. 任意找到一個對象，用臉部的表情來向他表現喜、怒、哀、懼四種不同的情緒。可以讓參與者自由隨意走動，只要遇到其他人就用不同的情緒和動作看著他十秒鐘。

活動重點：外部的情緒遊戲方法，以臉部的表情來表達情緒，讓學習者感受到臉部表情和情緒變化的關係。這是最初階的練習，但也是可以讓初學者很容易地感受到表演的存在。

變化活動：1. 讓每一位參與者輪流上台，引導者要求在台上立即表現出一種情緒，表現結束即可下台。

2. 每次上台須有不同的情緒表現。
3. 說出自己上台的感受。
4. 再重複試一次。

活動重點：要求的重點不只是臉上的情緒表現，還包括參與者感受到整體情境中所應該展現的情緒表現。內心真正感受到情緒時，不只在臉部會有情緒表現，而是站在台上如何傳達全部感覺。　、

・聲音與情緒

活動方式：1. 兩人一組，以各種聲音和表情吵架，唯不能使用日常生活中的語言，而是運用一種讓對方感受到你的情緒的聲音。

2. 改變情境，例如兩人變成好朋友談心的感覺、變成被同學排斥的傷心感覺，或是進到鬼屋害怕的感覺等。

活動重點：掌握情緒的表達整體性。表演者不要只利用臉上的表情，想像身處在情境中的情緒，讓情緒進入

自己的身體後，整體性的運用聲音與動作表現。

延伸活動：情境可變成以外星人語言告訴對方一件恐怖的事情，或敘述颱風災情等。本活動可與「聲音的表達遊戲」中「我是外星人」活動搭配進行。

・聲音的情緒練習

活動方式：1. 用不同的情緒來說「今天天氣很好」這一句話。

2. 參與者在教室內自由走動，遇到不同的同學就用快樂的聲音告訴他「今天天氣很好」，之後全體再改用生氣、害怕、傷心的聲音來表達。

活動重點：同樣的對白也可以用不同的情緒來表達。例如很生氣地說今天天氣很好，與很害怕地說，大家分享自己內在的感覺有什麼不一樣。

活動要求：參與者先放鬆自己，讓每一種聲音與情緒都發自內心，而且要很清楚的表達。

延伸活動：可以利用一首詩來表達。如生氣地朗誦〈靜夜思〉這首詩，或用快樂、傷心、害怕的情緒朗誦。

・團體情緒表達

活動方式：1. 六到八人一組。每組選擇一種情緒。

2. 各組討論，如何運用身體的動作來表現出該組所決定選擇的情緒。如用身體表達快樂的動作。

3. 各組分別上台表現後，和同學分享並討論。

4. 各組再換一種情緒討論，表現，再分享討論。

5. 各組討論以一小段情節來表現某一種情緒，分享並討論。

活動說明：本活動與肢體表達方法有密切的關係。團體的肢體表達必須選擇表現的焦點，在本活動中，表現焦點就是清楚表現某種情緒，所以每個人的肢體表現都必須以這個情緒為焦點，讓整體畫面是清楚的一個表現情緒的情境。

延伸活動：將四段肢體的情緒表達連結成一個完整的結構，創作一段小演出。每個情緒的順序可以自由安排，但要連結成一個簡單的結構體。

指導重點：情緒的表達可以由內而外，或由外而內。由內而外是要求學生必須先有內在的情緒，才能形之於外。至於由外而內，則是要求外在的臉部表情與身體動作必須能夠達到情緒的要求，先有形在外，然後才慢慢要求內在情緒的加強。但無論何種方法，情緒的表達要能達到內外合一的境界，外在的表情絕對要有內在情感的支撐，才能貼合人的真正情緒。因此關鍵點還是在於專注力的培養。學生如果能夠專注在情緒感覺之中，表達的方式就會很自然，如果僅以外表硬撐，就只會變成虛張聲勢而已。表演活動可以是一種娛樂的遊戲，但還是要達到專注的要求。

（五）思想的表達遊戲（創造與想像）

這個部分已經牽涉到戲劇表演的所有題材，戲劇的故事都會強調主題，也就是戲劇主要思想的表達。想要透過戲劇故事或形式表達什麼思想，一直是每一個創作者的初衷，創作者須有豐富的想像力和創意，才能將主題思想以有趣又動人的方式表達，如果僅是直接說出自己要表達的想法，那就缺乏藝術手法了，也很難稱為表演藝術。

以下這些活動就是為了讓學習者能夠了解如何選擇題材，如何表達自己想法所設計的遊戲。因為戲劇是透過聲音和肢體來表達的，所以這些活動的技巧都是聲音和肢體表達的綜合體。表現思想的題材可能是一則故事、一個生活經驗、一幅畫、一個報導，或任何會觸動想要表達的題材。

- 即興表演

活動方式：1. 根據一種情境或想法，參與者共同進行即興表演活動。例如引導者先建立一個「等公車」的情境，原本平靜的站牌前，公車正常來、正常走，表現每個在公車站牌等車人的樣子。

2. 情境開始改變，公車不來了，站牌前的人愈來愈多，每一個人都有不同的狀況，上學遲到的、上班來不及的……各種狀況不斷發生，每位參與者都思考一種狀況，並在適當的時候加入即興演出。

變化活動：主題可以從生活中去尋找。例如吃飯、考試、星期天早上等。

重點提示：即興的情節發展會隨著思想表達方向而有不同。上例是表現等不到公車時人的狀況，或許會有不同角度來表達這一群等不到公車的人，例如一直等等到年紀都大了，就像人生的過程一樣，都是一連串等待的過程。不同的想法會引導故事的發展，引導者和參與者之間的互動才是即興表演的價值所在。

・說故事接龍

活動方式：以一個想法為出發點，例如：要表現一個有正義感的少年。根據這個想法，開始構思相關背景。例如這個少年的出身背景，他平時的表現，他做了哪些事？哪一件事讓人覺得他是具有正義感的人？讓參與者說出故事的部分，下一個人要跟隨著故事發展的脈絡，按照前一個人的敘述，以自己的觀點，參照主題來發展故事的細節。

重點提示：故事接龍如果缺乏主題的引導，可能會隨著接故事人的不同而自由發展成旁枝雜幹，讓故事變得臃腫不堪。所以引導者如何帶領出參與者自願又勇敢發表自己發展的故事，但又不能因為離題太遠而直接傷害他的創意，是引導的關鍵。引導者最好能長期建立與學習者之間的信任關係，且在剛開始發表時，引導者應該接納所有的發表與創意，慢慢培養學習者對自己發表內容的選擇，比較能得到更好的學習效果。

・既有的故事

活動方式：既有的故事如繪本、童書、青少年故事、詩等，都是表達思想的題材，選擇一個既有的故事，以不同的聲音來朗誦故事內容，或以肢體動作來表達其中一段情節。例如：當讀完一個童話故事後進行分組，要求每組以肢體造型的組合來表現故事的主題。表演時要引導學生如何掌握故事的主題。每組在表現時選定一個發表者說出該組創作的想法和表現的方式。

活動說明：既成的故事雖然都是別人的創作，但學習他人如何選擇題材，如何表達思想，也是很好的學習方法，當學習者能將一篇故事轉化為戲劇肢體表現時，已經是運用不同的思考方式在解決問題了。

・創作故事

題材來源：創作故事的題材來源可以是個人生活的遭遇、學校課程引發的思考、對社會的觀察、對大自然的探索等，這些都可以當作戲劇故事的題材。而一般創作大都會選擇比較具有衝突性的素材來發揮。

活動方式：1. 引導學生說出生活中記憶最深刻的一件事。
2. 分組，組員共同討論要表現哪一件事。
3. 組員共同將這個故事以肢體畫面表現，然後由事件發生者自己來說明畫面的故事。
4. 引導者注意掌握學生發表的重點並予以增強，讓學生了解如何發掘生活中有意義的片段並將其變成創作的題材。這個活動本身既可以是遊戲，也同時是學習創作。

二、外在情境的表演與表達

由於表演是無法切割內、外情境的表演，所以只好將表演元素教學切割出來內在和外在情境表演的兩個部分。如果將表達外在的情境變成一個練習項目，是將重點移到音樂的感覺、布景的感覺、人際的感覺等外在影響情境的部分。事實上，它還是與想像力、個人感官能力、情緒以及聲音表達等息息相關。這些外在的感覺必須透過團體合作，以形象化的外在情境來呈現，才能共同完成表演活動。

想像力是內在與外在交互感受的成長，被歸類在這裡或許不是很恰當，但筆者認為，從外在環境來激發個人內在想像與表現空間是比較容易進行的，尤其是在青少年階段，藉由外在情境的經驗來引導學生進入想像空間，比起憑空想像更容易進行。

以下的遊戲分為兩部分，一是以外在的情境刺激來引發個人的動作和表演，一是以外在情境引發個人想像力後，在想像的情境中表演。

（一）外在的情境和動作表現

由外在情境來引發個人的動作或聲音的表現，可以展現個人對於環境刺激的應變與表現能力，雖然是外在刺激但還是屬於個人內在的能力表現。不過，因為刺激來自外在，對於所設計的刺激情境將更為明顯，當教學進行時，個人面對情境所做出的反應更能得到共鳴，所以必要思考途徑和討論的空間和可能性也更大。

‧各式各樣的走法

活動方式：1. 所有參與者自由地在教室內輕鬆走動。

2. 引導者慢慢加入各種狀況，例如速度的快慢，加到最快，又減緩到最慢；力量的輕重，最輕的走路與最重的走路；空間的變化，用高水平、中水平以及低水平的姿態走路等。

活動重點：注重外在情境的建立，進入情境中的參與者要使用身體的動作來反應引導者所提出的情境，用身體不要用腦。

延伸活動：與上述同樣的活動方式，但加入不同的情境。

1. 周圍的感覺：冷熱。
2. 情境：被狗追、趕公車。
3. 對地面的感覺：沙漠、冰河。
4. 情緒：快樂、傷心、生氣。
5. 人物扮演：小孩、老人、孕婦。

延伸活動：可以配合音樂的感覺，只要走路，走出不同的音樂感覺。

・音樂情境想像

活動方式：1. 引導者選一首音樂，如《天鵝湖》、《胡桃鉗》等耳熟能詳的音樂。
2. 聆聽三至五分鐘後，詢問或發表想到什麼畫面、看到什麼畫面。
3. 八到十人一組，把從音樂中想像的情境用人體畫面的表現方式表達出來。

活動要點：畫面要與音樂結合，可以在畫面中隨著音樂的感覺慢慢地移動身體。

指導要點：先讓參與者想像清楚再進行造型活動。當參與者想清楚並把它說出來時，只要說得愈清楚就會表現得愈清楚。

活動說明：本活動主要是藉由音樂的感覺以刺激情境的建立，然後從中產生圖像、發展情節，以身體畫面呈現後成為一個戲劇故事，因此，選擇適當、具有情境或畫面的音樂是引導者須事先準備的重點。

延伸活動：音樂可以帶動肢體活動，不同的音樂會有不同的肢體表現。參與者具備與肢體互動的能力後，可以任意選擇一首音樂，讓參與者欣賞後，想像它是什麼角色或動作，配合音樂將它呈現出來。

・校園一景

活動方式：1. 本活動延續「肢體組合戲劇畫面」中「八人一組」的造型組合遊戲。

2. 引導參與者思考，校園中哪一個地方的景色或造型令你印象最深刻。

3. 以八至十人為一組，運用肢體造型、組合、模仿的技巧，利用身體造型和同伴把校園中最深刻的一景表現出來。

4. 肢體的造型必須掌握各景物的特徵，展現出來的特徵要能讓其他參與者一眼就可分辨在校園的哪一個地方。

活動要領：掌握肢體的造型特性，並找出校園景色的特點，就可輕鬆地表現出校園的一景。

延伸活動：除了運用肢體之外，也可以用一般常用物品如桌椅、掃把等配合身體動作，來組合成校園一景、公園造型或某一特定場景，也可以利用報紙來製造場景。

・遊樂場

活動方式：1. 引導參與者想一想，遊樂場中，你最喜歡什麼遊戲設施，旋轉木馬？咖啡杯？還是海盜船？

2. 以六至八人為一組，用自己的身體組合出那種遊樂設施。

3. 可以模仿外型和動作，也可以從玩遊樂設施的感覺來表現。要很刺激很好玩的樣子，但也要注意安全。

活動重點：抓住要表現的遊樂設施的特徵、特點或玩時的動作特色，也可以表現坐在上面的動作和感覺。

活動說明：以上兩個活動經常和身體的造型活動串聯在一起，因為學生必須經過肢體造型練習後，才能掌握組合造型遊戲。這些技巧在目前表演藝術教學中被廣泛運用，由於使用容易、引導方便、學生喜愛，是小學階段進入戲劇情境的良方之一。教師也可運用這些方法，在戲劇畫面中發展戲劇對白、表現童話故事，更可以用來表現詩的意境。

・我是傳染病

活動方式：1. 引導者選一個人假設他是傳染病患者。

2. 所有人在活動空間自在的走動。引導者說開始會傳染之後，每個人遇到傳染病患者就要離他遠遠的，害怕被傳染的感覺。

3. 引導者說病好了之後，每個人回復正常的移動。

4. 再選一個傳染病患者，重複進行同樣的遊戲。直到每個人都有擔任傳染病患的經驗。

5. 說一說自己變成病患的感覺，以及被人排斥時的心情。

活動重點：每個參與者不要講話，要用身體的行動來表示自己面對傳染病患的感覺，扮演患者的同學要仔細體會他人對待自己的心情。每個人都要說出自己真正的感受。

變化遊戲：把「我是傳染病」變成「我是大明星」，遊戲方法與我是傳染病剛好相反，變成大明星的人是大家追逐的對象，大家都簇擁著他，要他的簽名。

活動說明：本活動與團體輔導的人際關係遊戲一樣，其實也有輔導的作用，但在表演方面，重要的是體驗人際關係的互動，在人與人互動時自己的感受如何？把接受外在刺激的感受變成內在的表演能量。

・由一件物品開始來建立情節

活動方式：
1. 引導者選擇一件物品，如一張椅子。詢問學生它是什麼？可以做什麼？讓學生實際地做做看。
2. 詢問學生對椅子有什麼看法。如果這是你表演的題材，這個題材帶給你什麼感覺？這個題材讓你想到什麼？可以拿它來做什麼？由單一學生自己做做看，兩個人做做看。
3. 以八到十人為一組共同討論，用肢體情境或聲音情境來表達這個題材。每組每一個人都要參與討論與表演。
4. 和所有人分享與討論。

延伸活動：物品可以是一張椅子、一首詩、一幅畫、一件道具、一首音樂或一種職業。

活動重點：這個活動是屬於創作素材的選擇練習，讓學習者能了解表演的題材來源很廣，只要多一點思考和想法，就會創作出各種不同的表演，也可以透過一般物品來建立戲劇情節，表達自己的想法。

活動說明：這個活動可以延伸的範圍極廣，在肢體表達或聲音表達活動中都可以運用。如果在思想表達活動中，重點在於想到什麼？透過這個素材，引導學生想要說什麼？或聯想到什麼？在情節創造與建立的活動下，必須強調有什麼樣的戲劇畫面和情節發展可以由這件物品引發。

（二）想像力遊戲

豐富的想像力是表演的基礎能力，也是人類生活中不可或缺的能力。想像力遊戲是透過感官的經驗，在情境中透過描述或感受，讓參與者專注地進入情境，發展出無限的想像空間。想像力活動經常運用在激烈的活動課程之後，或課程結束前進行簡單的結尾活動，讓整體活動有更完整的結束，也讓參與者有更多的回味，最重要的是能夠培養更豐富的想像空間。

・美麗的花園

引導情境：引導時盡量讓參與者放鬆，以輕鬆柔和的音樂搭配引導語進行想像力練習。如果能用柔美的聲音，更能引導參與者進入想像的情境。

引導用語：請閉上眼睛，輕鬆躺下或坐下。把身體放輕鬆、頭放輕鬆、肩膀放鬆、上半身放鬆、下半身放鬆、全身都放鬆。

活動方式：1. 全體參與者閉上眼睛。

2. 引導者開始敘述情境。

3. 內容參考：

在你的眼前有一朵花，一朵紅色的玫瑰花（請確認自己已經看到花再繼續，如果沒看到表示自己還不夠放鬆，再放鬆一次）。現在，你來到一片花園，這裡有各種美麗的花，紅的、白的、紫色的花，一眼看過去全是各種顏色的花，非常美麗。

有一隻蝴蝶揮舞著翅膀，悠閒地飛了過來，牠停在一朵玫瑰花上，吸吮著花的汁液，非常滿足的樣子。牠又飛了起來，另一隻蝴蝶也飛了過來，牠們在花園的上方，盤旋飛舞，非常快樂。

太陽漸漸西斜，黃昏的五彩光影映照著美麗的花園，非常迷人。

活動重點：敘述的內容愈細膩愈好，把想像發揮到極致。

變化遊戲：1. 引導者一邊敘述，參與者跟著敘述的情境進行想像的表演。

2. 內容參考：老牛和小鳥

老牛正在草原上吃草，邊吃邊叫，好像在唱歌，一群小鳥在老牛的身旁飛來飛去，好像跟他做遊戲一樣，老牛抬起頭跟小鳥們打個招呼，小鳥們也啾啾地和老牛打招呼。

小鳥們停了下來，老牛吃草，他們就吃草裡面跑出來的毛毛蟲，非常快樂，這時候老牛覺得背上好癢，他用盡了各種方法去搔癢（可以用手、用腳、躺著磨地……等方法），最後小鳥飛到老牛的背上，用他們的嘴啄去老牛背上的小蟲，老牛覺得好舒服，慢慢地躺下來睡著了，小鳥們在老牛的旁邊不斷地唱歌。

活動重點：敘述的內容盡量多一點動作。

・看鴿子、放鴿子遊戲

活動方式：1. 參與者在鬆弛的狀態下或站或坐。

2. 引導者要求大家仰望天空，想像天空中正有一群鴿子在飛翔。每個人可以根據自己的想像確定鴿群的大小。
3. 引導者要提醒參與者確定鴿群飛翔的高度、距離。
4. 如果是飛得較低較近，可以看清楚鴿子的形態、顏色，甚至牠們翅膀抖動的樣子；如果是飛得較高較遠，就只能看到一些黑點在空中盤旋。
5. 參與者在引導下想像鴿子如何飛翔。

活動重點：在想像中有什麼，眼睛就可以看到什麼，要確定鴿子的高度，飛翔的路徑。雖然是張著眼睛，但要充分運用閉著眼睛的想像技巧，要明確地看到那裡就有一群飛翔的鴿子。

延伸活動：1. 在參與者確定看到了自己想像中飛翔的鴿子後，可以進一步引導。例如引導者：「這群鴿子中有一隻向你飛過來，你把牠接住，仔細觀察牠，撫摸一下牠的羽毛，然後再把牠放出去，讓牠飛回鴿群中去。」也可以改變情境：「這是一隻信鴿，你要讓牠把信息帶給你的朋友」等情境。

2. 引導者充分改變各種情境，讓參與者以想像力發展動作。

活動重點：當想像在哪裡情境就出現在哪裡，情境愈清楚，就愈能夠運用自己的眼神和肢體動作表現出來，沒有想像將什麼都沒有。運用專注力把想像豐富起來。

・看球賽練習

活動方式：1. 引導者先確定所有參與者都觀看過乒乓球、籃球、足球等球類比賽。然後根據選擇的球賽種類確定比賽場地大小、距離等。這時，引導者宣布球賽開始，要求參與者發揮自己的想像力「觀看」比賽。

2. 引導者可以適當地做一些引導，例如可以作為一個播報員來介紹比賽的情況，也可以要求參與者自己創造出「看到」的場面。

活動重點：當參與者看到一些精采的場面而真實地發出歡呼，表現出驚嘆或惋惜時，引導者都應予以肯定。假如有的參與者表現過於做作、虛假，引導者則要加以誘導，努力幫助這些同學們先「看到」球賽。

活動說明：練習過程中，參與者心裡難免會出現想像停滯、內心視像瞬間中斷的情形。引導者應盡量鼓勵並誘導參與者把想像發展起來，使內心視像具體且不間斷連續下去。例如可以利用形象化、生動有趣的解說來描繪比賽情況，以精采的場面來刺激想像發展。

・人的一生遊戲

活動方式：1. 所有參與者分散在活動空間自由走動。

2. 引導者以緩慢的頻率引導。首先要求每人變成一個幼兒，所有人轉變為以幼兒動作行動。

3. 接著要求變成少年，所有人轉變成以少年的動作行動，再變成青壯年，以青壯年的感覺行動，最後要求變成老年。

活動要求：每個人要注意自己身體的行動，真正去體會不同年齡的行動感覺。

延伸活動：這個練習也可單獨進行。可要求學習者先行練習，或在團體練習之後要求單獨表演。每個參與者先後上場四次，第一次上場是少年，第二次上場是青年，第三次上場是中年，第四次上場是老年。在這四次上場時的行動，須看出一個人從少年到老年的變化。

活動說明：開始練習時，可以不要求反映個人的身世經歷，只要反映年齡與心靈上的變化即可。例如：某位參與者四次上場都是梳頭的動作，第一次是一個小孩子，吃奶嘴，綁辮子，綁一個蝴蝶結在頭上；第二次，對著鏡子不斷地抹髮油，改變髮式和不斷換衣服；第三次，站在鏡子前看自己中廣的肚子；第四次，滄桑地呆坐鏡前，望著鏡中的影像，梳著稀落的頭髮。以外在的動作來表現年齡即可。

延伸活動：比較高階的練習就可以要求參與者盡可能在四次上場後，讓觀眾看到所表演人物的命運。例如一個膽小者卻成了偉大的人物，或是從小就充滿理想的人，卻一生歷經磨難，理想逐漸消散。參與者須試著去想像他是個什麼樣的人，一生中有些什麼樣的經歷，最後選出四個有代表性的瞬間來展現。

活動說明：本活動是表現人的一生，難度比較高，但參與者可以此來想像人生各種狀況並增進自己的想像力。至於表演中動作是否精準，在中小學階段並不是很重要。

三、團隊情境的表演與表達

大部分的表演藝術活動都是團隊表演或表達的活動。在學習的過程中，以知識學習為主的學科，大部分強調的都是個人的記憶、理解、解釋和應用的能力，屬於個人的自我部分較多。表演藝術中，尤其是戲劇活動，個人的感官、肢體和聲音的表現絕對是屬於個人能力的範疇，但只要牽涉到創作和呈現的過程，都必須是一個團隊方能完成。雖然戲劇表演也有獨腳戲的部分，但那只是少數的表演活動，且獨腳戲的展演其背後藝術和技術的團隊仍是支持演出的重要部分。所以，一場表演絕對是一個團隊共同完成的過程。也因為如此，筆者在本章中所介紹的活動，不是共同操作，就是以分組操作的方式進行，這點除了是表演藝術的特質外，當然也是筆者對於表演藝術教學的期許，以全體一起參與為原則，所以教材的活動部分強調與人互動。

在戲劇活動中，無論是角色扮演練習、排練或演出都強調團隊互動。表演時，除了與其他表演者互動外，表演者與劇場環境、技術人員也不斷地在互動。表面上觀眾只是一個旁觀者的角色，但戲劇是聚集眾人在同一場合中的活動，表演者的表演會牽動觀眾的情緒和感覺，觀眾的反應也會牽動表演者的表演能量，因此可以說，在劇場之內所有的元素都在互動。所以團隊情境的表演與表達已經包含劇場演出的全部，範圍相當廣泛。筆者只能就一些團體互動和運用劇場元素共同完成的遊戲加以介紹。

以下活動從簡單的分組遊戲開始，如何讓分組變成一個既充滿遊戲的樂趣，又能夠達到分組教學的目的和要求活動的方法。接著是戲劇元素共同創作活動，如何從活動中創造出戲劇的地點、時間、人物和事件的表現方法。最後是如何進行一場戲的排練，從角色的分配、讀劇、排練和演出的過程中，找到一些教學的遊戲，提供給老師作為帶領同學演出的教學方式。

（一）分組遊戲

在團隊活動時，分組的方法很多種，但班級教學的分組經常會成為課程成敗的關鍵。通常班級中的小團體會自然成組，一些不被歡迎的同學經常受到排斥。戲劇遊戲一定要全組共同合作，才能創造出更好的習作，如何讓同學之間都有機會一起工作是很重要的觀念。所以遇到要分組時，筆者經常運用一些遊戲，讓學生自然地成組。不過在遊戲中分組，當學生熟習老師慣用的技巧後，自然會發展出對應的方法，選擇與自己同好在同一組，造成分組教學變成各組能力差距過大，無法充分達到分組教學的效果。因此帶領分組遊戲時，教師必須考慮到每一組學生能力的組合，盡量讓不同程度的學生在同一組，讓較優的學生能夠帶領較落後的學生，彼此合作共同學習。

・火車幾點開

活動方式：全體參與者皆以開火車的動作，邊走邊喊「火車火車幾點開」。引導者說幾點就是幾人一組坐下，如果沒有找到組的同學，就記錄一次。超過三次就要淘汰。

活動要求：引導者應特別強調互助，同學之間有些人會一直遭到排斥，鼓勵主動去關懷被排斥的同學，例如「不要讓同學被淘汰了，你可以幫助他的，因為你，他就不會被淘汰了」。藉此強調在團體中互助的重要性。

變化遊戲：「荷花荷花幾月開」與上述活動一樣，參與者邊走邊喊「荷花荷花幾月開」，引導者喊幾月就幾個人一組坐下。

・賣湯圓

活動方式：男生每人代表五元，女生每人代表十元，每人做出挑著擔子賣湯圓的動作，並喊叫「賣湯圓，賣湯圓，一碗幾塊錢」，引導者要求多少錢，參與者就要找到引導者要求的數目組成一組。

・敲鑼打鼓

活動方式：引導者準備鑼和鼓，鑼代表男生，鼓代表女生，仔細聽鑼鼓各敲幾下，就是每組有幾個男生幾個女生，找到應有人數的組別就坐下來。

（二）戲劇元素創造遊戲

戲劇元素包含地點、時間、人物和事件等。如何經由這些元素活動化，讓學生理解戲劇元素有哪些，並讓學生體驗創造的過程是這些遊戲的重點。活動內容都是透過肢體和聲音來表現，屬於應用個人表演能力來創造的戲劇元素，過程還是以趣味性的遊戲來呈現，讓學生快樂地學習戲劇、了解戲劇、表現戲劇。

• 時間創造遊戲

活動方式：1. 所有參與者每人確認一個時間，並思考能夠表達時間的方法。如身體動作或某段時間一定會發生的事件。

2. 逐一上台，做出自己設計的動作，讓其他人猜猜看代表什麼時間。

3. 如果很容易猜出來的得五分，依序得四、三、二、一分。

4. 說出來從哪一點觀察到表現時間的關鍵。

活動重點：選擇表現可以代表時間的事，或一個簡單的符號，只要傳達，但請不要做時鐘（或第一個做時鐘之後，引導者就排除時鐘的作法）。

延伸活動：用自己的行動去解答。

1. 當看到第一位同學的動作，如果觀者能夠確定時間，不要用說的，而是舉手。

2. 引導者可以將舉手的同學帶到一旁，小聲詢問他的答案。如果正確，請他上台做一個動作或表演，配合正在表演同學的時間，讓目前的表現時間更加清楚。如果錯了就請下台。

・地點創造遊戲

活動方式：1. 以十至十五人為一組，先派兩人抽題目，題目是某一個地點。

2. 兩人上台後就題目所指定的地點做出可能發生的事件，或和場景中的物品互動，使其他組員能從他們的肢體表演猜想地點為何。

3. 以輪流的方式，同組組員要依據前面兩人的動作提示，猜出地點所在，再選擇該場景內應有其他的物品，並與物品產生互動關係。

4. 例如：地點為廚房，廚房內有瓦斯爐、冰箱等。第一個人做炒菜的動作，第二個可能做開冰箱拿東西，第三個如果確認是廚房，就可能會燒開水……，依序下去，直到每個組員都上去為止。

活動重點：表演者要表演出與題目中的地點關鍵性的物品有互動的關係。以動作表演出來確認地點之後，讓動作說話，不要用語言。接下來的表演者也可能誤解，沒有關係，讓他們繼續下去。

活動說明：剛開始設定的情境很重要，但趣味性也在這裡，因為只要一開始的設定遭到誤解，會變成不知身在何處的結果。

・我是誰

活動方式：1. 以十人左右為一組，每組抽一個題目，題目是某一個人物，全組共同討論如何來呈現這人物，讓其他組了解。

2. 表演時可以有對話，但不能直接說出該人物是誰。

3. 盡量發揮人物在場景中的地位與場景的關係及和其他人的關係，使他組能從表演中說出是什麼人物。

活動重點：說話是被准許的，但必須是所表現的人物，在什麼狀況下時所必須說的話，如果說出自己是什麼人就失敗了。表演時一定要有事情發生，如果完全不用語言更佳。人物選擇可以是政治人物、明星、新聞人物等，舉凡生活周邊大家都認識的人皆可。

延伸活動：猜猜他的年紀。以同樣方式給題目，但人物的特質著重在年紀的表現，同組的人盡量表現更精準的年紀，讓其他人能夠一目了然。

延伸活動：與地點創造遊戲一樣，但改採輪流方式，同組組員要依據前面人的動作的提示，上台與主要表達人物互動，讓其他組觀察所表現的人物是誰。雖然比較不精確，但趣味性較高。

• 角色互動

活動方式：1. 引導者強調參與者只要跟著自己的感覺做活動就可以了，可以想像第一個人要表達的是人物的特質、年紀或職業。

2. 引導者請第一人上台設定自己的人物，開始以動作來表演這個人物。

3. 第一人動作確定後，請第二人用自己的理解發展動作，來配合第一個人物的動作、表現的事件或加入對話，一定要與第一人互動。
4. 第三人繼續加入，並與前面的人互動，四、五、六……人持續加入，直到清楚表達第一人設定的人物為止。
5. 由後面加入的人逐一往前來說明他加入互動的原因，及他認定角色的出現。

活動重點：一定要與第一人互動，從第一人的表演來確認自己的人物的正確與否，如果不正確可以做修正，也可以用角色來糾正第一人之外的角色設定。在過程中可以即興對白，但不能說出設定的人物。

活動說明：讓每一個人自動加入，或分組讓同組的人慢慢互動也可以。主要是讓參與者透過觀察，找到互動的基礎，加入互動。如果加入時已經誤解第一人設定的人物也無所謂。

・事件的描述

活動方式：1. 分組，每組給一個題目。如戰爭、車禍、結婚……等。
2. 各組必須使用描述的方法來說明一個事件的發生過程，但就是不可說出是什麼事件，盡量去描述客觀發生的情形，愈詳細愈好。
3. 其他組從描述中找到發生什麼事件，並說出事件的過程。

活動重點：描述中不能出現事件的任何字眼，掌握事件中的各項可能細節，把事件詳細地描述。

延伸活動：同樣方式也可以運用在描述地點或人物，只要設計者多花點心思，這樣的活動也是非常有趣的教學方法。

人物、地點和事件的活動方式，可以互為運用，主要的考慮元素還是個人的肢體與聲音的表現能力，透過個人能力的提升，團體表演能力也會提升。所以表演藝術教學通常都是從個人能力的建立開始，逐漸發展到團體的整合表演，只要掌握這個原則，安排表演藝術教學就會比較輕鬆。

經過這些遊戲之後，學生可以進行排練的活動。戲劇的排練活動是有整體性的，在下一章將以一個案例，引導一齣戲從遊戲開始，發展肢體故事，創造對白到實際演出，實地引導學生進行一個短劇的表演。

當練習結束，把自己裝扮起來，就可以是一場精彩的表演了。

ART
表演藝術教材教法

第七章
表演藝術教材教法（二）

有關表演藝術教材教法，在第六章中是從個別的元素和遊戲來介紹單一教學內容，本章則從單元教學的實際範例來做全面性的介紹。這些教學實例都是筆者依實際教學需要，及參加各個表演藝術教材寫作計畫時，所編寫的教材。表演藝術教材在撰寫上有先天的盲點，因為活動內容的設計僅以文字描述有時很難精確表達，再加上教學本身也是一個動態的存在，並非按教材的指示一成不變地照表操課，因此教師應將教材內容充分地理解後，內化為自己的方法進行教學，才能達到最好的效果。

第六章的教學材料或教學元素，都是屬於教材資料的整理分析，表演藝術教材不會局限在這些範疇中，坊間許多書籍也都可以輕易獲得素材。至於如何將這些素材化為實際教學，則是本章希望能具體呈現的。因此，本章的單元教學設計是採用較接近教學現場的描述，將教學現場的經驗以較完整的教材與教法呈現，這些都是經過不斷地實驗教學，累積經驗所成。

不過，以文字作為敘述媒介的限制性仍存在，太詳細的說明會影響教師在教學時的靈活性，但不夠明確的說明又減低了教材設計的價值，或是導致教師在運用上有困難。即使如此，基於筆者對表演藝術教學的堅持，就是表演藝術教學不同於學科教學必須一步一步進行系統教學的模式，表演藝術教學的目的是希望提供學生較大的思考空間，因此提供教師教學的空間自然不能完全封閉。所以，教學設計以如何將活動過程清楚敘述，又能保持活動靈活的特質為原則。

本章所收錄的教學設計案例，是筆者參加各種教材編寫計畫時所擬訂的詳細案例。不過，本書所提供的案例是希望有助於實際教學，因此教案是以教學主題、教學目標與教學流程為主軸，簡化教案格式，並且不再說明能力指標的對應關係。在教學難易程度方面，筆者是按照編目的序號進行區分，序號最低的如「一、我們全家都是雞」比較適合較低年級的學習活動，隨著序號逐漸增加如「十一、手機事件」則適用較高的年級，教師可據此安排不同年齡的學習活動。

有關教學時數和教學年級未明確列出，是著眼於許多教學內容是可以涵蓋低、中年級或中、高年級，因此教學內容要運用於哪一學習階段，請教師視教學時學生的反應做調整。筆者認為，明確的教學時數或教學年級可能會限制教師運用的彈性，而且每個教案的真正重點，是在於帶動學生，讓他們對表演藝術學習充滿濃厚的興趣。

本章的教學案例都已將前面所介紹的各個表演藝術教學技巧運用其中，有些是採用不同的主題但運用相同的教學技巧；有些是以類似主題但運用不同表演技巧呈現。使用時，教師可以只參考教學流程，內容採用自己熟悉的素材即可。以此類推，只要教師能利用不同的主題來包裝同一個教學模式，就可輕而易舉成為一個全新的教學內容了。

所以，在此特別提醒，教材是提供大家共同使用的，教學本身就是一種分享的過程，唯有將教材公共化，教學現場才能更活潑。本書教材是提供大家參考的基礎，筆者希望有更多教師能夠分享更多的教學實務案例，讓所有表演藝術教師一同進步成長。

附錄是筆者所規畫出從三到六年級的課程大綱，由於在安排整年教學方案時，每個單元都是以主題與教學大綱為主，因此如果要了解詳細的教學內容，請參閱在單一教學元素或遊戲中的介紹。

一、我們全家都是雞

教學目標：能模仿雞的動作與聲音進行表演活動。

教學活動：

1. 暖身
   - 利用有關早晨或是公雞的歌曲，帶動學生的肢體暖化。
2. 發展活動
   - 讓每位學生模仿公雞叫、母雞叫、小雞叫。
   - 讓每位學生模仿公雞、母雞、小雞的動作（如展翅、挖土、吃東西、走路等動作）。
   - 讓學生有互動的動作。如公雞和母雞（父母的關係，如親密、吵架）、公雞和小雞（父子關係）、母雞和小雞（母子關係）。
   - 玩「老鷹抓小雞」遊戲。
   - 情境表演：用雞的聲音表演出雞家庭的早晨。母雞叫小雞起床要上學，小雞賴床，母雞叫了一遍又一遍總是叫不醒小雞，最後，母雞請公雞來，公雞叫了一聲，小雞嚇得馬上都爬起來。
   - 將前面的表演用人的語言表現出來。
3. 分享活動

・用雞的聲音所表現出來的父母關係和一般我們生活中的父母關係有什麼不一樣？

・你喜歡變成雞嗎？

・用雞的聲音表演和用人的聲音表演有什麼不一樣？

二、動物大遊行

教學目標：能模仿動物的動作，根據故事來表演動物間的互動。

教學活動：

1. 暖身

・教師先讓學生聽動物的聲音。如老虎、小羊、公雞、老牛、馬、大象、小狗、小豬等叫聲。請學生說出是什麼動物，並讓學生說出聲音是高還是低？兩人一組互相做出聲音的比較。

・讓學生聽聲音並用身體做出該動物的動作。

・讓學生做出某種動物的動作，並發出聲音。

2. 發展活動

・同樣一種動物，讓學生嘗試用不同情緒的聲音表達。如：生氣的小羊、快樂的小羊、悲傷的小羊、恐懼的……。讓學生做出這些帶有情緒的動物動作。

・老師當老虎，學生當作小羊。讓學生們做出小羊遇到老虎時的叫聲及動作，每一個人都要嘗試。

・老師當老虎追逐當羊群的學生。學生必須表現出剛剛表現過的聲音和動作。換學生輪流當老虎並追逐羊群。

・老師邊說故事，學生們做出故事中的動物叫聲和動作，老師也可以在說完故事後分組練習。然後再說一遍故事，讓每一組都能夠就故事中的角色表演聲音和動作。

- 故事內容：有一群羊剛剛睡醒，羊媽媽叫他們要先洗洗臉、刷刷牙才能吃早餐，小羊們就努力的刷牙洗臉，每隻小羊都洗得很乾淨，於是很快樂地吃著早餐。這時老虎偷偷靠近小羊的家，躲在小羊家後門，鬼鬼祟祟地觀察著小羊的行動，他上看下看左看右看，看見小羊們吃早餐吃得很高興，口水就快流出來，他大吼一聲，撲向小羊。把所有的小羊都嚇壞了，東奔西跑到處亂竄。小羊被追都躲到母羊的後面，好像老鷹抓小雞一樣，但是老虎實在太凶猛了，母羊抵擋不在，羊群全部被衝散了，老虎正要張開嘴巴，獵人出現了，對著老虎開了一槍，沒有打中。老虎看到獵人來了，翻身一跳逃走了。小羊們很累就躺在地上睡著了。

3. 分享活動
    - 人跟動物的動作有什麼不一樣？
    - 如果你是老虎，你會不會吃羊？為什麼？
    - 如果你能夠決定故事的結局，你要讓老虎逃走，還是被打死？為什麼？

三、春天

單元目標：讓學生透過各種不同的美的形式來表現春天不同的樣貌。

教學活動：

1. 暖身

・播放韋瓦第《四季》中的〈春天〉，教師引導學生做出各種動物醒來的動作，如小鳥、雞、狗、貓、毛毛蟲……等。接著是植物醒來了，如小草、花等。

2. 發展活動

・引導學生想想每天早上醒來是怎麼樣的動作？然後聯想到春天來了大地甦醒了的季節情況。

・探討春天的自然現象，哪些東西會醒過來？（動物、植物）暖身的動作再做一次。引導學生做出豆子發芽的過程。

・春天是什麼顏色？每位學生發一張圖畫紙，讓他們畫出春天的顏色。並分享為什麼？

・讓所有學生用自己的身體表現出自己所畫的春天。

3. 分享活動

・能說出春天的特色。

・作業：尋找一張屬於春天的畫或圖片，或形容春天的詩或文章。

4. 暖身：讓學生躺在地板上，老師開始描述情境。

・在一個春天的早晨，毛毛蟲醒來了。他打了一個呵欠，甩甩他的頭、伸伸懶腰、躺在地上把他的腳往上伸直又縮回來重複做了幾次，很滿意地起來在地上爬行尋找食物。小草也醒來了，他起身跳一跳，甩掉身上的露珠，正想坐下休息一會，看見毛毛蟲張大嘴巴往他這邊過來，嚇得小草緊緊地抱在一起。毛毛蟲向小草靠近，他們肚子好餓，一口正要把小草吃掉，最緊張的時候跳出了幾隻小雞，他們張開翅膀往前一跳，就把毛毛蟲吃進了肚子。

5. 發展活動

- 把暖身的故事分組重新做一遍，可以配上音樂。
- 大家共同分享個人所蒐集到的不同作品，並說明自己的內容。
- 分組，每組學生選擇一種蒐集來的作品，以靜態的方式用身體表現出來。
- 從畫面發展成一個故事，讓學生說出來。

6. 分享活動

- 同樣的春天用畫畫和表演的方式表現，有什麼感覺？

四、大家去捕魚

活動目標：

- 能夠透過觀察與想像，模仿海底動物的動作。
- 能與他人合作，以老人與海的故事為基礎，發展一段簡單的表演。

教學活動：

1. 暖身

- 海產燈：類似紅綠燈的追逐遊戲，一人當鬼追逐其他同學，要避免被追可以大喊要變成海底動物的名稱，然後原地模仿該動物的動作，則可避免被抓。

2. 在水中游走

- 在教室內自由走動。
- 感覺自己在水中走的感覺。
- 分組實施，一組走路另一組欣賞。

- 分享：自己走路不同的感覺。
- **教學重點：用全身去感覺自己在水中，跟在空氣中走路有什麼不一樣。**

3. 如果我是一條魚
   - 冥想：想像我是一條魚，閉上眼睛，想像自己變成了一條魚。
   - **老師提示：你是什麼樣的魚？大魚還是小魚、游的速度、顏色、表皮是光滑還是粗糙的？你能不能說出你是什麼魚？**
   - 分享：說出自己是什麼樣的魚？
   - **教學重點：學生能夠跟著引導想像，在自己的腦海中構成的圖像，清楚明白地說出來。**
4. 我是一條魚
   - 把想像中的魚表現出來：將上一個活動中自己想像的魚的樣子用自己的身體表達出來。
   - **老師提示：盡可能地用身體的感覺把想像中的魚表現出來。要注意牠的動作。**
   - 分組：分成兩組或三組彼此欣賞別人的動作。
   - 我最喜歡的魚：同學模仿的魚中，哪一條你最喜歡，試著學學那一條魚的動作。可分組進行。
   - 不同的魚：一樣分組進行，如果上課空間夠大也可同時進行。老師說，同學做。如大魚、小魚、游得很快的、游得很慢的、找東西吃的魚、很餓的魚等。
5. 暖身活動
   - 漁翁捕魚：兩個人手互握，變成一個弧形當拿網的漁夫，其他人在一定範圍內複習前一個活動中魚的動作，兩個漁夫開始捕魚，如果被兩人圍起來的同學就是被捕了，換他當漁夫。

6. 抓魚的方法
   - 想想看有哪些抓魚的方式？
   - 分組：討論有哪些抓魚的方式，把它表現出來，不要用語言。
   - 各組分享：把各組想到的方法表現出來並互相討論。
7. 漁翁捕魚
   - 一組扮演魚，另一組扮演漁翁，彼此互動。
   - **教學重點：在於彼此間的互動關係的建立，抓魚的時候和自己當魚的時候，會有什麼不同的內在反應。**
8. 水族箱
   - 討論：同學所看過的水族箱中，有些什麼？它是什麼造型？
   - 想像：假想自己是水族箱中的魚，在主人餵食的時候會發生什麼事？
   - 分組：每一組表現出水族箱中的種種情形以及會發生的事件。
   - 分組表演與討論。
   - **教學重點：角色間所發生的事件要能清楚地表達，並能從事件中即興發展對白。**
9. 老人與海
   - 說故事：老師簡述《老人與海》的故事（請老師把握故事重點的描述）。

・分組：各組將老師說的故事，利用先前的學習經驗，以不說話的方式把故事的重點表現出來。

・分享與檢討：將各組演出的情形共同討論。討論重點在於同學如何呈現故事中的角色與情境的處理。

・再來一次：根據檢討的內容再做一次。

・教學重點：不讓學生用語言表達是著重在讓他能夠用身體思考，把重點放在肢體的表達。小朋友會思考如何表現海、船、釣魚，以及和魚搏鬥的過程等，非語言的肢體的表現方法。

五、好玩的遊戲

基本精神：各種不同的傳統遊戲進行變奏，發展學生平行思考能力，並以造型遊戲引導學生對自己身體進一步的認識與運用，開發學生肢體的潛力，善用自己的身體進行創作活動。在造型活動中，能夠體驗畫面的美感經驗，以及與人合作共同創作應有的精神與態度。

活動目標：

1. 能做肢體造型。
2. 能做肢體畫面組合。
3. 能感受空間與肢體造型的關係。
4. 能與他人合作做出肢體造型。
5. 能與他人做出三個以上的實物造型。
6. 能夠了解舞台畫面構成的要素，並把它呈現出來。
7. 能夠用肢體表現一個童話故事。

教學活動：

1. 暖身活動（大風吹及其變奏）
   - 大風吹遊戲。
   - 水果盤：玩法和大風吹一樣，每一個小朋友都自己選一種喜歡的水果，可以和別人重複。當老師說水果盤的時候，同學回答「裝什麼？」老師可以說水果的形狀或特性。如「有皮的」，同學所選的水果，如果有皮就要換位子。遊戲中學生要模仿水果的造型。
   - 動物園：玩法也和水果盤一樣，每一位同學選自己喜歡的動物，老師說「動物園」，同學說「看什麼？」老師說出動物名稱，同學就要搶到位置，並模仿該動物的動作。
2. 身體造型活動
   - 玩一二三木頭人：老師當鬼或讓小朋友當鬼玩一二三木頭人遊戲。
   - 以一二三木頭人的遊戲，引導學生，能夠聽到一二三木頭人就做一個完全不動的造型，讓學生自由表現肢體的動作。
   - **遊戲方法：老師說一二三木頭人，學生就要做一個不動的姿勢。老師可以強調最高的、最低的、最大的、最小的，例如：屁股比頭高的木頭人，讓小朋友的肢體變化越大越好。老師可以用鈴鼓取代喊一二三木頭人的口號。**
   - 身體造型組合：持續一二三木頭人的動作遊戲，由一人增加到兩人一組做身體隨機組合，組合的時候老師可以強調大小高低的變化。慢慢增加到四人、多人的不同組合方式，引導學生做出不同的身體造型。

- **遊戲重點：老師引導學生實際去做，並隨時去留意參考其他組的造型。因為要由多人組合的身體造型作為視覺藝術的導引活動，老師應多留意各組造型的特性。如伸展、高低、力度等造型的特性。**

3. 我的身體會寫字

- 阿拉伯數字：自己的身體做出阿拉伯數字1234。
- 水果的造型：學生自己選一種水果的造型用身體表現出來，讓同學猜猜看。
- 身體變變變：學生以自己個人的身體做出花、樹、桌、椅、船、飛機……等造型。
- 老師引導變成兩個人一組做出花、樹、桌、椅、船、飛機……等造型。
- 增為四個人一組做出花、樹、桌、椅、船、飛機……等造型。
- 六到八人一組做出花、樹、桌、椅、船、飛機……等造型。
- **引導重點：老師請特別強調學生去感受不同人數做造型的不一樣想法與作法。**
- 超級變變變：四個人或一組人做三或五種造型，讓同學猜猜看是什麼東西。可以分植物、動物、家具等造型。
- **引導重點：老師請特別強調，由模仿物品的特性入手，會有意想不到的創意表現。**

4. 舞台畫面呈現

- 美麗的公園：根據前面的學習經驗，可利用身體做出任何造型，由一組人組合出一個公園的畫面。老師可以先提示公園有些什麼？或讓小朋友討論公園裡有些什麼？
- 分享：公園構成後各組分別展現分享給同學，分享的過程老師請特別強調畫面的處理技巧，如平衡、高低的處理，最高原則是讓每一個人都可以讓觀看的小朋友看到。
- 好玩的遊樂場：以公園的處理方式，讓小朋友來到一個遊樂場，一組人組合成一個遊樂場的部分遊樂器材，可以一個一個展示分享，也可以一次呈現三個或五個，看班級人數決定。
- 作業：各組選一個最喜歡的童話故事。

5. 肢體劇
   - 童話故事封面：各組小朋友把他們選出來的童話故事，用人體造型做出封面的樣子，呈現給其他小朋友猜猜看，他們所要表演的童話故事是什麼。
   - 四格漫畫：從上面的童話故事中，選出四個畫面，特別

魔鏡啊！魔鏡，誰是世界上最美麗的女人？

強調要有開始與結束，表現給其他同學看。

- 八個畫面：以四個畫面的基礎，再增加四個畫面，變成八個畫面，而且要有開始跟結束，表現給其他同學分享。
- **引導重點：老師引導由一個小朋友說故事，其他同學做動作，或是邊說故事邊做動作。**
- 無聲的童話：將八個畫面以連續動態的方式呈現出來，就是一個無聲的童話故事肢體劇。

六、我的身體最美麗

基本精神：延續好玩的造型遊戲，透過音樂旋律的刺激，啟動學生對身體的創意能力，並探討身體動作的空間、節奏、能量等肢體表演元素的要素。進而引發一連串的語言或動作組合，結合成一個創意的表演故事，並能與他人分享。

活動目標：

- 能透過對於空間的探索，表現出身體動作的多變性和創意能力。
- 能透過身體的動作表達出對音樂的感受。
- 能夠與他人合作，透過從音樂中發展出來的肢體動作組合或故事情境，進行戲劇的創作活動。

教學活動：

1. 暖身活動

- 一二三木頭人的造型活動複習：老師用鈴鼓代替數一二三木頭人，讓學生自由地做身體造型活動。
- **教學重點：要求一個聲音能夠精確地到達一個不同造型**

的動作。

2. 高高低低
   - 探索不同水平的動作：播放比較柔和的音樂，讓學生跟著音樂的節奏探索不同水平的動作。
   - 探索高水準動作：引導學生想像把手伸向天空摘星星或抓雲朵的動作表現。
   - 探索低水平動作：引導學生去聞碧綠如茵的草地或在地上慢慢爬行。
   - 探索中水平動作：從高低的動作中體會出，還有中水平的動作，並能提出中水平的動作特色，如拉人、抹桌子的動作，跟著音樂做中水平的動作。
   - 讓學生說出動作的不同和操作時的感受。
   - **教學重點：學生確實能夠說出所做的動作不同的地方，並做出高低不同的動作。**
   - 讓學生有高低的動作組合，隨著音樂自由律動。
   - 讓學生以高中低不同的水平做動作的組合：音樂一停，學生必須做出一個不同水平的動作。
3. 大大小小
   - 暖身活動：種子發芽。

     想像自己是一顆最小的種子，種到土裡，老師澆水施肥後慢慢地長大，長到最大開花結果，然後又倒下。再發芽，重來一次。
4. 探索動作的開闔
   - 手指頭的開與闔：可以唱合攏張開的歌曲，配合手指頭的動作。

- 手的開闔動作：兩手間各種開闔動作的探索。
- 身體的開闔：張開身體，收縮身體。放大動作，縮小動作。
- 兩人一組，一人張開的動作，一人合攏的動作。也是跟著音樂不斷地變換八拍四拍兩拍等。

5. 高低大小（不同身體的組合）
   - 兩人一組，八拍做一個動作的變換，一人為高水平動作，一人為低水平動作，可以變成四拍兩拍變化，跟著音樂不斷變換。
   - 可以改變成四人一組或八人一組，做出高低大小等不同的變化，也是跟著音樂不斷地變換八拍四拍兩拍等。
6. 快快慢慢
   - 快走與慢走：走路走到最快，走路走到最慢，被狗追，下雨了，趕公車，散步，走在冰上，走在沙漠中。
   - 一個八拍由最小到最大：頭、手、肩膀、腳、全身。彎腰到手舉到最高點；蹲下到手舉到最高點；躺著到手舉到最高點。
   - 一個四拍：由躺著到最高點；由最左到最右；由最小到最大；各種不同方向的最小到最大。
   - 二拍：做到上述的動作。
   - 一拍：做到上述的動作。
   - **指導重點：同樣的動作，會因為不同的速度而有不同的質感。**
   - 用快節奏的音樂，讓小朋友自由的身體探索。
   - 用慢節奏的音樂，讓小朋友自由的身體探索。

7. 大象和貓咪

- 跟著我：選擇柔和的音樂，由一同學以手帶領另一位同學的手動。跟隨著音樂的感覺慢慢地動，可以變成手帶著夥伴的臉，也可以變成兩手跟著移動。
- **指導重點：老師請特別注意小朋友聽到音樂的感覺，要求學生對於空間位置的改變以及動作的多變性。**
- 重拍的動作：老師引導學生想像大象走路的感覺。
- 用全身模仿大象的動作：還有什麼動物感覺是重的，牠怎麼動？
- 與地面共舞：腳重踏地面，做出不同的動作，並選擇重拍的音樂，讓小朋友跟著音樂舞動。
- 輕巧的動作：讓小朋友想像自己就是一隻貓。
- 模仿貓的動作：把自己想像成一隻貓在跳舞。還有什麼動物感覺是輕巧的？試著做做看。
- 與天空共舞：讓自己的動作最輕盈。
- 選擇一種輕盈空靈的音樂，讓小朋友跟著音樂舞動。
- **指導重點：本活動重點在於讓小朋友感受到動作的力度，不同的力度，有不同的動作質感。**

8. 分組練習

- 由學生發表身體動作各種不同的表達層次：高低大小快慢輕重等。
- 老師選擇一種兼具有高低大小快慢輕重等不同質感的音樂，讓學生跟著音樂表達不同層次的動作。
- 分組練習與發表：讓學生分組表現。
- 討論可以使用的道具：如布、皺紋紙、球、呼拉圈，讓學生去討論。

- 試用不同的道具練習，並分享討論不同道具的使用方法。
- **指導重點：學生經常有了道具就沒有動作，請老師特別提醒同學隨時記住之前上課探索的要素。**
- 分組表演：彼此討論各組的表現重點。
- 再表演，再討論。
- 討論展演活動的形式：服裝、道具、音樂等。
- 宣傳品製作。

9. 我的身體最美麗：展演。
   - 展演場所布置。
   - 彩排。
   - 觀眾接待。
   - 展演。
   - 互評（互評表）。

只要身體動起來，就會有美麗的感覺。

10.檢討與評量

・活動檢討。

・自評：自評表填寫。

七、動物大集合

活動目標：

・透過動物肢體和聲音的模仿，活化學童的肢體動作和聲音的運用。

・能善用肢體動作，以擬人化的方式，創作一個以動物為主角的表演。

教學活動：

（一）模仿動物遊戲

1. 暖身：追逐遊戲。

・學生一人當獵人，其他人模仿動物的動作和聲音當動物，獵人追逐動物，被抓到的當獵人。老師擔任發號施令者，在遊戲的過程中可以喊停，所有同學必須凍結正在進行的動作，或喊慢動作，或倒帶動作等，以方便獵人抓動物或幫動物逃脫。

・延伸活動：也可以分兩組，一組派出獵人，一組當動物，抓到較多動物的一組獲勝。

・教學重點：本活動除動物的動作模仿外，主要學習是著重於學生在遊戲的情境中，對於危險情境的內在感受，面臨抓人或被抓時的心態，雖然是一種自然表現的狀態，但也是一種戲劇的體現活動。

2. 逛動物園

縮起脖子，長出一對小翅膀我就是小企鵝了。

- 動物園裡的動物：讓小朋友發表逛動物園的經驗，看過哪些動物？並將那些動物的動作表現出來。
- 逛動物園：由老師帶領同學一起逛動物園。老師邊說故事（如參考故事），說到哪一種動物，全體同學就必須變成老師故事中的動物。
- 參考故事：有一天我到動物園去，第一站我先去看老虎，老虎的動作很可愛。牠們互相抓癢，在地上滾。看完了老虎我去看鴕鳥，鴕鳥正在吃東西，牠的頭好像雷達一樣，左看右看，很精明的樣子。牠跑的動作非常快。我看得很有趣。後來我去看大象，大象伸出長長的鼻子，往空中大叫一聲，害我嚇了一跳。我趕快跑去看袋鼠，袋鼠跳來跳去，停下來搔搔癢，好可愛。最後我到野鳥區，有很多不同的野鳥，飛來飛去，也有一些野鳥停下來，縮著一隻腳，直挺挺地站著，還有其他的小鳥跳來跳去。到了傍晚，我才很快樂地回家。

3. 綜合活動：冥想練習。
   - 同學都閉上眼睛輕鬆地坐著或躺著，老師描述一段以動物為觀點的情境，讓同學跟隨著老師描述的情境冥想。

（二）聲音模仿遊戲

1. 暖身活動：棒打老虎。

・由同學共同討論，棒子、老虎、雞和蟲四種身體造型。遊戲是兩人一組面對面，喊「棒打老虎雞吃蟲」的口令後，面對面做出一種造型。棒子打老虎，老虎吃雞，雞吃蟲，蟲蛀棒子。如此看誰勝的最多。

・延伸活動：可以分組比賽增加趣味性，但重點在於學生能夠把四種東西的造型細膩地表現出來。

2. 發聲活動

・以「ㄚ、ㄟ、ㄧ、ㄛ、ㄨ」五音發聲，利用腹式呼吸法暖化自己的聲音，也學習正確的發聲位置。

3. 探索動物的聲音

・約六人一組，每組討論三分鐘，至少找到五種以上的動物聲音，並能夠全組一起表現出來。

・各組輪流將討論的聲音表現出來，並讓其他同學說出是什麼動物的聲音。

4. 動物大合音

・由老師擔任指揮，各組從上一個活動表現的聲音中，選擇一種動物聲音，跟隨著老師的指揮，進行動物大合音。

5. 聲音與動作

・每組選擇一種動物的聲音並配上動作。

（三）動物家庭

1. 暖身活動一

・分組：每一組選一種動物的動作，做早操。

2. 動物家庭

・老師說故事：可自編或參考現成的繪本故事。

・每組以一種動物將上面這個故事表現出來，只能用該動物的動作和該動物的聲音來表現故事。

3. 分組呈現與討論

・各組按順序將動物家庭的故事呈現。

・互相討論。

・如果還有時間可以讓一兩組再來一次。

（四）動物家庭二

1. 暖身活動

・分組，每組選一首簡單的童謠，搭配一種動物的動作，或結合多種動物的動作，配上童謠的旋律，也可以用動物的聲音來唱童謠。

2. 動物家庭人語篇：將上一節課動物家庭演出的故事，運用動物的動作，但使用人的語言，重新演練一次。

3. 分組呈現與檢討

・各組表演並讓同學提出問題討論。

・依據修正意見再演一次。

4. 分享討論活動

・以人聲和動物的聲音表演有何不同？

・如果再來一次，我想用什麼動物來表演？為什麼？

八、詩的表演

設計理念：聲音的運用是表演藝術非常重要的一部分，本活動是透過不同的聲音遊戲和肢體的引導，讓小朋友來探究自己對聲音運用的不同方法。讓小朋友在實際操作中，有不同的聲音體驗。

活動目標：

- 能探索自己不同的聲音表現。
- 能運用不同的聲音來表達詩。
- 能透過不同的表達方式來了解詩的語言。
- 能夠透過與別人互動的機會，體會詩的意境。

教學活動：

（一）野人的聲音

1. 引導活動：老師引導學生表現野人的叫聲。
2. 短音探索
   - 老師引導學生發出不同的野人聲音。
   - 從一個短音開始，如吼、嘿、哈、嗚……。
   - 兩個短音、三個短音……。
   - 不同的聲音變化：高低、大小、強弱、快慢。
3. 長音探索
   - 從一個長音開始，如啊、嗚、嘟……。
   - 短加長音或兩短三短加長音變化。
   - 不同的聲音變化：高低、大小、強弱、快慢。
4. 烏鴉合唱團
   - 每組選擇一種聲音，老師當指揮，依照教師的指揮，表現不同的長短快慢強弱等聲音的元素。
   - 每組選一個指揮，每個同學都發一個不同的音。試著讓小組做表演亦可。
   - **教學重點：建議第二節課由音樂探索音的高低、長短、**

強弱、連續與反覆等不同的表現方式，讓小朋友跟著不同的音樂做簡單的肢體伸展活動。

（二）野人舞

1. 暖身活動：選擇音樂由低到高、由弱到強、由慢到快的連續音。讓小朋友能夠跟隨著音樂做肢體伸展活動。

2. 聲音與動作

⑴聲音與動作一

- 為一個短音加一個身體動作。如吼、嘿、哈等連續做四拍。個別做、一起做。
- 兩人一組將兩個聲音和兩個動作結合，做一個八拍以上。
- 四人一組，將四個聲音和四個動作加起來，做兩個八拍以上。

⑵聲音與動作二：八人一組

- 兩個聲音一個動作，連續四次以上。
- 三個聲音一個動作，連續四次以上。
- 用高低變化加肢體動作。
- 用強弱變化加肢體動作。
- 用快慢變化加身體動作。
- 用連續音和肢體動作。
- 用斷續音和肢體動作。
- 用高低強弱快慢變化來表達不同的情緒和動作。

3. 野人舞

- 利用不同的聲音組合，分組做出不同的、類似野人的舞蹈動作。

動作的能量是由身體表現出來的。

- **教學重點：強調學生對聲音變化的掌握，動作僅是用來輔助的。**

（三）詩的朗誦

1. 暖身活動：野人舞。
   - 將上一節課的野人舞當作暖身活動。
2. 詩的聲音一
   - 老師可選用經常見到的唐詩，如〈靜夜思〉、〈尋隱者不遇〉等，或每一組選不同的一首詩。
   - 不同高低朗誦詩。
   - 不同強弱朗誦詩。
   - 不同速度朗誦詩。
3. 簡單詩的呈現：運用上面的技巧，混合兩個或三個元素，將詩朗誦出來。
4. 詩的聲音二
   - 利用同一首詩或選不同的詩。

・連續地朗誦。

・斷續地朗誦。

・卡農的唱法。

・用唱的。

5. 分組練習與分享：運用上面的技巧，將不同的元素組合以表現一首詩。

6. 詩的情緒：運用喜、怒、哀、樂、恐懼、浪漫等情緒，將上面朗誦過的詩表現出來。

7. 詩的聲音

・分組，每一組用兩種不同的聲音元素來表現一首詩。

・練習。

・分享與討論：用什麼元素？怎麼用會更好？

・**教學重點：這個活動重點在於聲音的變化，請老師特別注意學生要多使用不同的聲音。如果學生聲音的變化太少，老師可以做一些提示。**

（四）聲音和動作

1. 複習活動：詩的朗誦

・各組將前一個活動的朗誦再做一次。

2. 聲音和動作一：連結前面活動的經驗，讓小朋友從朗誦的聲音中，選擇能夠搭配該組聲音表現的動作，結合聲音與動作把它表現出來。

3. 聲音和動作二：另外選一種與前一項動作性質相反的動作，如強變弱、快變慢等再做一遍。

4. 討論與分享

・不同的動作有什麼感覺？

・運用哪些不同的元素？

・還能夠如何變化？

・**教學重點：動作不必要求太複雜，但要有變化。除了要求小朋友能夠用不同的動作把詩表現出來，還要讓他們說出動作不同時內在的感覺是什麼。**

（五）詩的畫面

1. 暖身活動：以前一個活動詩的動作當作暖身活動，並引導到本活動。

2. 詩的畫面

・將詩的情境變成一個身體畫面。

・將詩的情境變成兩個身體畫面。

・將詩的情境變成三個身體畫面。

・將詩的情境變成四個身體畫面，並配上朗誦詩的聲音。

3. 詩的連續畫面

・連續做四畫面並配上朗誦的聲音。

・討論與分享：為什麼這樣做？自己有什麼感覺？與別人合作的感想？

・作業：請學生下次上課前蒐集一首具有畫面或劇情的現代兒童詩。

・**教學重點：小朋友能夠把詩的情境用一整組人的身體表現出來。**

（六）兒童詩的表演

1. 暖身活動：搖滾唐詩

・利用唐詩，以搖滾歌曲方式引導學生做暖身活動。利用音樂的節奏感帶動學生的肢體動作。

2. 兒童詩欣賞與探索
   - 他們利用哪些元素？
   - 你有什麼心得？
3. 兒童詩欣賞：各組將所蒐集到的童詩選出兩首，並以朗誦的方式呈現。
4. 討論：各組選擇一首詩，並以肢體舞蹈和戲劇形式呈現。

九、讀劇練習

活動目標：

- 能了解劇本寫作的形式。
- 能運用讀劇的基本方法，深入閱讀劇本。
- 能與人共同合作讀劇，並討論劇本的組成要素。

教學流程：

1. 暖身活動：今天天氣很好。
   - 學生在活動場地自由地走動，一邊走一邊很清楚地唸出「今天天氣很好」。
   - 慢慢地、清楚地唸出。
   - 高聲地唸出。
   - 低聲地唸出。
   - 生氣地唸出。
   - 快樂地唸出。
   - **教學重點：學生能夠感受聲音的不同變化之外，重要的是在於個人內在情緒的調整，必須能支撐聲音的表現。**
2. 劇本搶讀遊戲
   - 學生分六組。

- 每組必須在第一時間搶讀劇本的一個對話。最先搶到台詞的組別可以讀完整句對話，其他組則必須退讓。搶到詞的組別唸完該句對話，其他組可以搶其他句對話，遊戲繼續到讀完劇本為止（簡單地說，就是一組搶讀一句完整的對話後，不能馬上搶下一句的對話，要間隔一句才能再搶讀其他對話）。
- 舞台指示部分，由老師讀以利場面控制和節奏的處理。
- 結束後結算各組所讀到的對話數。
- 老師可以考慮時間，重讀一次。

3. 想像與分享
   - 請學生在讀過劇本後，閉上眼睛，想像從劇本中所得到的畫面、情境或想法。
   - 與同學分享自己的想法或畫面。
4. 劇本讀一讀
   - 學生分組，每組約六、七人。
   - 各組分別拿著課本把劇本讀一次，之後分配角色。舞台指示也要由一個人專門讀。
   - 各組分別練習一次。
   - 各組分別讀一次，教師和學生共同提出問題和討論。
   - **教學重點：本次讀劇旨在讓學生能夠分配角色，一組人完整地把劇本依人物和對話的順序，將劇本完整地讀出即可，對於更深入的表現，並非本次練習的重點。各組只要完整順暢地讀完劇本即可。**
5. 劇本分析與討論
   - 從劇本中發現以下問題：劇本中有哪些人物？劇中主要

在探討什麼事？劇本中故事發生的地點在哪裡？劇本故事發生的時間？

・劇本的結構和形式：劇本主要可以分為哪些部分？主要內容是什麼？劇本有什麼特別的地方？

6. 暖身活動

・自己找到劇本中的一句台詞，邊走邊把台詞唸出來。可以依照不同的角色或情緒選擇不同的台詞來表達。

・老人的聲音。

・小孩的聲音。

・生氣的聲音。

・害怕的聲音。

7. 讀劇練習

(1)討論場景的設置。

(2)分組練習

・角色的分配：一人飾兩角色，或兩人飾同角色。舞台指示也是一個人角色。

・場景的設置：討論用什麼東西來替代想像中的舞台場景。

・角色的聲音表現：角色在劇中的年齡情緒。

・簡單的區位處理：人物在對話中如何行動來變換區位及處理舞台的基本畫面。

8. 共同分享討論

・各組將練習的結果表演給同學欣賞。

・老師和同學共同提出討論，並提供改進意見。

9. 討論、修正、再練習

・各組依同學和老師提供的意見進行討論和修正。

・再練習一次。

10.讀劇演練表演

・各組依正式的讀劇過程呈現。

・分享想法，並與同學討論。

・**教學重點：讀劇是一種劇本表現形式，它是一種拿著劇本的演出，讀劇時雖然可以拿著劇本並可以看著劇本讀劇，但演出者仍要熟悉劇本內容，盡可能把每一句台詞都表現得最符合編劇的原意和想法。**

十、我所看到的職業

活動目標：

・能細膩地觀察日常接觸的行業，運用身體表現各種行業的動作特性。

・了解不同行業的工作環境和內容，以故事展示各行業對自己生活的貢獻。

・經過對各行業的探索後，能尊重各種工作的價值。

教學流程：

1. 暖身活動：我所看到職業

・選擇旋律和緩的音樂。

・學生在教室內散開來，在教室內自由地行走，試著變成那個職業的人。

2. 每天會接觸的人

・人物討論：在每天的生活中，經常接觸的人有哪些？他們做什麼？說出來與人分享。如早餐店老闆、交通警察、超商店員、志工媽媽……。

- 動作特徵比一比：他們有什麼特別的動作？用什麼動作可以來表現他們的工作身分。把它說出來、做出來。
- 在教室自由走動，老師的音樂一停就做出一個人物的動作。老師選擇比較有特色的動作，讓同學看看是什麼人物的動作，訪問同學，問他為什麼這麼做。
- 語言特徵：他們最常說的話是什麼？把它表現出來，看看其他同學能不能了解是什麼人物講的話。
- 兩人一組，相互練習該人物的講話。

3. 分享與討論
   - 這些人物跟我們有什麼關係？
   - 你會跟他說謝謝嗎？為什麼？
4. 提供不同服務的人
   - 除了經常可以看見和接觸的這些人外，還有哪些工作提供了我們日常生活的需要？從食、衣、住、行、育、樂等生活層面探討。如：提供生活中必要服務的行業有理髮師，提供專業服務的醫生，提供糧食、飯菜的農夫和市場攤販等。
   - 學生分若干組，每組討論選出一種工作，表現出他們的工作方式、工作內容和工作環境。
   - 討論工作內容時，老師應隨時發現學生工作的動作和方式，發現具有特色和表現性的動作，可特別強調讓其他同學參考模仿。
5. 表現與討論
   - 各組分別呈現所討論的服務人員的片段。

- 討論各組的表現內容：從動作特徵及說話特色和其他特質來發現行業特色。
- 當每一組表現完畢之後，所有觀眾站起來向他們表達：謝謝您。

6. 分享與反思
   - 想想自己是否曾經輕視某一個行業，覺得它沒有價值。經過這個活動後是否改變了看法？為什麼？
   - **教學重點：讓學生發現生活中有許多不同的行業，深刻地思考這些行業與自己生活的關係。活動雖然類似模仿活動，但重點在以自己的觀點來發現更細膩的生活角色。特別強調各種不同的行業，是著眼於各種行業的工作特徵較能引起小朋友的注意，在觀察上比較容易發現。如果學生有更細膩的動作表現應該特別予以增強。模仿在表演課程中出現的機率很高，表演就是以模仿開始，模仿的能力則來自於觀察，而我們生活周遭所有人**

這樣的畫面或動作表現什麼職業？

都可以是觀察的對象，觀察不是普通的看，而是透過更細膩的接觸，從外在的體型、動作、口音的模仿，漸漸地進入人物的內心，表演才會更加豐富。透過觀察模仿學習而來的各種不同的人物，就是個人對於人物深入的基本資料，是表演活動的基礎。擁有這些人物的表演特質，我們必須思考的是，表演不只是模仿這些人物，而是透過活動讓學生更了解他們，能夠透過戲劇的活動，再現與反思自己平常的刻板印象。

十一、手機事件

活動目標：

- 能運用教師入戲的戲劇技巧，引導學生討論上課接聽手機的問題。
- 以戲劇技巧帶領學生進入戲劇情境，並踴躍討論相關議題。
- 能夠在議題中提出對上課接聽手機的價值判斷。

教學流程：

1. 請各位跟我一起關上手機。
2. 請各位閉上眼睛，吸氣吐氣，吸四拍、停四拍、吐四拍。
3. 請各位想像，你的眼前就有一朵花，粉紅色的一朵花，看到花的請舉手。請再仔細地看，這朵花，粉紅色的花瓣底部，透著青嫩的白色，好像可以透光的翡翠一樣，它的三根花蕊像觸鬚往天空伸出去。看到的請舉手。謝謝，請張開眼睛。
4. 想像永遠都是美好，讓美好的想像來帶領我們進入今天的課程。

5. 今天課程是戲劇技巧的教學運用：團體的角色探索。為什麼剛才我要大家關掉手機，因為今天角色探索的人物，就是一位國中生，他因為在上課時候手機響了，老師請他把手機交出來，他不服從，老師要拿他的手機時，他反手卻推到老師，結果這個學生面臨學校的處分。等一下我們請這位學生到現場來，當我坐下來我就是那位學生，而站起來就回到老師或主持人的身分。
6. （坐下）各位好，我叫陳家興，今年國三，那個吳老師他是訓導處的老師，平時就很機車，經常找我麻煩，說我像陳進興什麼的，我也不知道他在說什麼。那天真的很倒楣，我平常上課手機都會改震動，那天好死不死我忘了，手機響的時候我就想完了，趕快關掉，吳老師就是一定要我交出手機，我當然不肯，那支手機才剛買的耶，他跑過來要來搶，我當然要閃，結果他跌倒，撞得鼻子腫得跟蓮霧一樣，學校還要我轉學。
7. （站起來）現在，各位對陳同學的背景有什麼問題要問他？（如果有就用陳生的角色回答，如果沒有就回到老師的說明）
8. 這時候由學生來發問，主要的問題在於陳家興的成長背景或家庭狀況或個人價值觀，愈多的問題愈能刺激，扮演的角色更清晰。（說明：這樣技巧能夠把角色的背景豐富起來，當我們在設計或要演出這個角色的時候，陳家興就是一個完整的角色。）
9. （站起來）接下來各位即將變成尖銳的記者，對事件的始末你們必須詳細地報導。我帶著陳家興開記者會，各位記者，事情發生的經過，剛剛陳同學都已經說過了，各位對於搶手機事件的過程是否還有什麼問題？（說明：這樣的過程可以讓事件的始末透明，更清楚的呈現，幫助角色也幫助議題設計者把狀況更深入，這是團體的力量。）

10.這是一個可以繼續延伸的問題，譬如我可以是人本基金會的人帶著學生開記者會，指控學校處置不當。最後可以讓學生變成陳家興的同學，贊成和反對者彼此對話，藉由一個事件或議題，透過角色來討論。這是戲劇在教學上運用的一種技巧。

十二、統整教學案例：音樂劇《彼得與狼》教學實例

活動目標：

- 能夠了解音樂和表演之間可以有互相交流和感染的藝術特性。
- 配合以音樂引導表演肢體和故事發展。
- 能夠與同學一起合作探索《彼得與狼》的音樂結構和創作表演。

教學流程：

1. 暖身遊戲
   - 「棒打老虎雞吃蟲」或「動物紅綠燈」皆可。
   - **教學重點：暖身遊戲可以利用一般的團體遊戲進行，主要讓小朋友能夠感受到表演教學是一種在快樂的氣氛中學習課程，另外也達到暖身的效果，讓小朋友卸除緊張感。**
2. 肢體探索：動物肢體的探索
   - 想像動物。

・用身體來表現。
・全體一起做，以動物動作來找朋友。
・**教學重點：老師可以引導學生進行動物的動作，重點在於學生能夠抓住所模仿動物的動作特徵，如猴子、鴕鳥、大象等。讓學生思考並實地操作互相觀摩。**

3. 《彼得與狼》的肢體引導
・一段一段地聽《彼得與狼》的音樂。
・尋找音樂片段。
・探索音樂中的動物和動作。
・**教學重點：以《彼得與狼》的故事和音樂引導小朋友的動作探索。一邊聽音樂，一邊想像與探索動作。**

4. 《彼得與狼》表演引導
・一邊聽故事，一邊聽《彼得與狼》的音樂。
・引導小朋友演出故事中的情形。
・邀請不同的小朋友，進行同一段故事的演練。
・討論不同小朋友演練的差異。
・老師引導練習二至三段音樂片段。
・**教學重點：表演時，演員的舞台行動和舞台陳設的探索與實作。**

5. 《彼得與狼》演練
・約十人一組。
・各組就各音樂片段練習。
・演出，再練習，再演出。
・分享與討論。
・教學重點：各組分別就《彼得與狼》不同的音樂片段演

練。並分享成果。

・器材準備：CD音響、單槍投影機及音響。

十三、「探索與表現」主題教學計畫

學習領域	藝術與人文	教學時間	共五節，每節四十分鐘，共計兩百分鐘
單元名稱	造型與韻律的組合	教學設計	廖順約、陳映蓉、藍惠美
教學對象	國小中年級		
九年一貫主題統整教學理念說明： 本單元是希望以積木為介質，從積木的組合運用，讓學生實踐身體造型與積木的互動，引導學生探索肢體表現、營造立體造型的視覺情境以及以音樂來引導身體的律動，探索音樂與顏色的關係。本單元是以探索和表現為主要目標，探索不同藝術領域之間彼此互動的關係，活動主要的目的是要給予學生探索可能的表現方式而非技能的學習，學生的想法或許簡單，但只要能夠激起想要表現的慾望並能試著去操作，就已經達成學習目的。顏色、音樂和肢體並沒有必然的關係，只是運用不同的元素來激發小朋友感官更敏銳、更具表現力。			
十大基本能力： 1 了解自我並發展潛能　2 欣賞、表現與創新　3 表達、溝通與分享 4 尊重、關懷與團隊合作　5 主動探索與研究　6 規畫組織與實踐			
能力主軸：探索與表現			
能力指標： 1-2-1 探索各種媒體、技法與形式，了解不同創作要素的效果與差異，以方便進行藝術創作活動。 1-2-2 嘗試以視覺、聽覺及動覺的藝術創作形式，表達豐富的想像與創作力。 1-2-3 參與藝術創作活動，能用自己的符號記錄所獲得的知識、技法的特性及心中的感受。 1-2-4 運用視覺、聽覺、動覺的要素，從事展演活動，呈現個人的感受與想法。			

（接下頁）

教學目標：

1-2-1-1　利用身邊物，當做視覺、聽覺、動覺探索的媒介，進行藝術創作活動。

1-2-1-2　能嘗試體驗以肢體的律動，探索、感受音樂的情感、節奏。

1-2-2-1　嘗試以默劇、肢體律動、戲劇創作的創作形式，表達豐富的想像與創作力。

1-2-2-2　嘗試用色彩，表達對音樂的聯想與感受。

1-2-3-1　運用立體造型的方式，記錄音樂給予的感受。

1-2-4-1　能利用立體造形物，配合肢體表情動作，從事展演活動。

1-2-4-2　能運用立體物的色彩，表現對兩首對比音樂的感受與想法。

1-2-4-3　能運用肢體的表現，結合音樂的感受，從事展演活動。

教師準備：

第三單元：

1. 選擇一組對比強烈的音樂。一為輕柔優雅（如德布西〈棕髮少女〉），另一為快速激昂（如巴哈〈d小調觸技曲〉），每段約兩分鐘。
2. 學習單一份。

第四單元：

1. 選擇一組對比強烈的音樂。一為輕柔優雅（如德布西〈棕髮少女〉），另一為快速激昂（如巴哈〈d小調觸技曲〉），每段約兩分鐘。
2. 學習單一份。

第五單元：

1. 葛利格的〈第二號挪威舞曲〉。
2. 學習單一份。

學生準備：

第一單元：每人準備一個或數個大小不同的紙箱。

第三單元：十二色粉蠟筆。

第四單元：

1. 每人至少收集六個紙箱（大小不拘），在紙箱的六個面各貼上紅、橙、黃、綠、藍、靛、紫、黑、白等為主色的月曆紙。
2. 每人準備一把剪刀、每組寬膠帶一捲。

（接下頁）

時間	能力指標	教學流程及重點	教學資源
   15分 25分	1-2-1-1	【單元一、積木和身體】 課前準備：學生每人準備一個或數個大小不同的紙箱。 活動一：教師帶領示範 1. 教師用一個紙箱，作為默劇表演的道具，賦予紙箱意義。 2. 學生在旁觀察聯想，並猜猜看教師賦予「紙箱」什麼意義，表演什麼情境？例如：坐在紙箱上面，紙箱被視為「椅子」；坐在紙箱的前面，看得津津有味，紙箱變成了「電視」；把紙箱放在肩上，表現出一副扛得很累的樣子，此時的紙箱變成了「重物」……。 **教學重點：啟發學生把身邊物運用想像力加以聯想，並用肢體表情，賦予它新的意義和生命。** 活動二：學生輪流單獨出來表演 1. 學生可以自由挑選一個或數個紙箱，作為表演的道具。 2. 教師請其他學生觀摩欣賞並猜猜看他賦予「紙箱」什麼意義，表演什麼情境？ **教學重點：能夠用心的體會及欣賞別人的表演。**	
20分	1-2-2-1	【單元二、紙箱的造型vs.戲劇表演】 活動一：分組討論並演練 1. 以「火車火車幾點開」的遊戲方式，把全班分成若干組，每組約五至六人。	

（接下頁）

時間	能力指標	教學流程及重點	教學資源
		2. 每一組各自討論選定一個主題，用全組帶來的紙箱，共同組合堆疊成一個造型。 3. 由數位或全組的組員，配合這個造型體，以默劇的方式演出一個約十至二十秒的情境。 4. 全組組員共同討論並製作。 **教學重點：讓學生體驗與同組的同學合作製作立體造型的道具。能運用具體、半具體、甚至略為抽象的造型體，當作表演的道具。**	
20分	1-2-2-1 1-2-4-1	活動二：分組表演，分享討論 1. 以輪流的方式，各組在自己組合完成的「造型體」位置表演。 2. 其他組的學生在旁欣賞，欣賞後請各組發表欣賞的感想。如：紙箱的造型像什麼？表演的情境是什麼？同學的表演技巧是不是很精采很像還是好笑而已？有什麼創意或特殊的地方？ 3. 表演的那一組發表自己這一組的創作想法和過程，看看哪些組猜中了他們的想法。 4. 每一組輪流表演，並就積木的組合造型、樣式和意義與表演的關聯做討論分享。 **教學重點：用默劇的方式，共同創作，享受表演的樂趣。並發表、分享自己的看法與感受。**	

（接下頁）

時間	能力指標	教學流程及重點	教學資源
20分		【單元三、音樂欣賞vs.肢體感受】 活動一：兩段音樂的比較 1. 教師播放輕柔優雅的音樂，請學生閉上眼睛欣賞、感受，並想像音樂的情境。 2. 再播放一次，請學生隨音樂節奏的快慢、聲音的大小輕重，自由的用自己的肢體及表情表達這段音樂給他的感受。 3. 教師播放快速激昂的音樂，請學生閉上眼睛欣賞、感受，並想像音樂的情境。 4. 再播放一次，請學生隨音樂節奏的快慢、聲音的大小輕重，自由的用肢體及表情表達這段音樂給自己的感受。 5. 請學生發表這兩段音樂給他什麼不同的感覺和聯想到什麼情境畫面。 **教學重點：讓學生透過肢體表現，感受音樂的特色。並表達出兩段音樂的差異。**	
15分	1-2-2-2 1-2-4-2	活動二：音樂欣賞vs.肢體感受 1. 教師交錯播放兩首音樂，請學生隨音樂節奏的快慢和感覺，自由地以自己的肢體來表達對兩首音樂的感受。 2. 請學生發表這兩段音樂給他什麼不同的感覺和聯想到什麼情境畫面，這畫面是什麼色調。	
5分		3. 請學生填寫學習活動單。 **教學重點：讓學生透過肢體表演，清晰地感受兩段音樂的差異，且表達出兩段音樂的差異。**	

（接下頁）

時間	能力指標	教學流程及重點	教學資源
20分		【單元四、賦予音樂色彩】 活動一：音樂的色調 1. 教師播放輕柔優雅的音樂，請學生閉上眼睛欣賞感受，並想像音樂的情境和色調。 2. 教師請每位學生選出紙箱上的一個顏色，顏色朝前，代表這個音樂給自己的感受。 3. 教師播放快速激昂的音樂，請學生閉上眼睛欣賞感受，並想像音樂的情境和色調。 4. 教師請每位學生選出紙箱上的一個顏色，顏色朝前，代表這個音樂給自己的感受。 5. 請學生發表自己的看法和感覺。 **教學重點：能充分的感受音樂的曲風，並加以豐富的聯想。能充分感受兩首對比音樂的不同。**	
20分	1-2-2-2 1-2-3-1	活動二：隨意的排列組合 1. 教師播放輕柔優雅的音樂，請每位學生選出紙箱上的一個顏色，顏色朝前，代表這個音樂給自己的感受。 2. 請學生隨著音樂的旋律，輪流一個一個的把紙箱（選定的顏色朝前）隨意的排列組合起來。 3. 請學生發表對這堆紙箱色調的看法。 4. 教師播放快速激昂的音樂，請每位學生另外再拿一個紙箱，選出紙箱上的一個顏色，顏色朝前，代表這個音樂給自己	

（接下頁）

時間	能力指標	教學流程及重點	教學資源
		的感受。 5. 請學生隨著音樂的旋律，輪流一個一個的把紙箱（選定的顏色朝前）隨意的排列組合起來，放在剛才那一堆紙箱的旁邊。 6. 請學生發表對這兩堆紙箱色調的看法，比較有什麼不同？ **教學重點：用色彩表現音樂的感受。利用兩堆色彩對比的紙箱，讓學生清晰地看出對比音樂的感受。**	
10分 15分	1-2-3-1 1-2-4-3 1-2-4-1 1-2-2-1	【單元五、音樂與戲劇的聯想】 活動一： 1. 教師播放〈第二號挪威舞曲〉，請學生閉上眼睛欣賞感受，一邊播放音樂，一邊簡單的介紹這首曲子的基本資料。 2. 教師請學生一邊聽音樂，一邊想像這首音樂的情境和色調，讓人聯想到哪一個童話故事？ 3. 請學生發表想法。 4. 繼續播放音樂，請學生一邊聽音樂，一邊做分組討論。討論內容：⑴這段音樂適合當作哪一個童話故事情節的配樂？⑵討論如何利用紙箱（每組每人各有六個貼好月曆紙的紙箱）排列組合成故事中的道具？⑶分配每一位組員在故事中擔任的角色。 5. 分組製作與排演。 **教學重點：讓學生感受到同一首音樂中亦有節奏曲式的變化。並能隨音樂節奏的變化，想像音樂中的情境。**	

（接下頁）

時間	能力指標	教學流程及重點	教學資源
15分		活動二： 1. 分組表演——以抽籤的方式決定各組出場表演的順序。 2. 每一組表演完，請這組的學生說明表演的內容、分享討論與製作過程的點點滴滴。 3. 請其他學生發表對這組的看法和感覺。 4. 綜合討論。 5. 學生自評和分組互評。	

十四、「實踐與應用」主題教學計畫

學習領域	藝術與人文	教學時間	共十四節，每節四十分鐘，共計五百六十分鐘
單元名稱	相招來做表演	教學設計	廖順約、陳映蓉、藍惠美
教學對象	國小高年級		

九年一貫主題統整教學理念說明：

本教學主題是從欣賞、策畫、執行演出，以及評鑑教學這四部分來設計，藉由教師引導讓學生實際體驗一齣戲劇的形成過程。

由於本主題是引導學生從無到有的形成一齣表演，因此教學過程中，教師須隨時以接近紀錄片的跟拍方式，錄下學生的構思、設計、排練直到演出結束，最後再以類似電影剪輯幕後花絮的形式呈現，讓學生與教師進行最後的評鑑活動。

以影像記錄學生學習的過程，這份教學資料不僅可以引發教師教學構思，激發學生學習興趣，也能讓學生透過欣賞演出的過程，了解演出流程和製作的內容，實際體驗演出過程的辛苦與樂趣。

這份教學計畫的最終目標，是希望提供教師能夠在教室中帶領學生完成的一般性教學活動，而非必須動用特殊安排與訓練才能完成的特殊教學計畫，讓表演藝術教學更落實於一般課程中。

（接下頁）

十大基本能力：

1 瞭解自我並發展潛能　2 欣賞、表現與創新　3 表達、溝通與分享
4 尊重、關懷與團隊合作　5 主動探索與研究

能力主軸：

實踐與應用；使每位學生能了解藝術與生活的關聯，透過藝術活動增強對環境的知覺；認識藝術行業，擴展藝術的視野，尊重與了解藝術創作，並能身體力行，實踐於生活中。

能力指標：

3-3-11 以正確的觀念和態度，欣賞各類型的藝術展演活動。

3-3-12 運用科技及各種方式蒐集、分類不同之藝文資訊，並養成習慣。

3-3-13 運用學習累積的藝術知能，設計、規劃並進行美化或改造生活空間。

教學目標：

1. 能實際應用表演藝術課程所學習的表演能力，選擇生活中的故事片段，改編童話故事，與同學一起討論、發展故事、排練、完成短劇的演出。
2. 能夠與他人共同合作，從事表演藝術的創作活動。
3. 喜歡自己的表演也欣賞他人的表演。

教師準備：

第一單元：數種表演的影片片段，每段約兩分鐘。學習單五份。

第二單元：學習單一份（每組一張）。

學生準備：

第一單元：

1. 每人收集各種表演的海報或DM。
2. 先去欣賞各種演出或全班策畫一次校外的戲劇表演欣賞活動。

第二單元：

1. 每組半開壁報紙、半開厚紙板各兩張、A4各色書面紙數張。
2. 每人準備剪刀、膠水、色紙、彩色筆、水彩顏料工具各一份。
3. 其他演出需要的物品。

評量方式：

每位學生準備一個檔案資料夾，蒐集活動過程中，所有歷程中的討論、心得札記、蒐集、分類、表演、製作、訪問等資料，於各活動單元後，進行自評、互評及綜合評量。

（接下頁）

時間	能力指標	教學流程及重點	教學資源
20分		【單元一、欣賞表演】 活動一：表演片段影片欣賞。 1. 學生欣賞數種表演的影片片段後，請學生分組討論 ⑴ 表演的種類有哪些？ ・表演的種類：戲劇、音樂、歌劇、舞蹈、布偶戲、服裝秀、演唱會……。	
20分		⑵ 運用或呈現了哪些藝術的表現？ ・運用藝術的表現：肢體表現、聲音、配樂、舞台布景、舞台布置、服裝、化妝、燈光……。	
40分		2. 如何欣賞表演 ⑴ 發現戲劇中的人物：角色 ・表演中有哪些令人記憶深刻的人物？ ・哪一個人物最有特色？ ・哪些人物最令人感動？ ⑵ 找到戲劇的素材：故事和情節 ・戲劇的故事如何發展？ ・哪些情節是出乎意料之外，又合乎人的常情？ ・故事如何開始、中間如何發展、如何結束？ ⑶ 思考戲劇的中心思想：主題 ・戲劇中傳達了什麼觀念？ ・這些觀念是否開啟自己的思想視野？	

（接下頁）

時間	能力指標	教學流程及重點	教學資源
		⑷戲劇的語言表達：對話 ・對話有什麼特色？ ・對話能否表現角色？ ・對話是否推進戲劇情節？ **教學重點：了解表演的種類，哪些是藝術的表現，並能夠欣賞一齣戲的主要面向。** 【單元二、策畫精采的表演】	
20分		活動一：策畫一場精采的表演 1. 如果請每一組策畫一場精采表演，你們會要策畫一場怎麼樣的表演呢？ ⑴討論主題 ・為什麼要定這個主題？ ・主題能延伸的想法？ ・預期達到什麼效果？ ⑵討論表演形式 ・以什麼形式來表現主題？ ・可以結合哪些媒體或活動？ ・要達到什麼效果？ ⑶表演內容：從主題中找到表現的重點。 ・內容大綱。 ⑷討論參加對象、舉辦時間、地點。 ・家長參加。 ・邀請別班的同學。 ・和其他班合辦。 ⑸預期的希望：希望達到什麼效果？ **教學重點：了解策畫一場表演的要素。**	
20分		2. 小組討論該組蒐集資料、表演的類別、分工合作方式，及事前準備工作，填寫	

（接下頁）

時間	能力指標	教學流程及重點	教學資源
40分 40分		學習單一張。 3. 分工方式：導演、編劇、主持人（旁白）、表演者、美工、道具組、燈光、音控（效）、攝影、宣傳等。 【單元三、演出籌備與設計】 活動一：演出劇本的引導 （一）即興創作或改編故事流程 1. 確定主題 ⑴想要表現什麼？（如環保、誠實、同學相處……） ⑵為什麼要定這個主題？ ⑶延伸的想法？ 2. 內容大綱 ⑴根據主題完成故事大綱：什麼故事可以來表達主題，自己討論或尋找童話故事改編。 ⑵撰寫故事大綱：把討論的故事大綱寫下來。 3. 分段大綱 ⑴討論分段大綱：故事可以分成幾個段落，每一個段落要表達什麼？通常是開始、發展、結束或起、承、轉、合四個段落。 ⑵建立分場情境：建立分段大綱的情境，有什麼人在什麼地方？發生什麼事？ ⑶分配角色：把人物分配給同學，讓同學體會故事中的人物。	

（接下頁）

時間	能力指標	教學流程及重點	教學資源
		⑷探索與完成對話：依據所建立的情境，將自己投入時會運用什麼樣的對話來處理。 ⑸再練習，然後整理記錄，完成演出文本。 4. 劇本的來源 ⑴現成的劇本：尋找既有的劇本（兒童演出不建議以此方法，除非有非常適當的劇本）。 ⑵自己創作 ・改編：童話故事、課本的故事、繪本、歷史故事、寓言、同學創作的故事。 ・即興創作：生活事件、學校生活故事、任何想要表達的主題。	
40分		活動二：舞台視覺的設計 1. 舞台設計 ⑴故事的地點：依據故事的發生地點來設計舞台。 ⑵有什麼可以使用的資源：因為在教室演出，盡量利用現成的東西。裝置的過程可以和視覺藝術老師配合，如何呈現一個完整的表演場景。 2. 道具、服裝設計：道具和服裝可以盡量以借用的方式完成。另外，代用品或廢物利用都是可以思考的方向。和視覺藝術老師共同商議，可以用簡單的方式但創造出不同的效果。	

（接下頁）

時間	能力指標	教學流程及重點	教學資源
80分		活動三：音樂、音效設計 （一）音樂魔術師 1. 選擇一段電影畫面，用靜音的方式讓學生欣賞，再播放出配樂，讓學生感受音樂的魔力。例如：「獅子王」片段。 2. 老師事先挑選幾段不同情節的電影畫面與配樂讓學生欣賞，並共同討論其情節與配樂之關係（學習單）。 3. 帶領學生賞析音樂的種類：例如古典音樂、流行音樂、爵士樂、民族音樂等。 4. 師生共同討論配樂之搜尋方式，例如：上網查詢、逛唱片行、現成音樂CD、自創……。 教學重點：音樂設計對於演出的效果有很大的影響，音樂老師的輔助將使學生不只使用音樂，也能更了解音樂，學生可以和音樂老師探索需要什麼感覺的音樂，讓老師幫助學生如何來尋找資料音樂。 演出時間不宜太長，因為製作的時間有限，學生如果能完成一個六分鐘的完整演出已經相當不容易。 場地不宜太大，因為學生聲音的限制，如果是全校性活動，可能在音響的安排上要有更多的準備和預算，在一般學校並不容易實施。 場次可以安排讓其他班級觀摩，讓學生能多表演幾場，對學生而言，不同的觀眾、	

（接下頁）

時間	能力指標	教學流程及重點	教學資源
		多場次的演出都是相當大的鼓舞。	
40分		【單元四、排練與製作】 活動一：排練 1. 讀劇：若即興創作可以省略此步驟。 2. 粗排：舞台區位調度、發展舞台動作、熟練對白（即興創作就是粗排的過程之一）。 3. 細排：將每一段戲更細膩的處理，如內在的感情表達、情緒的表達、聲音與念白的調整等。 **教學重點：細排的過程對於小朋友要求更熟練，舞台的流動順暢和聲音動作更清楚即可，因為這部分排練經常要求不斷反覆的過程，小朋友非常可能失去耐性，所以必須謹慎為之。**	
80分		活動二：舞台製作 1. 舞台製作：依據設計完成舞台裝置。 2. 道具製作：尋找可以運用的玩具或生活用品來當作道具，或自製道具。 3. 服裝製作：家中不用的衣物可以改裝，或以布來裝飾。 **教學重點：舞台製作屬於視覺藝術教學活動，音樂和音效製作是音樂教學活動。本次教學以戲劇為主軸，所以音樂和視覺藝術都是屬於輔助教學，但並非每一個單元都適合以戲劇為主，音樂和視覺藝術都只扮演陪襯角色。戲劇表演是統整教學的一種方法，表演可以配合輔助的其他教學活動。**	

（接下頁）

時間	能力指標	教學流程及重點	教學資源
40分		活動三：音樂、音效製作 1. 尋找資料音樂、音效。 2. 錄製演出音樂、音效。 3. 配合排演。 4. 音樂編輯軟體Gold Wave之應用。 【單元五、演出分享與評量】 活動一：演出 1. 裝台：將所有舞台製作的成果，裝置在表演場地。 2. 技術排練：音樂、音效、舞台變換、道具配合或燈光的使用等劇場技術的演練。 3. 彩排：著裝、化妝、配合表演所需各要求，在演出場地正式地進行一次演練。演出的所有狀況都必須排除。和正式演出完全相同。 4. 演出：千萬辛苦都只為這一刻，把所有排練成果呈現給觀眾。 5. 拆台與善後：將演出場地恢復原狀，將所有使用的東西收納整齊或丟棄。不遺留任何一片紙屑廢物。 活動二：評量活動 1. 學生自評。 2. 學生互評。 3. 老師總評。	

第八章
九年一貫課程改革和表演藝術教學反思

九年一貫課程帶給教育界相當大的衝擊，相對的，也帶來極大發揮的空間，尤其是藝術與人文領域的出現。不可否認，藝術教育的審美特性在教育上對未來世代的影響已經愈來愈重要。當科技愈來愈發達，人類仰賴性愈高的同時，日常生活中人與人之間的實質接觸相形減少，心靈更加難以得到滿足。藝術，正是科技生活中唯一能維繫人類互動的空間，因此藝術作品可以說是人類心靈互動的媒介。尤其是表演藝術這種面對面且必須在特定空間內欣賞的演出形態，會因為溝通的科技化而更顯得彌足珍貴。

處在凡事講究效益、追求效率、要求數字化績效的社會，孩子從小就害怕輸在起跑點上，逐步漸進的學習已經不符合社會潮流，心靈的發現被認為老俗舊套，學習追求快速成長，速食的競爭，但孩子的心靈跟著成長了嗎？九年一貫課程是對這些教育現象的反思，開啟以人文為主軸的課程思考，是教育界的真知灼見。但因為推動過程中缺乏完整的溝通和對話，教師在教學現場引起相當大的反彈，教育改革未見其利先蒙其害。

筆者從事戲劇創作和表演藝術教學的推廣，盡力掌握各種機會，努力傳播表演藝術教學理念和教學技巧，其間感受到社會整體對藝術教學的並不友善。教育界在藝術教育方面仍是說多做少、放任多於支持。與社會的所有藝術工作者一樣，藝術教育者也只能依靠自己單薄的力量，努力發揮藝術教育對學生的影響。

本書的確是因為九年一貫的推動才得以出版，筆者在此以一個教學現場表演藝術老師的身分，提出個人對於九年一貫課程改革的期許和批判。同時也希望從教養的角度，讓藝術教育能夠在教育領域中得到應有的重視和地位。

第一節　九年一貫的美麗願景

一九九〇年代，隨著台灣民主運動的興起，教育改革的呼聲也逐漸高漲，民間教改會議組成「四一〇教改聯盟」，發出教育改革聲音。行政院於一九九四年九月二十一日正式成立了教育改革審議委員會，在中央研究院李遠哲院長的教育改革視野下，以兩年時間完成四期教育改革諮議報告，經行政院核定改革方向與具體方案後，即分行有關機關辦理，並於一九九六年十二月二日提出「教育改革總諮議報告書」，揭櫫教育改革五大方向：教育鬆綁、帶好每位學生、暢通升學管道、提升教育品質、建立終身學習社會及八大改革之重點項目，完成了階段性的任務。

一、崇高的課程改革理想

九年一貫課程就是在這樣的前提下，行政院核准了教育部所提出的「教育改革行動方案」之一。一九九八年公布了《九年一貫課程暫行綱要》，所提出的基本理念如下：

教育之目的以培養人民健全人格、民主素養、法治觀念、人文涵養、強健體魄及思考、判斷與創造能力，使其成為具有國家意識與國際視野之現代國民。本質上，教育是開展學生潛能、培養學生適應與改善生活環境的學習歷程。因此，跨世紀的九年一貫新課程應該培養具備人本情懷、統整能力、民主素養、鄉土與國際意識，以及能進行終身學習之健全國民。故爾，其基本內涵至少包括：

一、人本情懷方面：包括了解自我、尊重與欣賞他人及不同文化等。

二、統整能力方面：包括理性與感性之調和、知與行之合一，人文與科技之整合等。

三、民主素養方面：包括自我表達、獨立思考、與人溝通、包容異己、團隊合作、社會服務、負責守法等。

四、鄉土與國際意識方面：包括鄉土情、愛國心、世界觀等（涵蓋文化與生態）。

五、終身學習方面：包括主動探究、解決問題、資訊與語言之運用等。（92 .01.15 台國字 0920006026 號公布）

根據九年一貫的課程理念，方德隆教授提出了這樣的見解：

壹、九年一貫課程發展基本理念

一、 課程改革之目的在於培養健全國民，以適應資訊爆炸的新世紀。

二、 以學生學習及其生活經驗，作為課程設計的起點。

三、 統合課程規畫人員，以求課程內容之銜接。

四、 進行課程內容統整，以加強課程橫的聯繫與縱的銜接。

貳、九年一貫課程的內涵

一、九年一貫課程設計四大重點：

（一）以培養現代國民所需的基本能力為課程設計核心

架構。

1.人與自己：強調個體身心的發展。

⑴了解自我與發展潛能。

⑵欣賞、表現與創新。

⑶生涯規劃與終身學習。

2.人與社會環境：強調社會與文化的結合。

⑷表達、溝通與分享。

⑸尊重、關懷與團隊合作。

⑹文化學習與國際了解。

⑺規劃、組織與實踐。

3.人與自然環境：強調自然與環境。

⑻運用科技與資訊。

⑼主動探索與研究。

⑽獨立思考與解決問題。

（二）以學習領域合科教學取代現行分科教學。

1. 為培養國民應具備之基本能力，從個體發展、社會文化及自然環境等三個面向，提供「語文」、「健康與體育」、「社會」、「藝術與人文」、「數學」、「自然與科技」及「綜合活動」七大學習領域。

2. 學習領域為學生學習之主要內容，而非學科名稱，除必修課程外，各學習領域得依學生性向、社區需求及學校發展特色，彈性提供選修課程。

3. 學校在實施教學時，應以統整、合科教學為原則。

（三）提供學校及教師更多彈性教學自主空間。

學習領域教學時數以學年度為單位，將總節數分為「基本教學節數」與「彈性教學節數」。其中，基本教學節數占總節數之80%，彈性教學節數占總節數之20%。

（四）降低各年級上課時數，減輕學生負擔。

課程教學節數以學年度為單位，各學習領域應合理適當分配，並依據各學習領域之綱要規定，各校全學年必須授課達最低節數。

降低上課時數，減輕學生負擔課程，讓學生過輕鬆而又充實的學校生活，係教改重視人本與學生學習的具體措施。

從這些崇高的教育理念及偉大的教育目標可見，九年一貫課程描繪了未來教育的美景，似乎從此國民教育將一片光明，幾十年來一直被批評的教育制度和教育積弊，也由此開啟了教育改革行動，準備把台灣的教育從萬劫不復的現狀提升為人間仙境，期望全體國民從此人人愛教育、個個愛學習。於是，全民學習、終身學習、適性教學、學校本位、九年一貫課程等，眾多改革方案就在這樣的氣氛中被提出來了。

學校為了配合教育改革的實施，積極組成學習群組、成立課程發展委員會、發展學校本位課程、撰寫學校課程計畫，為了美化教學計畫、教學成果以及業務評鑑，校方不斷要求老師寫報告、擬教學計畫，在教學中努力拍照、製作學習檔案，留下學生學習紀錄。民間出版社為了提高教科書的銷售成績，更無微不至地服務老師，應學校或老師要求，幫忙撰寫課程計畫也是業務之一。種種荒謬的現象一幕又一幕地出現。教育改革的大戲是在一份又一份的教學計畫，一次又一次的課程會議，一本又一本的教學檔案，一張又一張的教學照片之中堆疊起來的。彷彿唯有如此，才能表現出學校推動九年一貫課程的用心與決心，愈多的紀錄才有可能成為九年一貫的樣板、標竿一百的學校。

可惜的是，教育的美景不只是在計畫的偉大，而在於教師的實踐，教師如何看待九年一貫教育才是課程改革的關鍵。

二、改革教師的角色

九年一貫課程改革的終極目標，當然是希望能教育出適應未來社會的下一代國民，在不斷國際化的洪流中，這些未來的主人翁能擁有與國際接軌的競爭能力。教師在面對社會這樣的改變，對於教學和自身角色當然必須重新檢視並加以調整。因此，在這一波教育改革的論述中，不斷強調教師必須要調整角色，除了扮演課程的「設計者」和「執行者」外，為了提升教材品質，教師還須扮演課程的「評鑑者」和「研究者」（饒見維，1999），必須達到下列的角色轉換：

1. 從「官定課程的執行者」轉換為「課程的設計者」。
2. 從「被動的學習者」轉換成「主動的研究者」。
3. 從「教師進修研習」轉換成「教師專業發展」。
4. 從「知識的傳授者」轉換成「能力的引發者」。

除了這些要求外，教師還必須扮演的角色如下：對學生而言，教師是幫助學生求取知識的「協助者」和「諮詢者」；就同儕關係而言，教師是「協同者」，放棄單兵作戰的習慣，結合不同專長的教師組成「教學團」，進行協同教學；從社區關係而言，教師是「合夥人」，與家長建立夥伴關係。

這些優美的形容詞和近乎完美的要求，不斷加諸在老師身上，結論就是「教師一定要改變」，如果不改變改革絕對無望。

老師們過去的努力變得毫無價值，而九年一貫課程改革彷彿是針對教師角色的革命行動，要徹底顛覆老師的角色。但以「課程標準」修改為「課程綱要」為例，標舉的教育理念是教材與課程鬆綁，也就是給予教師專業發展的空間，只要教師依據能力指標，就可以設計出良好的課程與教材，因此教師必須將能力指標一一分析，再以這些能力指標為主，進行課程設計與教學的流程：

課程設計→ 教材編寫→ 實施教學→ 學生評鑑→ 教學評鑑→ 課程評鑑→ 課程修正→ 教材修正→ 教學修正

這是單一領域的課程與教學流程，教師在自己的專業領域的教學負荷已經很繁重了，九年一貫課程又要求跨領域的統整教學，教師必須跨領域地完成這繁複的課程與教學過程。除了領域教學「縱向的連貫」之外，還強調領域間「橫向的統整」，對於教師更是另一項混亂的挑戰。

三、重視藝術與人文教育

翻開《九年一貫課程綱要》，課程目標的第二項就是「培養欣賞、表現、審美及創作能力」，十大基本能力的第二項也是「欣賞、表現與創新」，而且更清楚說明要培養感受、想像、鑑賞、審美、表現與創造的能力，具有積極創新的精神，表現自我特質，提升日常生活的品質。要達成這樣的目標，藝術與人文領域當然是最重要的一環。

美好的理念、偉大的目標、扎實的基本能力，這些改革目標洋洋灑灑寫成如電話簿一般厚重的綱要，是由一群偉大的改革者所規劃出的國家未來國民教育願景。他們相信，在九年一貫課程實施後，我們的孩子將是全世界最有競爭力的一群，補習會完全消失，學生會快快樂樂上學，逃學不再、翹課不再、體罰不再，學習者從此是幸福快樂，不再有揹不動的書包，只有帶著走的能力。

面對新課程，筆者懷抱著無窮的希望和遠大的抱負，畢竟，在華人世界的國民教育階段，出現戲劇表演藝術課程是一種奇蹟。如果沒有改革的決心，不會有這重大的決定，如果不是社會已經發展到了相當成熟的階段，表演藝術不可能會得到社會的認同。而且每一位在推動課程改革的前輩都直指過去教育界沈痾，清楚地指出教育的病灶，這樣的改革將為台灣的國民教育帶來清新的面貌，未來我國國民教育發展將邁向新境界，以培養學生具備「帶著走的基本能力」，拋掉「揹不動的書包和繁雜的知識教材」，使師生在教與學的過程中充滿快樂與活潑的氣氛。然而，課程的改革並不只是以一套新課程去取代舊課程，而是需要完善的配套措施，正視課程實施過程中的問題，從實做中調整角色，從經驗中累積智慧，則九年一貫課程的實施不也正是夢幻成真的開始（張芊芊，1999）。

所以，筆者努力地研讀著作、發表文章、策畫研習、編寫教材，期望藝術學習從此會站上教育的先鋒位置。過去教育總是以智育為主，強調知識的學習、忽視人的教養，逐漸造成教育價值偏差的錯誤。在九年一貫教育改革的理念下，一定能夠透過對藝術教育的推崇，改變以智育為主的教育現況，回到教育的真正本質，提供生活、知識與教養的學習。

第二節　九年一貫課程的批判

一九九六年，行政院教育改革委員會在《教育改革總諮議報告書》中所揭櫫教改的理念是：教育鬆綁、學習權的保障、父母教育權的維護、教師專業自主權的維護，這的確對現行教育的缺失提出關鍵性的見解。從專案研究開始到提出《九年一貫課程暫行綱要》，這期間只用了短短兩年，各學科專家就訂出領域學習目標和能力指標，強調以「九年一貫」和「統整教學」為原則，其餘就交由教師們自行來完成各領域的課程設計、教材編撰，並兼顧橫向統整和縱向一貫。

一、藝術與人文學習領域能力指標的分析與批判

九年一貫課程一改過去課程標準的模式，不再有共同的、統一的教學範圍，改採課程綱要方式呈現。這與史坦迪（P. Standish）所提出的，對現代主義完人教育目的進行後現代式的批評可以使我們發現，拒絕一種宏大的設計至少可以使我們避免受到統一化的侵害（張文軍，1998，p. 44）的後代教育觀相當貼合。課程綱要的基本理念提出了教學基本內涵包括人本情懷、統整能力、民主素養、鄉土與國際意識、終身學習（教育部，2001）。顯示改革的觀念相當具有國際觀與前瞻性和高度的理想色彩。

九年一貫藝術與人文學領域的基本理念開宗明義就說：「藝術與人文」即為「藝術學習與人文素養，是以人文素養為核心內涵的藝術學習」（教育部，2001）。雖然人文素養與藝術學習並列曾出現許多爭議，後來課程綱要還是以藝術與人文學習領域定位。並強調以人文素養為基本理念與內涵的藝術學習，顯示對過去的藝術教育有相當程度的檢討意味。

藝術與人文領域中的視覺藝術、音樂、表演藝術，若按其共同的美學原理、單一的藝術目的，或可加以統整（黃壬來，

2001）。以人文素養為思考的藝術學習必然有別於過去的藝能科學習，藝術學習如果從審美教育與人文涵養的立場來界定，學科的分界就會模糊化。不管是視覺藝術、音樂或表演藝術，只要站在這個角度上，統整的可能性會較高。

雖然不同的藝術形式，在學習上具有統整的可能，但能否透過藝術與人文學習領域的能力指標來達成呢？又人文素養的提升究竟用什麼的方式來評量？以下就九年一貫藝術與人文學習領域的能力指標（教育部，2001），來進行形式和內容的分析：

（一）在形式上是學科分立的

九年一貫暫行綱要能力指標的呈現方式，將視覺藝術、音樂、表演藝術明顯的分立。藝術與人文領域的教學，最大的困難在於領域內各藝術形式的協調與統整。擔任藝術與人文領域的老師，大都是原來擔任美勞或音樂的老師，在既有的教學經驗和明確的課程標準下，他們對於學科專業教學深具信心。在能力指標分立的情形下，屬於自己專業的部分也就相對地熟悉。雖然藝術與人文的學習目標已經改變，由於原來的技術教學法非常熟練，加上對其他藝術課程陌生，藝術與人文領域的教學方法仍是傳統的美勞或音樂教材與教法。因為形式分立的結果，老師們的反應是：由專家研擬的能力指標都無法統整，卻要求教學現場老師統整，似乎並不合理。

（二）不容易以統整的形式解讀

課程綱要提出強調統整能力的基本理念，希望達成學生理性與感性之調和、知與行之合一，人文與科技之整合等統整能力（教育部，2001）。並強調「課程統整」與「學校本位課程發展」是當前教育改革的重要議題，也是未來「九年一貫課程」的主要精神（黃政傑，2000）。

統整課程應具有課程整合，與實際生活結合，師生共同參與與研討，轉化為實際行動的特質（李坤崇、歐慧敏，2000）。統整課程逐漸成為二十一世紀的主流（李坤崇、歐慧敏，2000），顯見統整課程是當前教育改革的重要議題。這種以學生為主體的教學觀，是杜威（J. Dewey）進步主義的教育觀，以實用的經驗主義為哲學基礎，強調教學與真實世界的連結，以實際生活為題材。這是修正自一九六〇年代以美國為主的學科中心的分科課程所造成的教師本位、知識導向、事實主軸及教科書主體等所衍生的教育問題，顯示過去以學科為中心的教育觀念出現結構上的弊病，必須透過改革的力量才能為教育注入活水。這樣的心理基礎就是此次教改的主要動力，但統整課程與教學必須具備足夠的社會基礎：如學生必須有主動的學習習慣；老師必須具備相當的統整經驗和團隊教學的心態；家長必須能夠接受改革中所產生的動盪；教育行政則必須準備一切必要的支援。可惜的是，從目前所發生的種種現象觀察，社會整體對於面對這一波的教育改革，顯然是準備不足。而且在幾個關鍵的觀念上尚未釐清。

方德隆教授（1999）在揭示九年一貫課程學習領域統整的問題時，曾提出：⑴七大學習領域與十項國民基本能力的關係脫節，各基於不同的哲學觀與教育立場（進步主義與行為主義的衝突）。⑵七大學習領域統整的理論基礎薄弱，其課程編製與教材編寫不易。

統整課程既然是以兒童生活為中心的進步主義，屬於實用主義的哲學觀，教學目標的來源應該以學生的需要和興趣為主，尤其是九年一貫課程目標強調透過人與人、人與社會、人與自然等人性化（教育部，2001），明顯是以心理學模式偏重人文主義理論，視學習者具備自主思考。課程的內容則強調學生獨立思考，使知識個體化（李子建、黃顯華，1996，p. 58）；而能力指標是則是一種由上而下的設計，以心理學刺激—反應的行為主義模式，是視學習者為一機械模式，課程設計側重於程序學習（李子建、黃顯華，1996，p. 58），兩種課程理論很明顯地是處於心理學模式的兩個極端。所以能力指標很難以統整課程的形式解讀，驗證了方教授所稱哲學基礎的衝突。

在筆者參加民間出版社教科書編輯的經驗中，這樣的困擾一直都存在著。教科書是屬於結構性的產物，是行為主義的教學模式。從教學目標的確立、進行教學方式和內容的編排、建立教學模式，最後進行教學評量來檢驗教學目標。將教學當作是輸入和輸出的過程。這樣的思考模式，對於教學的要求就會確立一種教學系統，學科的內容和結構於焉產生。藝術人文若涉及各學科的完整知識體系，勢必難以全盤加以妥適的統整（黃壬來，2001）。的確，當進入藝術學科教材時，彼此之間的扞格就會出現。雖然我們努力地解讀能力指標，並以共同同意的方式，認為教學內容為有意義統整課程，但所編出來的教材仍遭到這樣的解讀：從幾冊教科書的編纂看來，編者似乎太在意統整的問題了。這樣東選一個主題，西挑一個故事的結果，經常會妨礙課程的連貫性（劉新圓，2002）。筆者認為以目前的能力指標形式和內容，要以學生經驗為出發點的統整課程方式來解讀，是相當困難的過程。

（三）能力指標與人文素養的扞格

本領域基本理念開宗明義就說：「藝術與人文」即為「藝術

學習與人文素養，是以人文素養為核心內涵的藝術學習」。人文素養是藝術學習的目的，藝術學習必須藉由能力指標來達成。因此能力指標和人文素養到底有什麼關係，是值得討論的。以能力本位的規範來界定藝術學習的成果，可能限制無法用文字表達、複雜多元或個別化的藝術欣賞與創作（黃壬來，2001）；至於文藝、建築、繪畫、音樂、詩文、戲劇之作品，其揮灑空間極大，因而通常所謂的「對錯」「是非」在此根本毫無意義，也談不上成果檢測，更無所謂的成效、耐用度（田光復，2002）。針對創作品的評量時，有兩點基本因素必須牢記在心的。首先，何者最具決定性的意義？亦即藝術教育對兒童成長的影響；其次製作過程比完成作品更重要……。如單就兒童技巧上的表現來誇獎他，便意味著我們只注重技巧表現；這樣我們便忽略了小學藝術教育中最重要的意義：成長激勵（梁福鎮，2001，p. 338）。從這些角度觀察，可以發現以能力指標的方式作為藝術學習成果來達成人文素養，絕對是一種理論上的謬誤。

因為觀念的謬誤，在課程設計的過程中，能力指標解讀變成重要任務。又因為強調學生的自主學習，能力指標界定的範圍又相當廣泛而鬆散，無法從能力指標找到教學評量依據，所以必須再從能力指標轉化相對應的教學細目，最後回到以技術技能為主軸的傳統教學，人文素養當然不見了。

在教學現場很明顯地感受到，能力指標的轉換變成教學設計上的一大負擔，老師在能力指標轉化的循環中耗費了許多力氣，結果還是回到傳統的教學方式。因為對於課程的哲學基礎探討不夠明確，能力指標在語意和語用上的問題，形成「能力」、「活動」、「教材」的含混（吳正雄，2003）。

九年一貫課程實踐經歷一年多的時間之後，專家的批評不管是先見或後見之明，都明確地點出目前藝術與人文領域（九年一貫）實施的困境。尤其是統整課程的問題，統整課程是學習的統整，在統整的主題或概念下進行不同領域的學習。不只是領域內的統整，但目前以領域教學為主的教學現況，學校大都要求領域統整。事實上，要求領域內不同藝術形式之間進行統整學習，可能比藝術與不同領域學習的統整更難。但在領域學習的招牌下，戴上統整教學的大帽子，許多老師的精力就耗費在你統我、我統你的過程之中。如果明知不統，為求安心，只好以主題勉強連結，就算完成了統整課程。還有某些強勢學科為了爭地盤，更演變成你捅我、我捅你互不相讓的地步。以學生為主體的統整教學都還處在一種紛亂的狀態，如果教學又要參照能力指標的要求，來達到相對應的十大基本能力，這樣的理論錯置和混淆，可能是此次九年一貫課程改革的致命傷。

二、教師對待九年一貫教學改革的態度

老師應該是教育改革的主體，但過去教育政策的制訂、師範院校的師資養成、學校的分科教學、到老師自我角色的認同，都以如何促進國家或團體的成長為目標。又因為要確保教育品質，部頒的國定課程及教科書長期的箝制，使得在教育現場的老師，對於課程設計的能力和教學方法的檢討都缺乏激勵和檢討的機制，學校逐漸成為一個既穩定又保守的團體。

即使在目前社會激烈變動的情形下，老師對自己的角色期待仍是以傳道、授業、解惑的傳統師道立場，對教育哲學觀的更迭抱持懷疑的態度；對課程和教學方法的變革，因為要改變過去的

教學習慣，而產生抗拒的心理。再加上九年一貫課程以統整課程的觀念進行，對於統整課程的觀念，出現各說各話的現象。面對以學科教育成長的老師，要打破傳統學科系統的思考模式，內在的混亂是可預期的。

老師的教育、成長背景和自我期許不同，對待九年一貫的態度也不同。為了不以「老師」一詞來統稱所有老師，所以本文以下面四種類型來分析老師面對九年一貫教育改革的態度，也表達老師各有不同觀點的實際情況。

第一類型老師是以不變應萬變的態度，維持過去的教學習慣和方法。這些老師的基本觀點是：改革的結果，並不一定更好，既然不能更好，維持原來已經實施已久的教學方式有何不好。如果從前幾年九二八教師遊行之後來觀察，由於對教育改革的腳步和方法的混亂，社會和媒體進行嚴厲的批判的同時，抱持著這種觀點的老師信心更堅定──不變才是對的。

第二類型老師是政策的追隨者，是屬於較傳統的一群，他們的學習歷程是威權體制下完成的。對於權威的順從，和以從屬的角度來詮釋老師和學校與政府之間的關係，將自己定位為教育機器下的小螺絲釘，努力地在大環境中盡心地貢獻自己的能力。他們對於教育改革並非自覺的進行，而是政策敦促下的實踐者，雖然在學習，同時也在等待，等待典範的出現。

對於課程綱要和能力指標的學習，他們是最認真的一群，認真地諦聽每一個傳達教改理念教授的說法與作法，希望從教授和政府的宣示中，找到明確的方向、教學內容和教學方法。不過由於九年一貫改革的方向和統整課程觀念的詮釋相當多元，這些認真的追隨者在不斷的反覆中困擾不已。這類型的老師教學大都以傳統的學科教學來處理，為了因應教育改革的統整要求而混亂不已。他們是最需要教科書來解惑的一群老師，在學校則以進行知識性學科系統教學的老師居多。

第三類型老師是自覺型的改革者，認同目前教育改革的大方向，也努力進行統整教學的實踐。除了深入自己專業教學領域的成長外，也不斷地參與課程與學科專家的研習活動，他們是最早發現到學校統整方式和專家傳達出現落差的一群。因此，自己投入課程設計和教學研究，但在校內仍是少數，個人的力量無法撼動組織的思考模式，加上學校整體的保守心態仍未去除，這些老師大都處於單打獨鬥或選擇和校外團體串聯的情形。

第四類型老師是教育制度的挑戰者，原本就是改革的先鋒，對於目前改革幅度和方向都認為無法達到理想狀態，他們是理念永遠早於實踐的性格，對於教育改革也永遠保持批判的角度。

九年一貫課程改革對於老師的角色定位，已經產生非常明顯的影響。因為不同特質的老師，對於教育改革抱持的態度和參與度都不同；對於新的課程和教學方法的了解程度也不同。另外，九年一貫又強調只要依據能力指標就可以達成期望中的教育目標，依據課程綱要，各版本的教科書五花八門。教育部卻似乎忘了基本學測仍是學生升學的重要依據，家長與學生關心的是學習哪個版本可以得到高分，全民對於多元版本的考試公平性不斷地質疑時，哪個教師敢大膽宣稱自己只憑專業選擇教科書，而毫不考慮學測因素，不對學生的升學權益負責呢？

攸關國家未來國民素質的教育內容，這麼重大的責任和負擔全都加諸教師的肩上，但在考試制度以及整體思考缺乏改革措施之下，教師的角色是如此混亂又艱巨，當九年一貫課程推動遭遇瓶頸、速食的教育改革作法受到挑戰時，李遠哲院長竟然指責教學現場老師抗拒教育改革，強烈暗示老師是阻礙教育進步的元凶。但平心而論，如果政策是明確的為老師和學生提供更為寬闊的教育大道，老師會抗拒嗎？難道不是因為老師們已經預見了改革的失調和混亂，所以才猶豫不前？

教育改革牽涉到行政資源、教育體制、教育思維、師資準備等。如果行政資源無法廣設高中，弱化明星高中的迷思，不管是聯考或基本學測都仍會是學生升學的依據，競爭的壓力依然存在，再多的改革都無法改變父母望子女成龍鳳的基本心態。教育體制無法改變，教育思維仍是以學科為中心的考試制，要改變學生的習慣談何容易？試想，培養一個成熟的教師需要多少年的錘鍊，在教學現場執行多年的教學方法，又豈能強求在短期的研習之後就能調整修正。教育改革最需要的是實踐，而協調和修正都需要時間，如果只有高懸著空洞的理念，強調教育鬆綁、教師專業自主權維護，然而缺乏改革的計畫、執行的步驟和檢討修正的空間，在如此匆促急迫的改革時程下，只標榜將所有教育權力下放後，就要基層教師負擔所有課程改革的責任，如今教育改革成果不佳，就反過來指責教師抗拒改革，應承擔所有失敗的責任。

的確，九年一貫課程把教師的角色改變了。教學必須活動化、綜藝化、娛樂化，每天必須想更多的把戲、必須把學生帶出學校、必須有教學成果展示、必須向家長報告教學計畫、必須整理自己的教學檔案、必須蒐集學生的學習資料……，這一切沒有哪一項不是正確的決定。但教育改革不是革命，在教育現場多年、經驗豐富的老師，真的如此麻木不仁嗎？憑什麼說教師只是「官定課程的執行者」不是「課程的設計者」；是「被動的學習者」不是「主動的研究者」；「教師沒有專業發展，不注重能力的引發」？其實這些被期望的角色，積極的教師一直都在扮演，但他們的想法被尊重了嗎？在完全不受尊重的情況下，老師被行政、家長兩方的壓力擠壓，當老師已經被搞死時，教育真的會搞活嗎？

三、重視藝術教育只是教育改革的口頭禪

在九年一貫課程實施後，藝術與人文依舊是次要的學習領域，課程目標與教育理念的宣示，都只是理論與宣示的文字，用來裝飾教改的正當性和迫切性罷了。

從二〇〇一年開始實施的九年一貫課程，實施期程第一年是一年級，第二年二、四、七年級，第三年三、五、八年級，到了二〇〇四年六、九年級完全實施後，所有九年一貫的新課程規畫與教材內容就會全部出現。但由於改革時程太快，老師是邊學邊教還要邊被罵，各出版社的教材編輯人員也是一邊撰寫一邊執行、一邊修正還要一邊爭論彼此對九年一貫的觀念。在這樣紛爭不斷的過程中，九年一貫新課程的確上路了，但，它真的展現了原先規畫的美好嗎？

筆者在教學現場實際擔任表演藝術教學的工作，從試辦開始就一直強調統整教學。可惜的是，藝術與人文領域中包含視覺藝術、音樂和表演藝術，領域內的教學統整就已經紛擾不斷，因此無暇顧及其他領域教學。當領域教師處在內亂不斷的情形下，又如何能做到跨領域統整呢？

藝術與人文領域包含音樂、視覺藝術與表演藝術三門可以自行獨立的學科，但在師資培育過程中，音樂和視覺藝術是完全分

科進行。雖然同屬藝術的範疇，但音樂和視覺藝術就像語文領域中的英語和國語，在語文領域絕不會出現由國語老師來擔任英語教學的情形，因為英語在成為學科前，就已經設定為主要學科，教育部早在九年一貫課程出現前，就已經開始培訓英語師資，對於攸關全體學童未來競爭力的英語教學，教育單位就具有真知灼見及早準備。反觀藝術與人文領域，同樣屬於中小學新興課程的表演藝術，卻一直要求由現職的音樂、美勞老師兼任，這種教師兼任不同學科的問題一直在藝術與人文領域中爭論，但是在隔行如隔山的情形下，就出現了這樣的情形：

《聯合報》以「九年一貫，放錄影帶放到心虛」為標題，談及國民中學實施九年一貫課程，「表演藝術沒有師資，多由國文、美術、音樂兼任，老師教不下去，學生有看沒有懂」，來敘述九年一貫課程在表演藝術教學的窘狀。高雄縣鳳山國中校長涂新生昨天（十月九日）沈痛地說，九年一貫教學匆促上路，問題最嚴重的是藝術與人文、自然與生活科技兩大領域。因為沒有師資，學校請美術或音樂老師教表演藝術。校內教表演藝術的美術老師汪志純播放「雲門舞集」錄影帶給學生看，學生無精打彩，班長陳新博說：「錄影帶裡很多動作，我們都做不到，也看不懂。」

二○○三年四月，音樂教育界前輩、前台灣省交響樂團團長陳澄雄教授，在國立教育研究院籌備處舉辦的藝術教育論壇會上，針對學校藝術教育生態表示：「我講了幾十年的教育，……服務了近四十年，參加或主持過很多次這一類的會議，也會見了很多小學老師，中學、高中老師，但是很多問題談到這裡，我是比較持悲觀的態度。」陳教授認為，台灣應該要確實落實藝術教育。事實上，三十年前，在他剛進入藝術教育界時，社會就已經開始討論如何落實藝術教育，然而三十年過去了，他所面對的竟然還是藝術教育如何落實，這充分表達出他對於藝術教育處境的無奈心境。對於陳教授現在所表達的無奈，是否會再持續三十年呢？這是現今藝術教育界必須嚴肅面對的議題。

在《九年一貫課程暫行綱要》提出後，筆者對於九年一貫課程的教育前景充滿了無限希望，因為在藝術與人文學習領域中出現了表演藝術教學。當年筆者到研究所進修時，就曾經被台北市教育局判定「戲劇」與教育無關，而無法辦理留職停薪。因此，當藝術與人文領域為戲劇提供了教育的舞台，筆者自然非常歡欣。同樣的，九年一貫課程也立即獲得部分教師的支持，但課程改革過程中，因為師資培育機構對九年一貫課程研議過程中被忽略的反彈逐漸湧現，加上不同學者專家宣導理念時各自詮釋、各說各話，甚至相互矛盾的言論也經常出現，教師們因而觀察到九年一貫政策的不確定感，加上政黨輪替後不確定性，使得教改推動的力道和節奏顯得混亂而不穩。大部分教師的態度依然是觀望、徬徨，對應的策略是以不變應萬變。雖然在學校時也跟著研習、開會，但對於教學理論要定於一尊的作法並不以為然，所以教學換湯不換藥有之，等到九年一貫的教科書出現，繼續照著教科書教學也所在都是。

雖然在九年一貫課程的理想中，我們看到了藝術教育的希望，但在實踐的過程中應該付出什麼樣的努力呢？相對於其他學習領域，藝術與人文領域已經貴為九年一貫課程的主要特色，實際上，除了美麗的宣傳文案令人陶醉之外，藝術仍只是一個美麗的形容詞，美化教育改革的口頭禪，如此而已。

四、九年一貫向前行，表演藝術原地爬

筆者多年來持續推動表演藝術教學，因此熟識台灣各地的藝術與人文國民教育輔導團教師。這些優秀的教師也在全省各地不斷推動藝術與人文教學，而台南縣輔導團在郭香妹主任的帶領下，是筆者目前所見最有計畫推動表演藝術創造性戲劇課程的輔導團，但她表示：「到目前為止，除了輔導團的成員外，大部分的老師還是在問表演藝術是什麼？要怎麼教？」台南縣藝術與人文輔導團在郭主任的積極爭取下，參加中華民國創意協會、國家文藝基金會的藝術與人文行動研究方案，成立表演藝術工作坊，是相當積極推動表演藝術教學的縣市。如果這樣一個努力推動表演藝術的大縣尚且處於這種情形，其他縣市的情形可想而知。

筆者在台北市北區一場藝術與人文領域教師的研習會上，在場將近六十位藝術與人文領域教師中，竟只有兩人表示學校真正有實施表演藝術教學，顯然表演藝術要真正步上軌道還需要相當多的努力。

在九年一貫課程推動時程屆臨完成之際，表演藝術竟然還沒開始動起來；課程改革推動已經三年多了，真正實施表演藝術教學的教師還是寥寥無幾。深究其最大的原因，是因為開始時並沒有培養表演藝術的專業師資，企圖以短期訓練方式填補師資的不足。再加上九年一貫政策遭到質疑，學校不敢開出表演藝術師資缺額，所以雖有一批從教育學程訓練完成的表演藝術師資，卻無法進入學校授課。表演藝術教學就注定在政策的飄搖中，繼續停滯。

就筆者的戲劇教學經歷而言，自一九八五年開始接觸吳靜吉博士的表演訓練課程，他的訓練方式就如同一場教學的過程，不

斷地引導學員放鬆、刺激學員有更多的想法。由於吳博士是教育心理學博士，他所傳達的理念，從教育學的觀點都非常容易理解，因為表演的教學和訓練是截然不同的學習。後來筆者才了解，當時吳博士的訓練課程是採自美國創造性戲劇課程，並結合他個人心理治療活動的綜合體。

擔任教職後，筆者就一直將這些技巧利用在教學上，這些活動都是以學生為主體，使學生能在活動中怡然自得，自然也就提高學習的興趣。然而筆者後來也因為教學只停留在簡單的遊戲活動，雖然容易操作也容易帶動學生，但自己已有原地踏步的自覺，這都是由於不知道活動背後的深層意涵，於是在教學上出現瓶頸，帶領活動的熱力也隨之消退。

直到進入研究所進修，廣泛涉獵戲劇教育的相關書籍後，才逐漸理解戲劇教育的素材和戲劇專業的關係。雖然形式不同，但表現性卻是相同的，而且深悟到訓練和教學的不同，對於戲劇教學有了更深入的認識。

筆者再度回到學校任教後，就一直熱中於戲劇教學的具體實踐。剛開始教學時，學生的反應卻不如預期，因為相較於過去遊戲為主的教學，學生經常表現出無比熱力，如今運用更多戲劇技巧和方法的教學，學生卻不一定有所感動。經過反覆修正，筆者才逐漸體會出教學是以遊戲為基礎，從遊戲中體驗戲劇的方法和技巧，再以表演藝術技巧來表達自己的觀點和想法。有了這樣的體悟後，筆者就如同打通表演藝術教學的任督二脈，開始表演藝術教學的第二春。

九年一貫課程開始推動之後，筆者有機會和幾位推動視覺教育改革的前輩一起工作，才發現視覺藝術教育已經放棄以技法為主的教學，最新的藝術教育潮流是在遊戲和活動中讓學生體驗媒材，再回頭體驗表現方法和技巧，這樣的教學法正是筆者一直使用於表演藝術教學的方法。筆者在教學現場不斷地實驗，運用各種不同的遊戲、主題、方式來進行表演藝術教學，經過「學習→教學→枯竭→理論的學習→教學實驗→教學修正→理論探討→專業表演經驗的累積→再教學→確定教材」這一連串的過程，筆者終於有信心擔任一位專業的表演藝術課程發展與教學的教師。

回首檢視自己的學習歷程，筆者更堅信在目前缺乏專業師資培育、學校只依靠音樂或視覺藝術老師在短期研習後擔任表演藝術教學工作的情況下，當教學的歷程只能停留在「學習→教學→枯竭」的階段時，不僅無法深化教學成果，教學經驗也無法累積，對於表演藝術教學的長遠發展相當不利。而表演藝術師資缺乏的問題，筆者還有另一方面的體悟，筆者所帶領的台北市教師演劇團的團員，都是現職的中小學教師，他們不僅演出經驗豐富，另一方面也在研究表演藝術教材教法，擔任表演教學研習的講師，但因為非表演藝術科班出身，沒有學歷證書，又缺乏經歷認證的管道，因此無法在學校爭取擔任表演藝術教學的機會，而學校也白白浪費這些難得的人才，這些都是現在表演藝術亟須解決的困境。

至於表演藝術教材，雖然目前各版本教科書已經陸續完成表演藝術課程與教材，但大部分沒有經過專業教師在教學現場長期的實際驗證，這樣的課程要達到實際落實的程度，還有相當長的一段時間與努力。所以，如果表演藝術師資問題無法盡快解決，縱使九年一貫課程繼續前進，但表演藝術仍舊是在原地爬行。

第三節　表演藝術教學的困境與反思

教學是一個整體的活動，從學生進到學校，學校提供他什麼樣的學習環境開始，到學校的行政運作，教師的個別教學和互相之間的聯絡。九年一貫課程實驗時期，本校（台北市立師院附小）在盧美貴校長的帶領下，即實施學習時數不變，而學生在三點三十分一天課程結束就放學，學生放學後教師必須進行分組研討九年一貫課程，分享個人當天的教學過程與想法。當時每位老師都很認真在討論課程，檢討自己的教學，相互學習和進步，加上有計畫地引進推動九年一貫課程改革的領導者到學校演講、諮詢和釋疑，全校充滿共同向上提升的氣氛。可惜一學期後，在家長的壓力下放學時間又改回四點十分，教師討論風氣雖已形成，但接觸的時間少，研究的氣氛和效果也隨著下降。後來盧校長離開本校，開放的氣氛也隨之中止。因為不同的學校氣氛，筆者深切地感受到教學是學校整體氣氛的營造，如果在朝氣蓬勃的環境下，教學品質自然隨之提升。反之，教學品質則毅然下降。所以校長的課程領導對於教育改革的成敗有著關鍵性的影響。

一、表演藝術教學仍是困難重重

教師要擁有從容的教學空間，最大的動力來自行政的支持和支援。

（一）從行政與教學的關係上

行政是營造學校整體氣氛的主要推手，校長能否開放地承擔每位老師的創意表現，並運用行政資源和力量將它推介到其他學校，是影響教師自我定位的重要關鍵。台北市立師院附小盧前校長就是一個大力的推手，對於教師的任何成長立即予以肯定，分享給學校教師並推廣經驗。筆者的教學經驗在她大力推動下得以快速成長。當教師到各個學校分享自己教學經驗的同時，面對的不只是學生而是同儕教師，對自己的教學就會一再地深入反覆地思考，個人的成長也會是等比級數的增加。行政廣開老師的成長空間，教師把成長的經驗帶回教學現場，讓學生享受優質的教學。在這樣良性互動的環境和氣氛中，教師將分享的過程自我整理，彙整後的資料就是學校教學的整體成果。這個過程是行政提供機會、教師自我成長、形成學校共同的成果與資產。因此，行政營造教師間密切互動和彼此了解的教學，各領域教師共同面對學生的問題並合力解決，學校課程能夠彼此協調和互補，自然而然地統整在一起，所以行政營造教師和諧的互動氣氛是學校教學成長的第一要務。

然而，在教學過程中碰到的最大困境，經常也是來自於學校行政對於藝術教育的誤解，九年一貫教育改革最重要的精神在給予教師教學的專業空間，教師依據自己的專業選擇適當的教材進行教學，並從自己的專業角度撰寫教學計畫。筆者投入表演藝術教學多年，從目標分析、教材選擇、教學計畫實施到教學評量，都可完整地敘述，但行政為了只求教學成果的心態，只是不斷地要求老師必須提出具體的學習目標，要能清楚地告訴家長「學生學到什麼？」的具體條文。這樣的觀念恰恰與藝術教學的體驗概念背道而馳，所以無論教師教學計畫如何周詳，教學如何精采完整，都被要求必須交出規格化的教學目標或資料檔案，當行政和教師之間沒有通暢的溝通和互動，只有觀念的對立時，教學氣氛陷入毫無互信的膠著狀態，不斷地耗損藝術教師的教學能量。

（二）從師生互動的學習過程中

表演藝術教學是一種互動的教學過程，教師教學不在於教授而是引導，在自由的學習氣氛中，透過戲劇情境的建立，引導學生探索身體和聲音的表演技巧，並能表達情感。因此，老師的引導方式和建立與學生互動的方式，將是教學成功的關鍵。

1.學習的時機很重要：在教學經驗中，筆者同時接觸三、四年級和六年級的學生，對於肢體的靈活度，得到一個很深刻的結論：四年級的學生在情境中對於肢體的引導可以達到非常好的效果，對於以遊戲的學習方式充滿高度興趣，而且經常能超越教師所設定的能力標的。有了相關表演經驗，在上了高年級後對身體的自覺和自信心較高。如果學生到了六年級才有機會接觸表演藝術，此時身心成長正好到了尷尬期，會因為中低年級時不曾有肢體表現經驗，而呈現肢體表現退縮的現象。因此，筆者認為表演藝術教學應該從中低年級開始，而且持續讓學生有身體表達和表現的經驗，如此學生對於個人身體的自信與自覺程度自然會更高。因此，如果學校的表演藝術師資有限，建議安排在第二學習階段（中年級）。

2.重視教學成果的迷思：雖然對於教學擁有高度的自覺，要求對於表演藝術的教學只重過程，而不是重結果。但在教學過程中，筆者還是難免對於學生學習會要求成果，學生的分組呈現如果表現欠佳，仍會按捺不住對學生疾言厲色。因此筆者經常省思：「教師難道無法擺脫只重結果的迷思嗎？」當學生呈現出來的作品質感並不佳，但在口頭說明時又充分展現對於相關概念已經非常清楚；或學生能深切感受缺乏團隊合作的作品表現就會欠佳時，我會體諒並理解學生已從學習活動中獲得經驗。但是如果學生在課堂表現的作品，都一直無法因學習而進步時，內心總是還有些無法言喻的失落感。

（三）表演藝術是否需要嚴密的課程結構

大多數教師在接受師資養成的過程中，正是現代主義最興盛的時代，人的重要性被無限擴大，科學理性是當時人類追求的共同目標，凡事要追求目標、人生要立定志向，教育的目標就是要追求偉大。所以泰勒（Taylor）的目標模式課程設計不斷地強植在我們的內心深處：教育只是一種輸入產出的過程，課程就是目標、學習經驗和評鑑。對於學生的學習沒有訂定明確目標就感到不安，對於教學成果的檢驗也只有認知、技能、情意三種指標，彷彿僅有單一種模式可行。但是在實踐表演藝術教學的過程中，這種模式完全無法滿足需求，所以筆者在自我成長的過程中，很快就接受以學生興趣與發展為本的課程模式。以學生的需求為主組織課程內容和教學活動，並強調批判性的教育觀點，接受課程是一種過程及探究的形式，將學生視為獨立的個體加以教育，反對系統化的教育科學。因此對於要求表演藝術課程必須具有完整結構的思考，總是存在著問號。既然要以活動體驗課程，就不應該要求結構性的設計，而是提出活動在教學過程中引發學生再發現的價值，體驗活動的樂趣。

不過，在學校實踐的過程中，筆者感受到困難重重，學校要求老師仍舊依照目標模式的課程思考，訂定目標、尋找教材、實施教學、進行評鑑的模式。唯有清楚地沿著目標前進，才是對家長負責任的表現。學校視自己為一個輸入產出的機構，教師是龐大機構裡的工人，必須盡職地完成目標。在這樣的環境中，老師是必須撕裂自己對教育的堅持和良知，還是符合這樣悖離目前教育思潮的要求。當所有壓力都是在要求必須完成表演藝術的課程結構或系統時，筆者還是提供多種遊戲，從遊戲中慢慢在理解孩子，以自己的表演藝術經驗，在活動中引導學生慢慢地建構自己的藝術學習內容。

二、九年一貫現在才真正開始

雖然對九年一貫課程有諸多的批評和責難，不過，不可否認的，如果沒有九年一貫就沒有表演藝術。九年一貫課程所描繪的教育願景是相當迷人的，對於一直處於考試領導教學狀態的台灣學校教育，能夠提出「學歷不等於能力」、「教育是增進學生能力而不只是獲得知識的唯一管道」，這絕對是一種進步的象徵。但改革畢竟不是革命，教育的問題也無法透過革命來解決。革命可以推翻某種體制、改變政權、翻轉某一群人的政治權力，但人心的轉變卻是一段漫長的歷程。

九年一貫課程會積極成形並獲得普遍的認同，建立於傳統教育受到共同而普遍的質疑。一群社會和學術上的精英，在體驗國外多元的教育理念和制度後，對於自己為考試而學習的教育歷程開始反思與檢討。當他們在社會各領域擁有足夠的影響力時，一方面他們堅信學歷與知識不是唯一成就，另一方面，在面對更符合人類本質的教育觀念時，自然備加推崇並積極引進，尤其是當台灣社會面臨全球化競爭時，考試主導教學的教育制度只是製造一批知識豐富而毫無生活能力的弱雞，而九年一貫課程在多元智能教育觀的刺激和藝術學習被推崇的情形下成形。九年一貫課程強調領域統整學習、增進人文素養、打破科際界線、開放的學習精神和學生能力本位等理念，表演藝術也是在這種教育理念下才得以進入國民教育領域，而且統整在藝術與人文學習領域之中，的確減少了許多推動表演藝術進入國民教育的阻力。所以說，沒有九年一貫課程的教育革新，就沒有表演藝術在國民教育場域的位置。

九年一貫新編的課程，據筆者觀察各出版社的教材都是在邊寫、邊審、邊修的狀況下，趕鴨子上架出版。當教科書在時間壓力下出版，很難完整顧及橫向和縱向的統整思考。當六、九年級的教科書審查結束，所有課程完全出現後，筆者認為，九年一貫的基本教材正式就位，課程改革才算真正開始。教師們終於可以認真地參考各版本教科書，吸取各家精華，思考真正的統整方向，將九年一貫課程教材完整建構起來。教師不必再為發展課程而擔心，而是有計畫的結合教科書和各校自行發展的課程，結合自己所學與專長，進行有意義的統整。如此一來，教師還是課程的設計者，但不必再擔任無中生有的創造者，而是教材和資料整合者，可以透過教學實務的執行，檢驗各出版社教材的可行性。

今日，教師可以輕鬆的擔任課程挑選者、教材的組織者和評鑑者，在累積足夠經驗後，九年一貫課程就能發揮應有的改革力量。當然，藝術與人文學習領域中，視覺藝術、音樂和表演藝術之間的衝突，也可以獲得妥善的解決。只要領域教師依據自己專長參考各版本的內容，努力尋找可統整之處，彼此協調、相互溝通，建構出一套最適合學生學習又兼顧各藝術領域的教材，絕對是指日可待。

在表演藝術教學方面，專業師資全面進入教學現場，才是表演藝術教學繼續成長之道，也是達成九年一貫課程理念和教育理想最後的一段路程。因為九年一貫課程已施行四年，表演藝術卻仍原地踏步。對於標榜以藝術與人文精神為主要理念的教育改革，藝術教學無法落實絕對是一大缺憾。

三、表演藝術教學的可能方向

因為九年一貫課程改革當初是以課程鬆綁的理念進行規畫，理念的闡述趨近後現代課程觀。如果以後現代課程觀點，課程實施是無法也不需要去尋找典範；如果以目前九年一貫的領域學習和能力指標的衝突，同樣也找不到完美的解決辦法，自然不可能出現一種正確的模式。不過，筆者認為九年一貫課程最有價值的地方在於，已經激起全體老師的對話空間，並且刺激老師創造了不同的教學模式。在提供筆者的教學模式和困境探討後，再以自己對於課程推廣的經驗，和面對學生進行教學，及與學校行政對話的經驗，提出筆者認為目前藝術與人文領域教學，在師資培育、行政運作、老師進修、課程計畫和教學設計等方面，幾個可能應對的思考方向。

（一）積極培育師資

在目前學校缺乏表演藝術老師的情形下，要落實表演藝術教學是自欺欺人的想法。雖然表演藝術不強調技巧教學，但如果連基本的欣賞能力都不足，就會發生看錄影帶看到心虛的情形。老師願意說這樣的心情，是負責的態度；是對個人教學品質的負責，進步的象徵。過去非專業老師以教學包教美勞的年代，老師連這樣的反省能力都沒有。越是對於專業的投入，自省的能力也越強，老師這樣的表達，顯示即使是藝術相關的老師，對於藝術跨學科教學仍力有未逮，所以，培育師資是最基礎的思考。在培育管道方面，除了師資培育機構的學系、研究所開設外，必須運用更靈活的手段。

方法一：對於研習成果的尊重。老師參加研習之後，回到學校缺乏實務運作的空間，研習只是變成個人成長的一部分，對整體課程發展沒有發揮影響作用。目前許多表演團體都開設表演藝術的研習課程，對於追求卓越教學的老師，也都願意付費學習。如果對於研習的認證充分地尊重，讓有興趣也有能力的老師進行表演藝術教學，相信運用現職老師擔任表演藝術課程教學，能夠很快地到位。

方法二：是以非專任的形態聘用表演藝術老師。靈活的師資任用制度，充分利用民間表演藝術教育人才進入教育體系，立即補強目前不足的窘狀。靈活的師資任用辦法，也能衝撞目前的教育生態。開放師資變成多元競爭的形態，能充分改變老師的教學觀念。

（二）學校行政的處理

目前學校的行政組織還是傳統的科層結構，雖然研究單位已經指出，學校行政能夠扁平化，成為教師資源中心，不再是指導與領導的單位。但在整體組織架構未改變之前，學校行政還是依法行事。因為視學校是科層體系的一環，科層體系要求目標具體化，才能以量化的數據進行教學的評估，所以要求完美的教學計畫。老師為了達成科層體制的要求，就只好在行政的要求下，進行教學內容的形式整合。這樣的要求，在知識性學科或許有必要；但在以情意教育為主的藝術教學，要求進入學科思考，是最不樂見的結果。

方法一：九年一貫已經推動，只要學校行政調整心態，願意扮演資源整合中心，不再扮演資源分配的仲裁者角色。如果學校行政變成一個資源整合中心，充分了解每一位老師的專長，讓每一位老師在專業的位置上，以最活潑有效，並符合統整教學的理念，進行教學活動。學校對九年一貫的整體氛圍，馬上就可立即改觀。

方法二：學校行政變成選才中心，針對學校需求，充分運用教師聘用權，也是解決問題的方式之一。

方法三：靈活的結合表演藝術團。表演藝術團擁有的資源是專業表演技巧，學校擁有場地資源和推廣資源，聘請表演團體進行校園表演藝術推廣與深化活動。在資源共享的情形下，表演團體和學校進行整合，學校提供表演團體硬體的場地贊助，表演團體提供學校軟體的教學內容的精進。靈活彈性的行政運作將為學校帶來無限的表演藝術資源。

（三）老師專業的培養

專業建立在老師個人對於教學的投入與深入的程度，第三類型老師通常非常積極尋求個人的成長。對於老師的專業成長，過去都是以進修較高學位，並取得薪資晉級的條件。但在得到更高學位後，老師經常選擇轉換跑道，離開國民教育職場，並不是最佳的方法。而且有許多老師進修的目的只為晉級敘薪，並不思考教學專業的精進。

要維持老師持續的進步動力，就是適時的研習進修活動。可惜的是，研習活動通常都採消極的方式，以辦桌的形態，提出整桌菜色。不管老師是否喜歡都要面對整桌既定的菜色，而且免費吃到飽，研習資源因此浪費。筆者認為改變的方法也有二：

方法一：進行密集的研習，透過在職進修方式，是目前教育單位對表演藝術老師訓練最常運用的管道，但研習的場次和時間過於分散，且研習時間過短。老師在研習過程中對表演藝術有基本的了解，回到學校進行教學發現困難時，諮詢單位和繼續進修的管道都不清楚，即使熱心的老師回到學校也會慢慢冷卻。在筆者辦理表演藝術師資研習的經驗中，發現第三類型的老師是研習的主力，這些老師是不斷地追求自我成長的一群，會選擇促進自己專業成長的研習活動，但由於缺乏銜接和進階的研習課程的規畫，他們只能重複地參加初階研習，成長空間被限制了。所以，針對老師教學專業需求，進行密集且有進階性的課程研習，是增進老師表演藝術教學專業的途徑之一。

方法二：付費研習的實施。研習資源對於第三類型的老師一直是不足的，但同樣的資源卻也經常被第一類或第二類的老師浪費了。對他們而言，研習是應盡的義務，研習的意義就是拿研習條。出席研習是責任，不是個人學習動力所驅使。所以，研習活動如果能夠以付費的方式進行，老師基於教學需要，每年必須進行一定時數的付費研習。對於研習內容在進行教學後，可以利用教學成果，進行研習費用的補助申請。如此一來，老師參加研習活動一定會嚴加選擇，對於專業成長將更精進，對於認真付出的老師也可以得到相對鼓勵。

（四）教學團隊的成立

團隊是目前在社會上非常流行的說法，但什麼是團隊？在學校經常可以聽到的是行政團隊，但通常只是形式稱團隊，做事不團結，枉為團隊而已。同樣的教學團隊的概念，在學校曾經以學群形式出現。後來運作之後發現學群與過去學年好像差別不大，大都只是進行行政聯絡，能夠實施聯絡教學已經是學群最大的成就了。

方法一：落實學群觀念。學校如果能夠以較大的空間，容許志趣相投、教學理念相近的老師，由他們以專業自主的角度自組學群，共同研發課程，發展教學計畫，實施教學檢討，自然會發展成自主的教學團隊。

方法二：目前筆者的表演藝術教學團隊，是以劇團為核心，讓專業的表演結合表演藝術教學，也就是以劇團為核心，進行整員組織與訓練。團隊成員之間沒有利益分配的問題，只有追求成長的經驗分享與戲劇作品和教學案例的產出。所以如果老師能夠依附在某表演專業團隊之下，進行個人的成長，團隊也需要擁有教學經驗的老師，進行教學專業對話，這些成長的經驗和團體成員的人脈經營，將是老師個人的資源，以借用專業團隊的資源和付出，讓老師在專業與教學之間成長，老師和團隊兩邊各取所需、彼此成長。

雖然校內團隊的建立，以目前的教師生態，要達成團隊要求可能還有困難，但在藝術學習上，老師之間如果能夠進行更有效的溝通，可以減少許多不必要的衝撞。目前也有一些成功的團隊，如台北市永安國小的教學團隊，已經發展了許多優秀的藝術與人文教學方案。相信在這樣的大環境下，教學團隊的成形會是這一波教育改革最大的成就。

參考書目

九年一貫放錄影帶放到心虛（2002，10月10日）。**聯合報**，2版。

于善祿（2001）。觀看民國九十年劇場生態的十一個角度。**表演藝術年鑑**。

王涵儀（2002）。**教師使用戲劇技巧教學之相關因素研究**。政大教育學系碩士學位論文，未出版，台北市。

方德隆（1999）。九年一貫學習領域之統整。**新世紀中小學課程改革與創新教學學術研討會論文彙編**（頁57-67）。高雄：師大。

方德隆（1999）。九年一貫課程基本理念與內涵。載於高雄市政府人力資源發展中心出版，**公教資訊**，**3**(2)，1-18。

田光復（2002）。**人文與藝術之教育探討**。台北縣國教輔導團網路版。http://ezgo.tpc.edu.tw

朱棟霖、王文英（1991）。**戲劇美學**。江蘇：文藝。

李坤崇、歐慧敏（2000）。**統整課程理念與實務**。台北：心理。

李子建、黃顯華（1996）。**課程：範式、取向和設計**。台北：五南。

李百麟等譯（1998）。**戲劇治療：概念、理論與實務**。台北：心理。

李曉林（2005）。**審美主義：從尼采到福柯**。北京：社會科學文獻。

邦正美著，李哲洋譯（1994）。**教育舞蹈原論**。台北：全音樂譜。

姚一葦（1992）。**戲劇原理**。台北：書林。

唐文標（1984）。**中國古代戲劇史初稿**。台北：聯經。

張芊芊（1999）。學校如何因應新課程之實施網路版。http://khgs.tn.edu.tw/~jacksu/galaxy/teachingrevolution.html

張曉華（2002）。音樂、美術教師在藝術與人文課程中協同表演藝術教學之探討。**翰林文教雜誌，23期**。

張曉華（2004）。**教育戲劇理論與發展**。台北：心理。

張文軍（1998）。**後現代教育**。台北：揚智。

張華、石偉平、馬慶發（2000）。**課程流派研究**。濟南：山東教育。

梁福鎮（2001）。**審美教育學**。台北：五南。

梁伯龍、李月（2002）。**戲劇表演基礎**。北京：文化藝術。

胡耀恆譯（1991）。**世界戲劇藝術欣賞**。台北：志文。

曹路生（2002）。**國外後現代戲劇**。南京：江蘇美術。

教育部（2001）。**國民中小學九年一貫課程暫行綱要**。

黃壬來（2001）。**台灣當前藝術教育改革的動向**。台北縣國教輔導團網路版。http://ezgo.tpc.edu.tw

黃政傑（2000）。**課程統整手冊**。教育部和中華民國課程與教學學會。序頁III。

黃壬來主編（2002）。**藝術與人文教育上冊**。台北：桂冠。

馮朝霖（2004）。駱駝・獅子與孩童：尼采精神三變說與批判教育學及另類教育學的起源。**教育研究月刊，121**期，頁11。

楊壁菁（1997）。**創造性戲劇對小學三年級學生表達能力之影響**。國立藝術學院畢業論文，未出版，台北市。

廖順約（2000）。**台北市表演藝術教師研習手冊**，序。頁1。

廖順約（2000）。**國立台灣藝術教育館教育劇場研習手冊**，序。頁1。

劉新圓（2002）。**從教科書審查看「藝術與人文」領域**。網路版 http://www.npf.org.tw/

董奇（1995）。**兒童創造力發展心理**。台北：五南。

陸潤棠（1998）。**中西比較戲劇研究**。台北：駱駝。

蔣勳（1995）。**藝術概論**。台北：東華。

蔡奇璋、許瑞芳（2001）。**在那湧動的潮音中：教習劇場TIE**。台北：揚智。

饒見維（1999）。九年一貫課程與教師專業發展之配套實施策略。**邁向課程新紀元**（頁305-323）。中華民國教材研究發展學會（編印）。

賴淑雅（譯）（2000）。Augusto Boal著。**被壓迫者劇場**。台北：揚智。

謝靜如、陳嫻修（譯）（2003）。Eric Booth著。**藝術，其實是個動詞**。台北：布波。

王寧（譯）（1991）Fokkema & Bertens編。**走向後現代主義**。北京：北京大學。

鄭黛瓊（譯）（1999）。N. Morgan & J. Saxton著。**戲劇教學：啟動多彩的心**。台北：心理。

區曼玲（譯）（1998）。Viola Spolin著。**劇場遊戲指導手冊**。台北：書林。

程小危、黃惠玲（編譯）（1994）。Virginia Mae Axline著。**兒童遊戲治療**。台北：張老師。

Schecher, R. (1977). *Essays on performance theory 1970～1976.* New York: Drama Book Specialists.

York, E. C. (1974). *Children's Theatre and Creative Dramatics* (pp. 124-131). University of Washington Press.

後記

《表演藝術教材教法》，在幾度改稿的過程中，愈來愈覺得自己有點初生之犢不畏虎的妄自尊大感。表演藝術教學開始在國民中小學推動也不過是四、五年的時間，我竟敢大膽地寫這樣的一本書。尤其是在本書的修改期間，閱讀許多戲劇理論之後，發現自己對於戲劇相關理論還是如此生疏時，已經有點卻步，但想起自己從事表演藝術教學以來，跌跌撞撞的過程中，就是缺乏一本比較清楚的參考書籍作為教學的指引，因而走了許多冤枉路，為了讓後來的表演藝術教育工作者能有跡可循，走一條比較平順的路，所以，斗膽將自己這些年在教學現場、編輯教科書、擔任教師研習講座、從事兒童戲劇創作和戲劇編導等經驗的融會，寫成這一本書。

當書寫完成之後，其實又發現了許多新的問題，更發現教學研究和藝術創作都是一條永無止境的道路。

這本書的完成特別感謝義務相助的陳亭君小姐，除了幫我改掉一些詞不達意、詰屈聱牙的詞句外，還必須忍受我那天馬行空的想法和文字，因為她細心的修改，而且毫不留情的催促，才讓我這個懶人不斷地振作。

當然更感謝心理出版社的林總編，願意幫助我讓這本書出版。

附錄一
藝術教育人才培訓課程設計

一、以表演元素來進行遊戲活動的教學設計

教學主題	教學內容與進度
・開幕式 ・課程介紹	1. 開幕式（藝教館長官）。 2. 彼此認識，自我介紹。 3. 課程介紹：本次活動的課程設計。 4. 表演藝術教學理念、課程發展與教材研發計畫。
・認識自己的身體 ・暖身與放鬆	1. 暖身遊戲：波浪遊戲、猜拳遊戲、追逐遊戲。 2. 孤立動作：從頭到腳，認識身體每部位的極限和可能。 3. 傳遞鬼臉、動作傳遞、身體鬆緊遊戲、木偶練習。
・教學設計說明	・如何進行教學設計。 ・教學設計模式分享。
・專注力訓練 ・肢體與空間	1. 猜領袖、觀察對手、傾聽遊戲、鏡子遊戲、哈哈鏡、相反的遊戲。 2. 走路的方式：輕、重、高、低、快、慢等各種走路方式和不同質感的表現方式。 3. 空間漫步：肢體探索，低、中、高肢體的變化。

（接下頁）

教學主題	教學內容與進度
	4. 音樂與肢體：韻律舞、在音樂中舞動身體。
・教學設計實作	・教學設計分享。 ・戲劇元素的教學設計。
・想像力引導 ・感官遊戲 ・觀察與模仿的練習遊戲	1. 想像力引導、情境引導（看鴿子、看球賽、撲蝴蝶）、情境變化與處置（創造情境，感受情境並能表達）、人的一生練習。 2. 視覺、聽覺、嗅覺、觸覺、記憶等感官遊戲、無形物練習。 3. 靜物模仿、動物靜態模仿、植物生長模仿、動物動態模仿、動作的模仿、聲音與動作的搭配。
・教學設計實作	・教學設計分享。 ・戲劇元素的教學設計。
・肢體的組合與運用	1. 過河的一百種方式。 2. 肢體雕塑：生活物品、花草樹木。 3. 多人組合成不同動物或靜物。 4. 一組人組合成一個戲劇情境。 5. 一組人沒有語言表達出一句成語。
・教學設計實作	・教學設計分享。 ・戲劇元素的教學設計。
・聲音的探索與表達遊戲	1. 聲音的各種不同表達方式的探索。 2. 高低快慢輕重等不同的質感。 3. 情緒性語言與非情緒性語言。 4. 以食譜為劇本演出不同聲音情緒的演出。 5. 對話遊戲、即興對話。

（接下頁）

教學主題	教學內容與進度
・教學設計實作	・教學設計分享。 ・戲劇元素的教學設計。
・肢體劇	1. 比手畫腳。 2. 以椅子為對象單人、雙人到群體做一段表演。 3. 我們一家都是雞。 4. 西遊記。
・教學設計實作	・教學設計分享。 ・戲劇元素的教學設計。
・戲劇元素	1. 創造人物：職業、年齡、生活狀態。 2. 創造一個地點。 3. 創造一個事件。 4. 她是誰？她在做什麼？她是什麼樣的人？
・教學設計實作	・教學設計分享。 ・戲劇元素的教學設計。
・從素材到表演	1. 詩的表演：一組人表演一首詩。 2. 故事表演：一組人表演一個劇本或小說。 3. 表演排練。
・教學設計實作	・教學設計分享。 ・戲劇元素的教學設計。
・讀劇練習	1. 閱讀遊戲。 2. 劇本創作與結構。 3. 讀劇。
・教學設計實作	・教學設計分享。 ・戲劇元素的教學設計。

（接下頁）

教學主題	教學內容與進度
・偶的專題	・偶的介紹和表演。
・教學設計實作	・教學設計分享。 ・戲劇元素的教學設計。
・偶的專題	・偶的製作。
・教學設計實作	・教學設計分享。 ・戲劇元素的教學設計。

二、以戲劇表演藝術技巧引導議題與討論教學規畫

表演技巧	教學內容與進度
戲劇畫面 （靜像、停格或壁畫）	1. 靜面劇像（雕塑）：單人劇像、雙人劇像、多人劇像。 2. 議題劇像：以靜像面表現各種不同的社會現象或議題，如環境、兩性、人權……等六大議題的或社會爭議中的議題。 3. 劇面轉化：以戲劇畫面來尋找解決的方法。
教學設計實作	・教學設計分享。 ・戲劇元素的教學設計。
角色創造	1. 尋找角色：從一則新聞、一張照片、一個職業或議題中尋找一個角色。 2. 團體討論：利用團體討論或問答的技巧，來豐富角色和創造角色。 3. 如坐針氈：利用角色的爭議點進行坐針氈技巧練習。

（接下頁）

表演技巧	教學內容與進度
教學設計實作	・教學設計分享。 ・戲劇元素的教學設計。
角色替代	1. 角色取替：創造一個爭議情境，由不同的人扮演同一爭議的角色或取代情節中的角色。 2. 碰肩膀：老師碰肩膀學生說出自己在情境中的感受。學生以碰肩膀表示取代角色繼續表演。 3. 老師入戲：老師個人入戲（老師轉換角色來教學）。 4. 情境中的老師入戲（老師變成戲劇中的人物，帶動議題的討論）。
教學設計實作	・教學設計分享。 ・戲劇元素的教學設計。
情節創造	1. 即興創作：等待、父子、夫妻……（單人、雙人、分組）。 2. 創造衝突：創造一個兩難的情節。
教學設計實作	・教學設計分享。 ・戲劇元素的教學設計。
論壇劇場	1. 尋找論壇議題、設定議題。 2. 確認教育目標。 3. 發展論壇劇場故事內容。
教學設計實作	・教學設計分享。 ・戲劇元素的教學設計。
論壇劇場排練	1. 確定分段內容。 2. 分段排練。

（接下頁）

表演技巧	教學內容與進度
教學設計實作	・教學設計分享。 ・戲劇元素的教學設計。
論壇劇場演練	分組互相練習，就論壇提出各種不同的觀點，讓演出所設定的面向更完整（觀眾要拋出什麼問題無法預料，所以必須多設想不同狀況）。
論壇劇場演出	各組演練的成果。

附錄二
國民小學九年一貫藝術與人文學習領域課程設計實例

以表演藝術為主軸的藝術與人文教學計畫

年級：三年級　　領域：藝術人文領域　　設計者：廖順約

單元	主題活動	表演元素	活動內容	評量活動	能力指標
一	從遊戲開始	・團體遊戲 ・感官遊戲 ・想像力訓練	・猜拳遊戲、追逐遊戲。 ・金頭腦、找領袖、千面女郎、回憶遊戲、傾聽周遭的聲音。 ・隱形物、想像力引導。	・能與人共同完成遊戲。 ・能從遊戲中體會藝術人文領域學習的氣氛。	1-2-1 1-2-2
二	身體探索	・團體遊戲 ・想像力訓練 ・肢體開發	・紅綠燈→身體紅綠燈。 ・發現身體（各個身體部位的動作探索）、身體與空間（高低大小縮放）。 ・音樂與身體：在音樂中找到自己的表現方法。	・能運用身體跟隨音樂或同伴，進行簡單的創作活動。	1-2-1 1-2-2 1-2-3 2-2-7 3-2-11

（接下頁）

單元	主題活動	表演元素	活動內容	評量活動	能力指標
三	動物狂想曲	・感官敏感度訓練 ・想像力訓練 ・肢體造型遊戲與表現	・棒打老虎雞吃蟲。 ・我最喜愛的動物（想像→模仿→動物找朋友）。 ・動物與音樂。 ・動物操：分組以動物的動作數拍子做早操。	・能模仿動物動作。 ・能說出動物動作的特徵並以身體表現。 ・能與同學共同完成動物操的表演。	1-2-1 1-2-2 1-2-3 1-2-4 1-2-5 2-2-7
四	偶是誰	・偶的製作與表演 ・角色創造	・什麼東西可以當偶：杯子、尺、鉛筆盒、寶特瓶等，選擇不同的素材當作演出偶的材料。 ・以偶來自我介紹。 ・兩個偶對話：選擇一段兩個人物的小故事說給同學聽。讓學生以這兩個人物來對話。 ・兩個生氣的人。	・能夠運用不同的素材當作偶並用來自我介紹。 ・能表演偶的不同的情緒。	1-2-1 1-2-2 1-2-3 1-2-4 1-2-5 2-2-7 3-2-11 3-2-13
五	一二三木頭人	・團體遊戲 ・想像力訓練 ・肢體開發 ・肢體造型遊戲與表現 ・舞台畫面與舞台區位	・一二三木頭人。 ・一二三木頭造型（花、樹、桌椅、水龍頭、眼鏡、飛機……）。 ・從一人造型到多人造型。 ・一組人組合成一個遊樂場。 ・一組人組合成一個公園的畫面。	・能運用身體做各種造型。 ・能運用身體和同學一起組合成三種遊樂場的設施。 ・能運用身體和同學一起組合成一個公園的畫面。	1-2-1 1-2-2 1-2-3 1-2-4 1-2-5 2-2-7 3-2-11 3-2-13

（接下頁）

單元	主題活動	表演元素	活動內容	評量活動	能力指標
六	童話故事的戲劇畫面	・戲劇性扮演 ・角色扮演 ・說故事劇場	・以一個畫面來表現出一個童話故事（故事中最精采的一個畫面）。 ・以第一個畫面的童話故事為基礎，往前的一個故事畫面和往後的一個故事畫面。 ・再以前三個畫面為基礎發展為六個畫面。 ・請一個同學說故事，配合六個戲劇畫面演出。	・能表現出一個童話故事的代表畫面。 ・能將以一個童話故事，以六個戲劇畫面呈現。	1-2-1 1-2-2 1-2-3 1-2-4 1-2-5 2-2-7 3-2-11 3-2-13
七	快樂的早晨	・語言的表達 ・角色扮演	・早上起床會做什麼？ ・家裡有什麼角色？爺爺、奶奶、爸爸、媽媽、哥哥、姊姊、弟弟、妹妹。 情境設定： ・起床（叫起床的方式）、賴床（爸媽叫小孩、小孩叫爸媽）。 ・盥洗室的使用（搶馬桶、刷牙、洗臉）。 ・吃早餐。 ・上學（快遲到了）。	・能說出並做出每天早上起床到上學前在家中發生的事情。 ・能在設定的情境中，和同學進行對話。	1-2-1 1-2-2 1-2-3 1-2-4 1-2-5 2-2-7 2-2-8 3-2-10 3-2-11 3-2-13

年級：四年級　　領域：藝術人文領域　　設計者：廖順約

單元	主題活動	表演元素	活動內容	評量活動	能力指標
一	快樂的遊戲	・團體遊戲 ・韻律遊戲 ・語言遊戲	・水果盤、追逐遊戲。 ・韻律舞、聲音與動作。 ・胡言亂語、答非所問。	・能夠快樂地和同學參與遊戲。	1-2-1 1-2-2 1-2-4
二	身體樂器	・肢體開發 ・肢體造型遊戲與表現 ・肢體與聲音	・用身體或嘴巴來模仿一種樂器的聲音，並逐漸發展成四個八拍的節奏。 ・利用簡單的節奏來進行身體創作：一個八拍→兩個八拍→四個八拍。 ・結合音樂和動作，一組做動作，一組當樂隊，或自己發音並做動作。	・能夠利用身體所發出的聲音與同學共同完成一段簡單的合奏。 ・能利用合奏創造簡單的舞蹈動作。	1-2-1 1-2-2 1-2-3 1-2-4 1-2-5 2-2-6 2-2-7 3-2-11 3-2-13
三	我是廣播劇演員	・故事改編 ・語言表達 ・聲音的運用	・聲音的情緒。喜、怒、哀、懼、大小、快慢。 ・選擇一則故事（傳統的耳熟能詳的童話故事）。 ・故事改編成對話。 ・來一場聲音表演，選擇適當的音樂，配上適合的聲音。	・能改編故事變成一個簡單的廣播劇本。 ・能運用聲音的表現和音樂的運用，錄製一個簡單的廣播劇。	1-2-1 1-2-2 1-2-3 1-2-4 1-2-5 2-2-6 2-2-7 3-2-10
四	兒童歌謠大會演	・戲劇故事構成 ・語言聲音的運用	・童謠大會串：分組比賽可以唱出的童謠歌曲。 ・各組選三首童謠，並配合動作把它唱出來。 ・用童謠說故事：以一首童謠來表現一個簡單的童話故事。如三隻小豬（三隻小豬，三隻小豬，蓋房子，來了一隻野狼，吹倒他們房子真可怕、真可	・能唱兩首不同的童謠。 ・能以同學改編一首童謠並編出簡單的動作。	1-2-1 1-2-2 1-2-3 1-2-4 1-2-5 2-2-7 3-2-11 3-2-12 3-2-13

（接下頁）

單元	主題活動	表演元素	活動內容	評量活動	能力指標
			怕）。也可以用說故事方式，加上唱一首童謠來表現。 ・同樣方式至少運用三首童謠來表達一個童話。		
五	詩中有畫畫中有詩	・聲音的表現 ・肢體造型與表現 ・想像力與創意表現 ・舞台區位處理	・老師介紹〈春曉〉這首唐詩。 ・老師念完詩，讓學生閉上眼睛，讓學生想像在腦海中的畫面。 ・詩的朗誦：分組將〈春曉〉這首詩用自己的方式朗誦。朗誦的方法：強調大小、強弱的聲音變化，運用不同情緒朗誦詩，運用疊聲方式朗誦，加強尾音（拉長、重複等技巧）。 ・分組討論將春眠不覺曉用一個畫面表達。同樣做法，將處處聞啼鳥、夜來風雨聲、花落知多少表現出來。 ・將聲音與畫面結合：一邊唸詩，一邊做畫面。 ・將本詩以一幅畫或一個立體造型來表現。	・能以詩表現出語言的不同情緒。 ・能從詩的意境中畫出一幅畫。 ・能與人共同完成詩的表演。	1-2-1 1-2-2 1-2-3 1-2-4 1-2-5 2-2-7 2-2-9 2-2-8 3-2-11 3-2-12 3-2-13

（接下頁）

單元	主題活動	表演元素	活動內容	評量活動	能力指標
六	我的身體最美麗	・肢體開發 ・肢體造型遊戲與表現	・以音樂引導身體的動作：頭、肩、手、腰、臀、膝、腳等的動作。 ・身體動作與空間的探索：大小、縮放、高低。 ・身體動作的質感探索：快慢、圓滑、剛硬、連續、間斷。 ・布和身體動作：給學生一塊質軟輕柔的紗布，讓學生以前面活動的經驗，在音樂中表現身體的動作。	・能夠以肢體表現出對於音樂及線條的感覺。 ・能夠自我探索身體各部位不同動作的表現。 ・能跟著音樂進行身體的動作表現。	1-2-1 1-2-2 1-2-3 1-2-4 1-2-5 2-2-7 3-2-11 3-2-13
七	從繪本開始	・肢體開發 ・肢體造型遊戲與表現 ・動物模仿遊戲與表現 ・角色創造	・說故事的技巧：說明故事書的作者、出版社等。 ・動物動作模仿：暖身活動，讓學生熟悉故事中的動物動作。 ・動物與音樂：聽一段音樂，讓學生想像這是什麼動物？有什麼動作？ ・動物與視覺造型：以身體做出動物的造型。 ・表演進行的方法：以繪本的故事進行排練。 ・故事中的音樂：在故事演出中要用什麼音樂來營造演出的氣氛。	・能理解故事的背景。 ・能從故事和音樂中做出動物的造型和動作。 ・能從繪本故事中開始，與同學共同討論並運用歌曲改編，變成一個簡單的表演。	1-2-1 1-2-2 1-2-3 1-2-4 1-2-5 2-2-6 2-2-7 2-2-8 3-2-11 3-2-13

年級：五年級　　領域：藝術人文領域　　設計者：廖順約

單元	主題活動	表演元素	活動內容	評量活動	能力指標
一	我是誰？在什麼地方？	‧戲劇元素：人物、地點、時間、事件	‧時間創造遊戲。 ‧地點創造遊戲。 ‧人物創造遊戲。 ‧戲劇事件的創造。	‧能了解戲劇元素的運用方法。 ‧和同學一起創造出人物、時間、地點、事件等元素來做表演練習。	1-3-1 1-3-3 2-3-8 2-3-9 3-3-11
二	如果我是國王	‧角色扮演 ‧簡單的劇本創作 ‧戲劇演出形式	國王、武士、僕人： ‧用一個畫面來表現這三個角色。 ‧僕人會為國王服務什麼？做出來。 ‧武士會為國王服務的事？ ‧國王會為僕人和武士服務的事？ ‧如果我是國王，要如何服務自己的武士和僕人。	‧能夠表現出國王、武士和僕人的角色和動作。 ‧能夠扮演一個在上位的人，為他人服務的事項，並表現出來。	1-3-1 1-3-2 1-3-3 1-3-4 2-3-8 2-3-9 3-3-11
三	大玩偶	‧偶的製作與表演 ‧簡單的劇本創作	‧偶的故事構成：（參考大綱）偶的國度原本非常快樂，有一個壞心的國王上台後，所有人的生活陷入了痛苦之中。最後大家群起反抗終於打敗的這個壞心的國王。 ‧大型偶的介紹和製作。	‧能和同學共同參與偶的製作。 ‧能和同學一起進行大型偶的故事表演。 ‧能說出偶的製作和演出過	1-3-2 1-3-3 1-3-4 1-3-5 2-3-6 2-3-8 2-3-9 2-3-10

（接下頁）

單元	主題活動	表演元素	活動內容	評量活動	能力指標
			‧偶的排練與表演。 ‧配合學校活動製作大型的偶並演出。	程。	3-3-11 3-3-14
四	從生活周邊找素材	‧即興創作 ‧角色扮演 ‧劇本創作 ‧戲劇演出形式	‧依據不同的素材做出一種形式完整的表現活動。 ‧從生活的一則故事、一張圖片或一首音樂中尋找表演的素材，轉變將這些素材變成戲劇活動內容，運用模仿、轉化、身體造型和戲劇創作活動等，將平面素材變成戲劇表演的方式表現出來。 ‧以一張圖畫為例：模仿（從圖畫中的構圖，以身體造型模仿出來）、轉化（畫面中人物的關係）、戲劇創作活動（利用身體造型和人物延伸畫面的前後關係）、戲劇演出（將所有發展的片段延伸為整體的故事，再修正成為演出的故事。）	‧能從素材中找出戲劇的故事。 ‧能夠討論並扮演故事中的人物或場景。 ‧能和同學演出一段五分鐘的戲劇。	1-3-2 1-3-3 1-3-4 1-3-5 2-3-6 2-3-8 2-3-9 2-3-10 3-3-11 3-3-13
五	地球生病了（從詩中找議題）	‧語言的運用 ‧建立主題 ‧戲劇情境 ‧劇本創作	‧尋找一首有關環保的詩：以〈北港溪〉為例。 ‧從詩中發現生活的現況。 ‧我們身處的環境有哪些污染問題？	‧能以戲劇演出的方式探討環境的改變與破壞可能帶來的危險。	1-3-1 1-3-2 1-3-3 1-3-4 2-3-7

（接下頁）

單元	主題活動	表演元素	活動內容	評量活動	能力指標
		‧戲劇演出	‧以表演的方式尋找解決的方法？ ‧以戲劇討論的方式，自己能為地球做什麼？	‧能以劇中的角色提出保護和改善環境的方法。 ‧能參與同學的共同演出和創作活動。	2-3-8 2-3-9 2-3-10 3-3-11
六	讀劇	‧劇本分析 ‧角色的分析 ‧語言運用 ‧劇本創作 ‧讀劇的形式	‧選一本不超過十分鐘的劇本。 ‧共同讀劇：每人唸出一個對白。 ‧讀劇練習：老師安排角色，全班共同讀一次劇。 ‧劇本結構和人物分析。 ‧分組：安排角色、讀劇練習再一次讀劇。 ‧各組讀劇演出與分享。	‧能把分析劇本中的人物、情節和表現的主題。 ‧能找到劇中人物對話的方式並同學共同進行讀劇活動。	1-3-3 1-3-4 2-3-8 2-3-9 2-3-10 3-3-11

年級：六年級　　領域：藝術人文領域　　設計者：廖順約

單元	主題活動	表演元素	活動內容	評量活動	能力指標
一	這是什麼話？（語言遊戲）	・語言和情緒 ・語言的表現 ・即興對話 ・角色扮演	・記者會：（利用獨白來表達自己的身分）。以不同的身分來接受同學的訪談，以性別的互動為議題，利用扮演對談異性的看法。 ・食譜的表演：以不同的情緒表現食譜。設想一個情境，利用食譜當劇本演出。如事件：在打籃球時，對白：麻婆豆腐的食譜。	・能以設計的角色和同學對話。 ・能夠和同學一起利用食譜的內容，做一個戲劇席態的演出。	1-3-1 1-3-2 1-3-3 2-3-8 2-3-9 3-3-11
二	各種行業的人	・角色觀察 ・角色扮演 ・角色創造 ・即興創作 ・戲劇演出形式	・請小朋友了解父母的職業和工作內容。 ・分組表現：我所知道的職業（用身體畫面表現職業的特性）。 ・角色觀察：把自己生活周邊經常看到的職業，透過自己的觀察，用自己的聲音去模仿。並說明這個角色。 ・選擇一種職業：分組去討論他們的職業所特有的動作、語言或行為並表現出來。	・能表現不同職業的特色。 ・能運用自己的觀察並作記錄。 ・能把觀察到的職業和角色以自己的方法表現出來。	1-3-1 1-3-2 1-3-3 1-3-4 2-3-7 2-3-8 2-3-9 3-3-11

（接下頁）

單元	主題活動	表演元素	活動內容	評量活動	能力指標
三	光影戲劇演出	．影偶原理 ．影偶製作 ．影偶演出	．投影機原理。 ．投攝影偶的欣賞。 ．影偶設計。 ．影偶練習。 ．影偶演出。	．能利用投影機表現不同的現投影效果。 ．能和同學創作一段投影的影戲表演。	1-3-2 1-3-3 1-3-4 1-3-5 2-3-6 2-3-8 2-3-9 2-3-10 3-3-11 3-3-12 3-3-14
四	原住民的故事和歌舞創作：螃蟹與小孩	．角色扮演 ．劇本創作 ．即興創作 ．肢體動作	．說故事：（故事大綱）這是達悟族的神話。有一個叫瘦哥的小孩，有一天到海邊玩耍，和一群螃蟹變成好朋友。從此瘦哥每天把自己的午餐，芋、地瓜等分給螃蟹吃。有一天爸爸叫哥哥跟著瘦哥，發現了這個秘密。爸媽就騙瘦哥到山上砍柴，並偷偷地把螃蟹都抓來吃了。瘦哥回家後，到海邊找不到螃蟹，當他發現爸媽吃了螃蟹，很傷心地到海邊躲進石頭的肚子裡。 ．戲劇分段：螃蟹與小孩、哥哥發現秘密、抓螃蟹、傷心的小孩。 ．利用即興技巧發展每段故事的對白和動作，記錄即興的內容。	．能專心地聆聽故事。 ．根據將故事分段。 ．能根據故事即興演出對話和動作。 ．能以達悟族的音樂邊一段螃蟹與男孩的舞蹈。 ．能演出和同學根據故事以戲劇的方式演出。	1-3-2 1-3-3 1-3-4 1-3-5 2-3-8 2-3-9 2-3-10 3-3-11 3-3-13

（接下頁）

單元	主題活動	表演元素	活動內容	評量活動	能力指標
			・達悟族的探索。 ・以原住民歌曲，發展一段歌舞螃蟹與男孩的舞蹈。 ・結合歌舞和發展的戲劇對白演出。		
五	西遊記精簡版	・戲劇排練 ・舞台區位 ・舞台陳設 ・音樂設計 ・服裝設計 ・人物分析 ・動作排練	・西遊記的故事討論。 ・西遊記的人物扮演與討論。 ・西遊記的開始和結束。 ・討論中間的事件，並必須在十分鐘內演出西遊記的內容。 ・分組練習。 ・場景設計。 ・音樂設計。	・能簡述西遊記的故事。 ・能扮演西遊記中的人物。 ・和同學在十分鐘內演出西遊記的精簡版。	1-3-1 1-3-2 1-3-3 1-3-4 2-3-6 2-3-8 2-3-9 2-3-10 3-3-11 3-3-12
六	戲劇演出（也可班分組選擇劇本排練 演出）	・演出計畫 ・場地安排 ・觀眾安排 ・演出 ・演出檢討	這個單元和前個單元搭配，老師如果選擇劇本排練，則參考讀劇的步驟，之後就是排練的活動。 ・場景裝置。 ・音樂的操作。 ・演出。 ・與觀眾對談。 連續課程： ・專注力訓練。 ・呼吸與發聲。 ・音樂與冥想。 ・肢體的活化與開發。	・能和同學共同演出一段約十分鐘的戲劇表演。 ・能和他人討論自己演出的心得，並接受他人的批評。	1-3-2 1-3-3 1-3-4 1-3-5 2-3-8 2-3-9 2-3-10 3-3-11 3-3-14

國家圖書館出版品預行編目（CIP）資料

表演藝術教材教法／廖順約著.-- 初版. --
臺北市：心理, 2006（民 95）
面； 公分. --（戲劇教育系列；41502）

ISBN 978-957-702-887-7（平裝）

1.表演藝術—教學法
2.九年一貫課程—教學法

523.37　　95004670

戲劇教育系列 41502

表演藝術教材教法

作　　者：廖順約
執行編輯：高碧嶸
總 編 輯：林敬堯
發 行 人：洪有義
出 版 者：心理出版社股份有限公司
地　　址：231 新北市新店區光明街 288 號 7 樓
電　　話：(02) 29150566
傳　　真：(02) 29152928
郵撥帳號：19293172　心理出版社股份有限公司
網　　址：http://www.psy.com.tw
電子信箱：psychoco@ms15.hinet.net
駐美代表：Lisa Wu（lisawu99@optonline.net）
排 版 者：辰皓國際出版製作有限公司
印 刷 者：辰皓國際出版製作有限公司
初版一刷：2006 年 4 月
初版五刷：2017 年 2 月
I S B N：978-957-702-887-7
定　　價：新台幣 350 元